U0583899

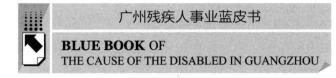

广州残疾人事业蓝皮书

BLUE BOOK OF
THE CAUSE OF THE DISABLED IN GUANGZHOU

广州残疾人事业发展报告
（2018）

THE REPORT ON THE DEVELOPMENT OF THE CAUSE OF
THE DISABLED IN GUANGZHOU (2018)

主　　编／杨松才
执行主编／肖世杰

社会科学文献出版社
SOCIAL SCIENCES ACADEMIC PRESS (CHINA)

图书在版编目（CIP）数据

广州残疾人事业发展报告. 2018/杨松才主编. --
北京：社会科学文献出版社，2018. 12
（广州残疾人事业蓝皮书）
ISBN 978 - 7 - 5201 - 3931 - 1

Ⅰ.①广… Ⅱ.①杨… Ⅲ.①残疾人 - 社会福利事业
- 研究报告 - 广州 - 2018 Ⅳ.①D669.69

中国版本图书馆 CIP 数据核字（2018）第 264981 号

广州残疾人事业蓝皮书

广州残疾人事业发展报告（2018）

主　　编／杨松才
执行主编／肖世杰

出　版　人／谢寿光
项目统筹／刘骁军
责任编辑／郭瑞萍　易　卉

出　　版／社会科学文献出版社　（010）59367161
　　　　　　地址：北京市北三环中路甲 29 号院华龙大厦　邮编：100029
　　　　　　网址：www. ssap. com. cn
发　　行／市场营销中心（010）59367081　59367083
印　　装／三河市龙林印务有限公司

规　　格／开本：787mm × 1092mm　1/16
　　　　　　印张：16.5　字数：247 千字
版　　次／2018 年 12 月第 1 版　2018 年 12 月第 1 次印刷
书　　号／ISBN 978 - 7 - 5201 - 3931 - 1
定　　价／98.00 元

皮书序列号／PSN B - 2018 - 780 - 1/1

广州残疾人事业蓝皮书编委会成员

（排名不分先后）

主要编撰者简介

杨松才 国家人权教育与培训基地——广州大学人权研究院联合创始人，教授，法学博士，斯坦福大学高级访问学者。兼任广州市政协常委，广州市人民检察院特约检察员，中国人权研究会理事，意大利帕多瓦大学人权中心学术委员会委员，博士生导师，《和平人权杂志》（意大利）编辑，广东省法理学研究会常务理事，广东省宪法学研究会常务理事，广州市残疾人事业研究会会长。主要研究领域为国际人权法。主要代表性成果包括国家"十五"规划教材《人权法学》（副主编）、《中国人权年鉴（2006—2010年）》（执行主编）、《国际贸易中的劳工权利保障研究》（独著）、《刑事司法公正与人权保障》（主编）、《〈公民权利和政治权利国际公约〉若干问题研究》（主编）、《〈经济、社会和文化权利国际公约〉若干问题研究》（合著）、《中国人权研究机构与人权教育》（主编）等。

肖世杰 国家人权教育与培训基地——广州大学人权研究院教授，法学博士，中国社会科学院法学研究所博士后，广州市残疾人事业研究会秘书长。在《法学研究》《法学家》《现代法学》等法学核心期刊发表学术论文30余篇，主持国家和省部级课题10余项，科研成果多次获中央政法委、中共中央党校、广东省人民政府、湖南省人民政府奖励。

摘　要

广州市是我国重要的中心城市，许多工作都走在全国的前列。广州历来非常重视残疾人事业的发展。特别是改革开放以来，广州在残疾人教育、就业、康复、文化体育、社会保障、基础设施和无障碍设施等各个方面都取得了巨大成绩，残疾人事业发展的多项指标居于全国兄弟城市前列。

为客观地介绍广州在残疾人事业发展方面所取得的巨大成就，全面地推介其在残疾人事业发展方面的成功经验，指出广州在残疾人事业发展方面存在的不足，描绘未来广州残疾人事业发展的图景，本书编者本着严肃认真的科学态度，遵循蓝皮书权威性、前沿性、原创性、实证性与时效性的要求，编撰了该蓝皮书。

该蓝皮书分总报告和专题报告。总报告提纲挈领，统揽全书，主要回顾了广州市残疾人事业的历史进程与发展进步，展望了广州残疾人事业发展的未来。专题报告分八篇，包括广州残疾人教育事业、就业保障、康复事业、社会保障、扶贫事业、社会组织、基础设施和无障碍设施，以及文体事业，主要回顾了近年来特别是2017年以来广州残疾人事业发展各个方面取得的成就，总结了广州残疾人事业发展的成功经验，分析了广州残疾人事业发展所面临的困难和挑战，并提出了进一步促进广州残疾人事业发展的建设性意见和建议。它对于贯彻落实习近平总书记关于发展残疾人事业的重要讲话精神，使广州残疾人事业发展继续走在全国前列，更好地推动广州残疾人事业高水平发展，具有重要的参考意义。

Abstract

Guangzhou is an important central city in China. The work in Guangzhou is ahead of the rest of the country in many aspects. Guangzhou has always attached great importance to the development of the cause of the disabled persons. Especially since the reform and opening up, Guangzhou has made great achievements in education, employment, rehabilitation, culture, sports, social security, infrastructure, barrier-free facilities and other aspects of the disabled. A number of indicators for the development of the cause of the disabled rank among the forefront of brother cities in the country.

In order to objectively introduce the tremendous achievements made by Guangzhou in the development of the cause of the disabled, comprehensively promote the successful experience, point out the deficiencies in the development of the cause of the disabled in Guangzhou, describe Guangzhou's prospect of the development of the cause of the disabled in the future, the authors have made this contribution in serious and scientific manner, complying bluebook's requirements of authority, leading, originality, positiveness and timeliness.

This book is comprised of two parts: general report and thematic reports. The general report is concise and to the point, and takes over the whole framework, which recalls the historical development and progress of the disabled cause in Guangzhou. It also looks forward to the future of the cause of the disabled in Guangzhou. The thematic reports consist of eight reports, including education, employment security, rehabilitation, social security, poverty alleviation, social organizations, infrastructure and barrier-free facilities, culture and sports. This part mainly reviews the achievements of development of the disabled cause in various aspects in Guangzhou in recent years, especially since 2017. It summarizes the successful experience, analyzes the difficulties and challenges, and puts forward some constructive comments and suggestions to further promote the development of the disabled cause in Guangzhou. This bluebook is of great value for the implementation of General Secretary Xi Jinping's important speech on the development of disabled cause, for the maintaining of Guangzhou's leading role in the development of the disabled cause in the country, and for the better promotion of the high-level development of disabled cause in Guangzhou.

目 录

Ⅰ 总报告

皮书数据库阅读**使用指南**

CONTENTS

I General Report

II Thematic Reports

CONTENTS

总 报 告

General Report

B.1
广州残疾人事业的历史
进程与发展进步

杨松才 *

摘　要：　广州残疾人事业发展经历了从无到有、从碎片化到系统化、从不足到完善的渐进式的发展历程。新中国成立至"文革"以前，是广州市残疾人事业发展的起步阶段，为后来的发展打下了坚实的基础。"文革"期间，广州残疾人事业遭受重大挫折，陷入停滞甚至出现了倒退。改革开放以来，广州残疾人事业进入了一个新的春天，并进入了发展的快车道。特别是自《残疾人保障法》颁布和《中国残疾人事业"十五"计划纲要（2001 年—2005 年）》（首个五年计划）发布以来，

* 杨松才，法学博士，国家人权研究与教育重点基地广州大学人权研究院教授，主要研究方向为国际人权法。

广州残疾人事业发展进入法治化轨道，残疾人事业被列入市经济社会发展的总体发展战略，残疾人事业在许多方面走在全国前列。

关键词： 广州　残疾人事业　医疗康复　医疗救助

残疾人事业是人类共同的文明和崇高的事业。"看一个社会的解放程度要通过妇女来观察；看一个社会的希望程度要通过儿童来观察；看一个社会的公正程度要通过穷人来观察；看一个社会的文明程度要通过身体障碍人来观察"。①

残疾是人类发展进程中不可避免要付出的代价，残疾人是人类共同体中不可或缺的组成部分。残疾是人类社会中的客观存在。残疾人面临着被限制与他人平等参与社会事务的歧视和障碍。社会对残疾的认识不仅与残疾本身有关，而且与物质环境或社会环境有关。残疾不仅是残疾人自身的问题，更重要的是社会的制度、设施等外部环境的障碍问题。残疾是"一个演变中的概念，残疾是伤残者和阻碍他们在与其他人平等的基础上充分和切实地参与社会的各种态度和环境障碍相互作用所产生的结果"。② 从历史进程来看，广州残疾人事业的发展是一个渐进的过程，而对残疾人权利的保障经历了一个从无到有、从缓慢发展到快速勃兴的变迁过程。

广州市作为国家重要中心城市和广东省省会，其残疾人事业发展水平一直走在全省甚至全国前列，在许多领域在全国处于领先地位。第二次全国残疾人抽样调查数据显示，广州市残疾人比例为 5.26%，残疾总人口为 521200 人。各类残疾类别构成比例分别为：视力残疾占 11.69%、听力残疾占 21.65%、言语残疾占 2.02%、肢体残疾占 23.23%、智力残疾占

---

① 徐显明：《以新理念引领身体障碍人事业的发展》，《残疾人研究》2012 年第 1 期。
② 《残疾人权利公约》序言第 4 段。

4.91%、精神残疾占 13.56%、多重残疾占 22.94%。具体数据为：视力残疾有 60927 人、听力残疾有 112839 人、言语残疾有 10529 人、肢体残疾有 121074 人、智力残疾有 25592 人、精神残疾有 70675 人、多重残疾有 119564 人。①

本书是广州残疾人事业发展的第一本蓝皮书。它是广州残疾人事业发展的理论研究和实际工作成就的重要反映。广州残疾人事业发展的成就是在中共广东省委、省政府，广州市委、市政府的领导下，在上级残疾人联合会的指导下，广州市残疾人联合会认真贯彻党和国家关于残疾人事业发展、维护残疾人权益的政策、法律法规而取得的。作为广州残疾人事业发展的第一本蓝皮书，本书不仅要对近年来特别是近 5 年来广州残疾人事业发展情况进行介绍，而且要对广州残疾人事业发展的历史进程予以回顾，以期比较全面地反映广州残疾人事业发展的图景。

一 1949～1978：新中国成立至改革开放前的广州残疾人事业

（一）起步阶段：新中国成立至"文革"前

1. 组织机构建设

在新中国成立之前，广州是一个传统上的消费城市，工业基础非常薄弱，政府机构非常臃肿，时局动荡，货币贬值，加上战争耗费，财政上捉襟见肘，造血功能本来很弱的广州在经济上背上了沉重的负担，残疾人事业发展非常落后，对残疾人的救助资金主要依赖社会募捐。

1949 年 10 月 14 日，具有光荣革命历史的名城广州，迎来了解放。10 月 21 日，接管组组长、军代表古关贤接管原国民政府的负责残疾人事务的职能机构——市民政局和市社会局社团科。10 月 28 日，广州市人民政府宣

---

① 广州市残疾人联合会官网，http://www.gzdpf.org.cn/Article/A2B/19656.html。

告成立，同时设广州市人民政府民政局，分管残疾人事务，残疾人被正式纳入政府救助体系。根据 1950 年 7 月第一次全国民政会议精神，并参照老解放区民政工作的做法，社会救助被确定为民政部门的主要业务。鉴于社会救助牵涉面广、十分复杂，广州市规定，劳动、财政、公安等部门平时要参与社会救助的协调工作，必要时必须直接参与社会救助的组织工作。另外，广州市还设置了各种具有针对性的专门救助机构，如先后成立广州市冬令救济委员会（1949 年 12 月 27 日）、广州市失业工人救济委员会（1950 年 5 月 12 日）、中国人民救济总会广州市分会（1951 年 2 月 22 日）等。这些机构的重要职责之一就是对残疾人提供帮助。1951 年 1 月，市政府决定由市民政局所属生产教养院接管国民政府主办的老残儿童单位。到 1951 年 1 月 15 日，广州市构建起了一个官方救助机构发挥主导作用，民间、外资救助机构发挥配合作用的救助网络。①

新中国成立后，市政府逐步接管教会残疾人服务机构。1951 年 6 月，中国人民救济总会广州市分会接办明心瞽目习艺所，② 改为第一盲人教养院。同年 8 月，中国人民救济总会广州市分会接办失明协会瞽目院，③ 后并入第一盲人教养院。9 月，慕光女瞽目院改称第二盲人教养院④。1953 年 7 月，第一、第二盲人教养院合并，称市救济分会盲人教养院。政府对于没有立即接管的私立残疾人服务机构，则给予必要的资助，以鼓励其生存和发

---

① 参见谢涛《建国初期社会救助体系的构建与评析——以 1949～1953 年的广州市为个案》，《当代中国史研究》2006 年第 3 期。
② 1891 年，明心瞽目习艺所由美国基督教长老会创立。收容家庭贫穷的目盲儿童并教授技艺。抗战开始后停办，抗战胜利后恢复。
③ 1939 年 2 月，侨居广州的国际人士组织失明协会瞽目院，收容失业瞽女。太平洋战争后，失明协会瞽目院委托河南红十字会医院院长黄德光、德籍人士柯佐治·昆乐士组织董事会负责维持。1950 年 8 月，中国信义会粤赣总会改组失明协会瞽目院董事会，张慧英任代理院长，挪威籍人士葛士达·葛玛利协助院务，院址借用信义会下芳村礼拜堂，收容盲女 20 人。
④ 1909 年，慕光女瞽目院（原称慕光瞽目学校）由惠理敦创办，校址在东山署前路，每年收 1～2 名盲女。1928 年 12 月慕光女瞽目院交两广浸信会东山分会接管，1950 年 7 月由美国人杜信明任慕光女瞽目院院长，后由美国人史哲明续任。

展。如从 1951 年开始广州市政府便对面临困境的启聪聋哑学校给予经济补助，① 该校后来发展成为国内著名的聋哑学校。20 世纪 50 年代中期，中国聋哑人福利会组织部分聋人、聋人工作者、聋教工作者开始整理各地聋人手势，广州和北京等国内 11 个城市被选为手语基地，成立手语工作组。受此影响，广州市成立了盲人聋哑人俱乐部。1957 年 1 月 28 日，经市人民委员会同意，市民政局在大新路 135 号市民政局礼堂召开有关部门和聋哑人代表会议，成立中国聋哑人福利会广州市分会筹备委员会（简称"市聋筹"）。同年 5 月，经市人民委员会同意，市民政局成立中国盲人福利会广州市分会筹备委员会（简称"市盲筹"），与市聋筹合署办公。市聋筹与市盲筹分别于 1958 年 12 月 25 日和 26 日正式转为市聋哑人协会和市盲人协会。

2. 教育、文化体育生活

1958 年，广州市开办聋人红专学校和市盲童学校，并试办聋哑职工幼儿园。鉴于盲人和手语师资奇缺，政府开始培训相关师资力量。当年 9 月，聋人手语字母学习班成立，共有 26 名学员。借此帮助残疾人学习文化知识。市政府还在防治聋症诊所附设按摩室，市盲人协会开办盲人按摩培训班，学员以盲校学生为主。从 1962 年开始，市聋哑人协会以聋人综合工厂为重点试行"聋哑人通用手语草图"，开办初级、中级、高级班。

1958 年 3 月，市聋人体育协会成立，为丰富聋人的体育生活提供了重要平台。当年，市聋人体育协会组织广州市聋人篮球队参加在武汉举行的全国青年聋人运动会，取得很好的成绩。1958 年 10 月，市盲人协会、民政局、文化局、体育运动委员会（简称"体委"）合办第一届盲人文艺会演。9 个单位 33 个节目参演，16 个节目获优秀奖。1960 年 3 月，市盲人协会、聋哑人协会、民政局、体委、教育局合办广州市盲人聋哑人体育大会，选拔运动员参加省盲人聋哑人体育大会，在 16 项比赛中获 14 个冠军。

3. 医疗与预防

据《广州市志·卫生志》记载，从 20 世纪 50 年代起，脊髓灰质炎年

---

① 广州市私立启聪聋哑学校是广州市聋人学校的前身，由张颖仪女士创办于 1946 年。1956 年改为公办，1990 年定名为广州市聋人学校。

年均有发生。1953 年后该病被列入传染病进行管理。由于没有特殊的防治措施，1957～1961 年的发病率较高，为 6.82/10 万～19.33/10 万，其中 1957 年 155 例，1958 年 390 例，1959 年 232 例，1960 年 858 例。1961 年 6 月，市委批转市委除害灭病领导小组办公室《关于组织 50 万适龄儿童进行小儿麻痹症预防接种的报告》，从下半年开始，对市区和郊区 0～7 岁婴幼儿进行液体口服活疫苗试点，服食率为 84.23%；1962 年，全面铺开免疫预防。通过这些措施，该病的发病率大幅下降。

1958 年 4 月开始，市聋筹、市盲筹配合卫生部门组织医疗队到盲聋哑人单位调查研究开展防聋治聋和治盲病工作。1959 年 5 月，广州市成立防治聋症领导小组，市聋哑人协会、民政部门、卫生部门为成员。同年 8 月，市防聋治聋门诊部成立，设于广州市会馆善堂联合会第一诊所，以聋哑人教学工厂、聋校为针灸治聋试点，41 例中 34 人有疗效。在三年困难时期，经市人民委员会批准，在市防聋治聋门诊部接受治疗的聋哑人每月增加 3 斤肉类的营养照顾。从 1959 年 9 月至 1964 年 8 月，针灸疗法治疗聋哑症 1179 人，445 人取得不同程度疗效，其中 42 人增强了听力，学会了讲话。

4. 困难救助

1957 年 12 月，政府着手对聋哑人进行调查统计。据统计，当时全市共有聋哑人 1337 人，其中男 626 人，女 711 人；高中以上文化程度 14 人，绝大多数为文盲、半文盲；有劳动力、半劳动力 596 人，有一定职业 408 人，其中有固定收入 244 人，其他为小贩、零散杂工，一般生活比较困难。盲人共有 1266 人，其中，男 507 人，女 759 人；仅个别人有高中以上文化程度，一般在小学以下程度或文盲；有劳动力、半劳动力 336 人，有一定职业 213 人，其中卖花生、卖唱、占卜算命 145 人。在摸清了聋哑人的有关情况后，对生活困难者，政府给予定期或临时救济。

（二）困难时期："文革"期间

"文革"期间，广州同全国其他地方一样，残疾人事业的发展遭受了重大破坏，处于停滞阶段，甚至出现倒退。

1973 年 3 月，市民政局第四教养院（位于石井镇金沙围）成立，收治无家可归和籍贯不明的精神病人及复员退伍军人中的精神病患者，后改名为市民政局精神病院。1974 年 4 月，盲人教养院改称市民政局盲人院，院址芳村明心里。这可以说是"文革"期间，广州残疾人事业仅存的一点成绩。

二 1979~2005：改革开放至"十一五"前的广州残疾人事业

在此期间，广州残疾人事业进入恢复发展阶段，广州市除了贯彻执行中央、省、市有关残疾人工作的法律、法规、规章和方针、政策，还结合实际制定了许多关于残疾人事业的规范性文件和相关的政策，并通过一些具体的措施，让国家的法律、法规和政策落地生根。

（一）组织机构

在改革开放之初，残疾人工作的重中之重是恢复残疾人的组织机构。1979 年 3 月 5 日，广州市民政局根据民政部关于恢复盲聋哑人协会工作的指示精神，抽调 3 名干部组成市盲聋哑人协会办公室（与社会科合署办公），盲人协会、聋哑人协会工作停止 13 年后恢复。1981 年 3 月，撤销市民政局革命委员会，恢复广州市民政局行政体制，使民政局的行政管理职能恢复正常。

1982 年 1 月 7 日，市政府穗府〔1982〕2 号文批准广州市残废人福利基金会成立，它是当时全国第一个为福利事业筹集基金的团体。1984 年 10 月 31 日，经市政府穗府〔1984〕75 号文批准，广州市残废人福利基金会改名为广州市残疾人福利基金会。1992 年 7 月 21 日，市政府以穗府〔1992〕99 号文件批转市计委、市残联等 15 个单位《关于广州市残疾人事业"八五"计划》，要求各区、市（县）都要建立残疾人福利基金会，同时由区、市（县）政府财政中拨出一定款项作为基金会的铺底基金，以增强向社会募集资金的号召力。1993 年广州市政府决定向广州市残疾人福利基金会增拨 50

万元，请各区、市（县）政府参照此做法，建议按以下标准：番禺市不少于40万元，从化县15万元，其他区、市（县）25万~30万元。以此作为区、市（县）残疾人福利基金会的铺底基金，推动残疾人事业，促进整个地区精神文明建设的发展。

1988年7月29日与1989年1月25日，广州市机构编制委员会分别以穗编字〔1988〕175号文和穗编字〔1989〕15号文批复，于1989年2月成立广州市残疾人联合会，作为融残疾人自身代表组织、社会福利团体和事业管理机构于一体的全市性残疾人事业团体，具有"代表、服务、管理"职能，由市政府直接领导，承担市政府委托的有关残疾人事务的行政管理职能。其下属单位有广州市残疾人安养院、广州市残疾人就业培训服务中心、广州市残疾人康复中心、广州市康宁农场、广州康复实验学校、广州市康纳学校（广州儿童孤独症康复研究中心）、广州市残疾人展能中心、广州市残疾人辅助器具服务中心、广州市残疾人体育运动中心（广州国际残障人文化交流中心）和广州市残疾人事业研究会。这些单位是广州市残疾人事业发展的名片，在很大程度上反映了广州市残疾人事业发展的水平。1989年2月，广州市政府办公厅向市属各区县及市政府直属单位发出《关于抓紧组建各级残疾人联合会的通知》，要求各区县成立残疾人联合会。1989年6月18日，广州市政府批准成立市残疾人事业领导小组。市残疾人联合会、各区县残疾人联合会和市残疾人事业领导小组相继成立，这是广州市残疾人事业发展史上里程碑式的事件，具有划时代的意义。市残联自成立以来开展了大量的活动，为广州残疾人事业的发展作出了突出贡献。为了使残疾人事业发展有规可循，市残联在此阶段一直致力于推动《广州市残疾人权益保障条例》出台，并最终列入市人大立法计划。

（二）医疗康复与救助

1989年7月21日，市政府在广东大厦召开市三项康复工作会议，计划从当年起5年内进行白内障复明手术2931例、小儿麻痹症后遗症矫治手术1761人次、聋儿语训185人。印发《广州市残疾人三项康复工作实施方案》

（穗残康字〔1989〕02 号），设立市三项康复工作办公室。1989～1993 年，完成小儿麻痹症后遗症矫治术 3343 例、白内障复明手术 6066 例、聋儿语训 208 人，超额提前完成《中国残疾人事业五年工作纲要（1988—1992）》任务指标。

1993 年 11 月 4 日，市政府以穗府〔1993〕103 号文颁发《广州市扶助残疾人优惠措施若干规定》。规定残疾人治病可以优先挂号、优先就诊（第 4 条）；对享受国家医疗保健的白内障、小儿麻痹后遗症患者，所做检查治疗处理药费和手术费用，属公费医疗经费报销范围的，按市公费医疗有关规定报销；享受劳保医疗的，可参照公费医疗办法执行；属自费的，如经济上确有困难，经当地民政、财政部门审批，给予适当补贴（第 5 条）。

为了解决经费不足问题，1999 年 2 月 24 日，市政府以穗府函〔1999〕19 号文《批转市残联、财政局关于确保落实残疾人康复经费问题的通知》，要求除精防经费外，各区、县级市按人均 0.4 元划拨康复经费。

2005 年 5 月 20 日，修订后的《广州市贫困残疾人慢性疾病医疗救助办法》颁布，并自 2005 年 7 月 1 日起实施。广州市残疾人联合会委托中国人寿保险股份有限公司广州市分公司设立了广州市贫困残疾人慢性疾病医疗保险基金，为广州市贫困残疾人提供慢性消化性溃疡等 17 种慢性疾病医疗救助。凡具有广州市户籍（含花都区、番禺区、从化市、增城市、开发区）、持有广州市残疾人联合会核发的中华人民共和国残疾人证的残疾人，经广州市博爱医院（广州市残疾人康复中心）确诊的，可申请门诊费用救助。

"十五"期间，设立了全市残疾人社区康复指导机构，与社区卫生服务网络接轨，重点开展社区康复和精神病防治，形成了以市残疾人康复中心等康复机构为核心的社会化康复服务体系；完善了白内障复明长效机制，确保贫困白内障患者得到及时有效的手术治疗；完善残疾儿童早期诊断、筛查、干预系列报告制度；全市所有街（镇）都开展了社区康复服务，使残疾人就近得到康复训练与服务。

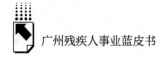

（三）劳动就业

1990 年 10 月 10 日，广州市政府以穗府〔1990〕86 号文印发《广州市保障残疾人劳动就业规定》，要求单位录用残疾职工应从 1992 年起达到占本单位在职职工总数 7‰，为全国省级和计划单列市中制定的第一个按比例安排残疾人就业的政府规定。1993 年 1 月 5 日，市政府办公厅以穗府办〔1993〕4 号文件批转市计委、民政局、劳动局、残联《关于建立广州市残疾人劳动就业服务网络和按比例安排残疾人就业的方案》。

1993 年 11 月 4 日，广州市政府以穗府〔1993〕103 号文对残疾人就业创业提供方便（第 7 条）。对残疾人员开办个体经营，如从事劳务、修理、服务性的，经当地残疾人联合会证明可优先核发营业执照；其取得的经营收入，经工商、税务部门核准，可免征营业税、所得税和工商管理、市场管理、卫生、治安费。对从事商业经营的，如营业收入较小，纳税确有困难的，可向工商、税务部门申请，经核准给予定期减免税的照顾。同时鼓励企业接受安置残疾人就业，人数达到员工总数 35% 的，可以享受免征所得税、营业税、增值税等税收优惠（第 10 条）。

1995 年 1 月，广州市政府以穗府〔1995〕120 号文印发《广州市保障残疾人劳动就业规定》，要求各单位应按在职员工总数 1.5% 比例安排残疾人就业，穗府〔1990〕86 号文及其实施办法同时废止。1999 年 3 月，发布《关于积极配合"一年一小变"工作，切实解决残疾人个体从业问题的通知》（穗残工委〔1999〕10 号），至 1999 年底，残疾人就业保障金已拨出50 万元对优惠后仍有困难的残疾人进行扶持。

1999 年 5 月 21 日，广东省人大常委会审议批准《广州市按比例安排残疾人就业办法》。同年 9 月 1 日，《广州市按比例安排残疾人就业办法》实施，成为全国首批将按比例安排就业以法规形式确立的城市。该办法的实施，为解决广州市残疾人就业提供了法律依据，确定了按比例安排就业的执法主体地位和依法申请法院强制执行的权力，解决了过去就业法规在执行过程中制约力不足的问题，使按比例安排残疾人就业工作逐步走上了规范化、法治化的轨道，也促使各用人单位从依法办事的高度来认识和做好按比例安排残疾人就业工作，切实保障残疾人的合法权益。

2004 年 4 月 26 日，广州市残疾人联合会和广州市劳动和社会保障局下达《转发省残联、省劳动和社会保障厅〈关于加强对用人单位按比例安排残疾人就业情况年度审查的通知〉》（穗残联〔2004〕54 号），以落实广东省残联、省劳动和社会保障厅《关于加强对用人单位按比例安排残疾人就业情况年度审查的通知》（粤残联〔2004〕43 号）的文件精神，强化对用人单位的年度审查，促使用人单位切实履行按比例安排残疾人就业的义务。

（四）助残扶贫

1997 年 3 月，广州市政府以穗府办〔1997〕9 号文转发市政协提出的《关于切实扶助我市残疾人脱贫解困的建议》。1998 年 12 月 13 日，广州市政府办公厅以穗府办〔1998〕62 号文印发《广州市扶持贫困残疾人实施方案》，目的是通过扶贫开发，使适合参加生产劳动的贫困残疾人生活水平在 20 世纪末接近当地平均生活水平。具体方式是通过提供小额贷款，直接扶持农村残疾人从事有助于直接脱贫的种植业、养殖业、手工业和家庭副业。[①]

1998 年 11 月 11 日，广州市残疾人联合会提交的《关于实施重度残疾人困难户专项补助金问题的请示》得到了市人民政府的同意。从 1999 年 1 月 1 日起，凡具有广州市内八区四个县级市常住户口，其家庭享受最低生活保障的一级重度残疾人，在领取最低生活保障金基础上，每月领取 100 元补助金。

2001 年 11 月 27 日，广州市政府召开工作会议，讨论市残联提出的《关于解决我市残疾人特困户住房困难的方案》。会议批准了该方案，会议议定事项如下：（1）对广州市符合三项条件（一户有一人或以上是残疾人的，领取中华人民共和国残疾人证且年均收入在广州市最低生活保障线以下，包括应保未保的）的残疾人进行专项调查，由政府牵头多渠道筹资解

---

① 参见《广州市扶持贫困残疾人实施方案》第 2 条。

决这部分残疾人的住房困难问题；（2）东山、荔湾、越秀和海珠等 4 个区的城区残疾人特困户住房问题，由市住建办牵头从 2002 年下半年起优先安排廉租房解决；（3）从化、增城、白云、芳村、黄埔、花都、天河和番禺等 8 个区、县级市的农村残疾人特困户住房要永久性解决，帮助农村残疾人特困户改造、加固危残房的工作从 2002 年初启动至 2003 年底基本结束。①

2005 年 10 月 27 日，根据中央、广东省关于加强扶助贫困残疾人的政策文件②精神，广州市残联、财政局、民政局制定《广州市三、四级残疾人困难户专项补助金实施方案》，进一步扶助我市贫困残疾人解决基本生活困难，经请示市政府同意，从 2006 年 1 月起，贫困残疾人专项补助金发放范围扩大到享受我市城乡最低生活保障的三、四级贫困残疾人。凡具有市辖十区、两个县级市户籍，并领取广州市城镇居民最低生活保障金领取证或广州市农村村民最低生活保障金领取证的城乡三、四级残疾人，每月可领取 50 元专项补助金。

"十五"期间，全面启动了解决贫困残疾人住房困难的安居工程。至"十五"期末，为农村贫困残疾人新建住房 1100 余幢并改造了一批危房，安排城镇贫困残疾人入住廉租房 460 多间，为其中 110 户提供租金补贴；发放了 1200 多个盲人免费乘车船证；实施一至四级贫困残疾人专项补助制度，对 15500 多名贫困残疾人发放了每人每月 100 元的专项补助金；对患有慢性病的贫困残疾人发放了医疗救助卡。

（五）教育培训

20 世纪 80 年代，广州尚未建立完整的残疾人教育体系。残疾人教育也是零碎的、局部的。1985 年 1 月 7 日，广州市政协医卫组、妇女组召开座

---

① 参见《广州市政府工作会议纪要》（穗府会纪〔2001〕13 号）。
② 这些文件包括《国务院办公厅转发民政部等部门关于进一步加强扶助贫困残疾人工作意见的通知》（国办发〔2004〕76 号）和《广东省人民政府办公厅转发省残联关于进一步加强扶助贫困残疾人工作意见的通知》（粤府办〔2005〕54 号）。

谈会讨论推动聋童教育，残疾人教育开始引起社会的关注。1 月 9 日，广州市盲聋哑协会、民政局、劳动局、人事局、财政局以民发〔1985〕02 号文转发《关于发给聋哑人手语教师和翻译干部 15% 特教津贴的联合通知》，①落实国家关于特教教师的待遇问题。

进入 20 世纪 90 年代，广州的残疾人教育开始步入正轨。1993 年 11 月 4 日，广州市政府穗府〔1993〕103 号文第 6 条规定对残疾人上学提供帮助。市属区、县（县级市）范围内的普通小学、中学、职业中学，对残疾学生免收学费，生活困难的，可减免杂费。中等专业学校、技工学校、普通高等院校，对残疾学生减免学费、杂费；对丧失劳动能力的残疾人的子女免收学费，可减免杂费。对残疾人（含配偶没入户）的子女入托、入学免收赞助费、建校（园）费。高等院校应招收符合国家规定的录取标准的残疾考生，不得因其残疾而拒绝接收。

1998 年 6 月 20 日，广州市人民政府批转广州市教委《关于进一步发展我市特殊教育补充意见的请示》。"九五"期间，广州市残疾儿童的学前教育入园率达到 50%；全市视力、听力、智力、肢体残疾儿童少年的入学率均达到 90% 以上。到 2000 年，基本普及对有特殊需要的儿童少年的教育。普遍开展残疾儿童少年随班就读工作，积极推进残疾儿童少年的学前教育、义务教育和高中阶段教育的协调发展，完善广州市特殊教育体系，形成以随班就读和特教班为主体、特殊教育学校为骨干的残疾儿童少年基础教育格局。到 2000 年，在校残疾儿童少年一年职业教育率达到 90%，为残疾青少年适应社会和就业做好准备。

为贯彻、落实广东省政府办公厅《转发国务院办公厅转发教育部等部门关于开展经常性助学活动意见的通知》（粤府办〔2004〕52 号）的精神，广州市教育局、广州市财政局和广州市残联于 2004 年 12 月 23 日联合颁布《广州市扶助义务教育阶段特殊儿童免书杂费的实施方案》，对在广州市义

---

① 该文件由劳动人事部、财政部、民政部和中国盲人聋哑人协会于 1984 年 11 月 10 日联合制定。

务教育阶段学校就读并持有广州市残疾人联合会核发的残疾人证的残疾儿童、在广州市各特殊学校（含新穗学校）就读的具有广州市户籍的特殊儿童、在广州市普通小学及初中设置的特殊教育班就读并具有广州市户籍的特殊儿童、在广州市教育行政部门备案的普通小学及初中随班就读和送教上门并具有广州市户籍的特殊儿童提供扶助。全市 2004 年秋季义务教育阶段在校生中，符合扶助条件的特殊小学生 3277 人，特殊初中生 1639 人，全年市、区（县）两级财政共出资 299 万元。

2004 年上半年，广州市调查了 85329 名持证残疾人基本情况。调查表明，广州市残疾成人的文化程度总体比较低，文盲、小学文化的比较多，大专以上文化的很少。鉴于此，2005 年 3 月 14 日，广州市残疾人联合会等六部门联合颁布《广州市残疾成人继续教育实施方案（2005 年—2007 年)》，为广州城乡有就业要求的残疾人提供各种形式和层次的职业教育与培训。并且根据不同情况，对残疾人取得初级以上（含初级）职业资格证书者，其培训费给予全额或者部分补贴，提高残疾人接受成人继续教育的积极性。

"十五"期间，广州市特殊教育体系逐步形成和完善。建立了广州市特殊教育工作联席会议制度；启动了适合中重度肢体残疾儿童的集康复与教育于一体的特殊教育，城镇适龄视力、听力、智力残疾儿童少年义务教育入学率均达 95% 以上；残疾人高等教育实现了新的突破，开设了盲人高等教育自学考试、华南师范大学网络学院残疾人班和广州市广播电视大学残疾人教育学院。

（六）其他

1. 无障碍设施

2003 年 10 月 1 日，广州市人民政府颁布《广州市无障碍设施建设管理规定》（广州市人民政府令第 10 号，以下简称"规定"），以加强广州市无障碍设施的建设和管理，促进社会文明和进步，贯彻执行《中华人民共和国残疾人保障法》《中华人民共和国老年人权益保障法》的有关规定，保障残疾人、老年人、伤病人和儿童等群体安全通行和使用便利。该规定要求所有无障碍设施的建设应当严格按照有关法律、法规和国家有关城市道路和建筑物无障碍设计规范执行，并且应当与新建、扩建、改建的建设项目同时设计、同时施工、同时验收使用。① 违反本规定的，视情况可能会要求重建、修复，给予罚款或者行政处分，情节严重的，依法追究刑事责任。②

"十五"期间，全市完成了无障碍设施建设和改造任务 16789 项，初步形成了覆盖全市主要道路和公共场所、公共交通和信息交流社会化、现代化的无障碍环境；建立了盲人定位导向和聋哑人紧急呼叫中心；开发了免费提供的盲用朗读软件和盲人读报系统，设立了广州图书馆盲人阅览室。

2. 社区服务

2001 年 8 月，广州市发布《关于尽快推进社区残疾人工作的通知》，要求各区、县级市将社区残疾人工作纳入社区建设总体规划，同时对建立社区残疾人组织提出具体的要求。为配合全市推进社区建设工作，市残联会同市民政局等 14 个部门联合转发民政部、中国残联等 14 个部门下发的《关于加强社区残疾人工作的意见》，对推进市社区残疾人工作提出明确要求。

3. 残疾人工作示范城市

2001 年 2 月 16 日，根据中国残联、省政府残疾人工作协调委员会向广州市提出的创建全国残疾人工作示范城市的要求，广州市制订了"十五"期间指导广州残疾人事业发展的重要文件《广州市创建全国残疾人工作示范城市总体实施方案（2001～2003 年）》（以下简称"实施方案"）。实施方案要求用 3 年时间（2001～2003 年）完成创建全国残疾人工作示范市任务，残疾人事业的主要工作成绩达到全国大城市、特大城市一流水平，单项考核指标达到联合国亚太经济社会委员会提出的发展目标。主要措施包括开展社区残疾人工作、市属高校设置特殊教育专业、建立残疾儿童调查制度、促进残疾人就业和职业培训、加强对残疾人扶贫和社会保障、出台与残疾人权益

---

① 参见《广州市无障碍设施建设管理规定》第 7 条、第 8 条。
② 参见《广州市无障碍设施建设管理规定》第 12～19 条。

有关的政策法规、推进无障碍设施建设、加快基础设施建设、举办助残公益
活动和加强组织建设 10 个方面。

三 2006~2010："十一五"规划期间的 广州残疾人事业

根据广州市人民政府办公厅发布的《广州市残疾人事业发展第十一个
五年规划（2006—2010 年)》，"十一五"期间，广州市残疾人事业发展的
总体目标是：残疾人事业的主要指标在全国各大城市中保持领先，在残疾人
工作的各项领域处于先进水平，在全国起到示范作用；建立健全残疾人康复
服务体系、特殊教育服务体系、残疾人劳动就业服务体系、残疾人社会福利
服务体系、残疾人政策法规保障服务体系等"五个服务体系"；残疾人的生
活质量显著提高，残疾人事业可持续发展的机制基本建成。

经过五年努力，广州残疾人事业在"十一五"期间取得了突出成绩，
具体体现在以下几个方面。

（一）康复医疗

"十一五"期间，广州坚持残疾人工作社会化的路径，逐步形成市、区
（县级市）、街（镇）、社区 4 级康复服务网络，建立康园工疗站等一批集康
复、教育、职业培训和庇护性就业于一体的康复服务机构。积极组织各级有
关康复机构开展白内障复明手术、低视力康复、聋儿康复、精神病防治等重
点康复项目。

2006 年 4 月 6 日，广州市人民政府发布《转发市残联等部门〈关于加
强康园工疗机构建设工作方案〉的通知》（穗府办〔2006〕12 号），落实国
家《关于印发〈精神病防治康复工疗站工作指导意见〉的通知》（〔1998〕
全康办字第 009 号）和广东省政府办公厅《转发〈国务院办公厅转发卫生
部等部门关于进一步加强精神卫生工作指导意见的通知〉》（粤府办〔2004〕
115 号）的精神，在广州市建立"健全规范的康园工疗服务体系"。其主要

目标是：（1）减少精神病患者的复发率和降低肇事肇祸率，稳定精神病患者的病情，维护社会稳定；（2）通过康复训练，提高精神病患者、智力残疾人的社会适应能力，提高他们的生活质量，减轻社会及家庭负担；（3）解决社区内精神病患者、智力残疾人的就业问题，提供职业技能培训、庇护性就业和支持性就业服务，提高残疾人就业能力，创造就业条件，使更多的残疾人工疗后能回归社会就业。①

（二）教育培训

残疾人特殊教育体系进一步完善。初步构建残疾人终身教育体系，适龄残疾儿童学前教育率提高，义务教育基本普及，中等职业学校、技工学校接收残疾学生人数有较大增长，残疾考生享有与正常考生接受高等教育的同等权利。残疾人高等教育途径增加，广州大学市政技术学院实施单考单招，开办聋人大专班；广州市广播电视大学成立残疾人教育学院。

残疾儿童少年享有和其他儿童少年平等的受教育权。残疾儿童少年随班就读有利于残疾儿童少年就近入学，有利于提高残疾儿童少年的义务教育普及率。为全面落实国家、广东省保障残疾儿童少年入学权益的有关要求，加强广州市残疾儿童少年随班就读工作的管理，使随班就读工作进一步规范化、制度化，2007年12月21日，广州市教育局印发了《关于加强广州市残疾儿童少年随班就读工作管理的若干意见》（以下简称《意见》）。《意见》就相关制度、经费管理、随班就读对象确认与学位安置、教学理念、服务支持体系、师资队伍建设等做了全面规定。

为了认真执行落实《意见》，广州市教育局还于同日印发了《广州市特殊儿童随班就读资源教室建设与管理实施办法》（以下简称《实施办法》），为那些希望在普通中小学随班就读的有特殊教育需要的学生提供支持和帮助。《实施办法》下达了任务指标，要求各区（县级市）教育行政部门必须加强本区随班就读基地学校的布点规划工作，在"十一五"期间完成全区基地学校的

---

① 参见《关于加强康园工疗机构建设工作方案》第2条。

资源教室建设。城区划片选点建设好随班就读基地学校的资源教室，每片以5~6所学校为基准；郊区以各镇中心学校为基地学校建设好资源教室，并以之辐射全区的随班就读学校工作。① 此外，《实施办法》对特殊教育资源教室配置的设施要求、设备配置、软件要求、人员配备，特殊教育资源教室的学习原则、方法及组织形式、经费运作和管理等做出了详细规定。

2008年3月29日，广州市残疾人联合会、广州市教育局等5部门联合印发《广州市残疾人职业与成人教育实施方案（2008年—2010年）》（穗残联〔2008〕86号，以下简称《教育实施方案》），《教育实施方案》是2005年3月出台的《广州市残疾成人继续教育实施方案（2005年—2007年）》（穗残联〔2005〕35号）的后续方案。2005~2007年，广州市残疾人中，在普通高中、中专、技校、职业高中就读的有276名，在全日制大专院校就读的有71名，在广州电大残疾人教育学院就读的有66名，在各职业培训机构接受非学历职业教育的有5659人次。② 《教育实施方案》确定的主要任务包括：（1）有继续教育需求的16~40岁残疾人，未完成九年义务教育的，接受不少于60学时的文化补习，已完成九年义务教育的，接受不少于120学时的学历教育或非学历教育；（2）有就业需求的16~55岁残疾人，至少接受1次不少于36学时的职业教育；（3）配合中残联"长江高科技助残就业"项目，组织初中以上文化程度的16~40岁在穗残疾人学习计算机专业知识与技能；（4）扶持残疾人职业教育机构发展，鼓励普通教育机构招收残疾学生随班就读；（5）开展实用技术培训，帮扶农村残疾人。③ 《教育实施方案》还就工作措施和经费保障做出了规定。

（三）劳动就业

促进残疾人就业是"十一五"期间广州残疾人工作的重要内容。通过税费减免政策，残疾人就业失业登记在全市铺开，设立残疾人职业技能鉴定

---

① 参见《广州市特殊儿童随班就读资源教室建设与管理实施办法》第2条。
② 参见《广州市残疾人职业与成人教育实施方案（2008年—2010年）》。
③ 参见《广州市残疾人职业与成人教育实施方案（2008年—2010年）》。

中心，开展"高科技助残"项目，组织残疾人参加就业培训，在花都区、增城市建立残疾人就业基地等工作，大大推动了广州市残疾人就业工作的开展，全市有 2.4 万名残疾人实现稳定就业。

"长江高科技助残就业项目"是长江新里程计划"高科技助残就业项目（2007～2011 年）"的简称，是中残联与李嘉诚基金会合作实施的重要项目，旨在在高科技领域帮助残疾人实现就业和创业。广州市残联是中残联项目组确定的 30 个"长江高科技助残就业项目"执行单位之一。为了认真执行这一项目，广州市残联于 2007 年 7 月 31 日发布《〈长江高科技助残就业项目〉广州市实施方案》（以下简称《广州方案》），以便有步骤地贯彻落实"长江高科技助残就业项目"的任务指标，帮助广州市残疾人接受高科技技能培训，实现高层次就业。《广州方案》从组织管理、任务目标、扶助范围、项目经费到具体措施都作了详细的规定。为准确理解和推动《广州方案》的实施，广州市各级残联还开展了一系列的宣传和培训活动。

为贯彻执行广东省财政厅等部门《转发〈财政部、国家税务总局关于促进残疾人就业税收优惠政策的通知〉》（粤财法〔2007〕85 号，穗财法〔2007〕89 号文转发）和广东省国家税务局等部门《转发〈国家税务总局 民政部 中国残疾人联合会关于促进残疾人就业税收优惠政策征管办法的通知〉》（粤国税发〔2007〕130 号，穗国税发〔2007〕209 号转发）的规定，广州市国家税务局于 2007 年 12 月发布《关于促进残疾人就业税收优惠政策有关问题的补充通知》（穗国税发〔2007〕290 号），对符合《财政部、国家税务总局关于促进残疾人就业税收优惠政策的通知》（财税〔2007〕92 号）"享受税收优惠政策的条件"的安置残疾人就业用人单位向税务机关申请减免税的程序性问题作出了规定，对鼓励和推动用人单位聘用残疾人产生了积极作用。

1998 年 12 月由广州市第十一届人民代表大会常务委员会第四次会议通过的《广州市按比例安排残疾人就业办法》（以下简称《就业办法》）经过 10 年的运行，对推动广州市按比例安排残疾人就业发挥了重要作用，但是实践也证明，该《就业办法》有的地方过于原则，缺乏可操作性，需要有相应的实施细则。2008年8月2日，为进一步保障残疾人的劳动权利，促进残疾人就业的《广州市按比例安排残疾人就业办法实施细则》（以下简称《实施细则》）出台。与《就业办法》相比，《实施细则》在以下多个方面有了更加明确的规定。（1）明确了实施主体，明确规定由市和区、县级市残疾人联合会组织实施，并由同级残疾人劳动就业服务机构负责具体工作和检查落实，劳动等行政部门协同实施；[1]（2）规定了年审制度，即用人单位需要就安排残疾人就业事宜接受年审；[2]（3）规定了备案制度，即用人单位在与残疾人签订聘用合同或者终止合同之日起30天内向残疾人劳动就业服务机构备案；[3]（4）规定了失业安置费补偿制度，即因企业破产自谋职业的残疾员工，可获得市或县级市上年度职工平均工资收入3倍的安置费；[4]（5）明确了安排残疾人就业人数的计算方法和缴纳就业保障金的计算方法；[5]（6）明确了困难企业和亏损企业就业保障金的减免标准。[6]

为了执行《中华人民共和国就业促进法》、《残疾人就业条例》、《就业服务与就业管理规定》以及广东省残疾人联合会、省劳动保障厅《关于开展城镇残疾人员失业登记工作的意见》（粤残联〔2007〕164号），全面了解广州市残疾人就业失业状况及其动态，2008年5月9日，广州市劳动与社会保障局和广州市残联联合发布《关于残疾人就业服务机构开展城镇残疾人员就业失业登记工作的通知》（穗劳社函〔2008〕545号），由残疾人就业服务机构对广州市残疾人就业和失业情况进行登记。

为使市、区、县级市残疾人就业服务机构能更充分开展残疾人劳动用工备案和就业失业登记工作，减轻市残疾人就业服务机构的登记工作压力，广州市残疾人联合会和广州市劳动和社会保障局于2009年3月25日发布《关于明确本市残疾人就业失业登记工作下放到区、县级市审核办理

---

① 《广州市按比例安排残疾人就业办法实施细则》第2条。
② 《广州市按比例安排残疾人就业办法实施细则》第3条。
③ 《广州市按比例安排残疾人就业办法实施细则》第6条。
④ 《广州市按比例安排残疾人就业办法实施细则》第8条。
⑤ 《广州市按比例安排残疾人就业办法实施细则》第9条。
⑥ 《广州市按比例安排残疾人就业办法实施细则》第12条、第13条。

的通知》（穗残联〔2009〕61 号），由区、县级市残疾人就业服务机构，在同级劳动就业服务管理机构的指导下，尽快完善工作人员、设备配置，开展残疾人就业失业登记工作。

（四）扶贫

"十一五"期间，帮助困难残疾人脱贫仍然是广州残疾人工作的一项重要内容，广州市政府及有关部门先后发布了 3 个与扶贫有关的文件，这些文件形成了一个比较完整的扶贫政策框架。

为进一步解决困难群众的生活问题，提高社会保障水平，广州市政府决定对市最低生活保障（以下称低保）家庭和城镇低收入困难家庭成员等特困人员实行分类救济，于 2006 年 6 月 30 日发布《关于对我市特困人员实行分类救济的通知》（穗府〔2006〕25 号），其中与残疾人有关的主要内容有两项：对低保家庭中无业或失业的一、二、三、四级残疾人的"重度残疾人困难户专项补助金"，在现行标准基础上提高 20%，即一、二级残疾人专项补助金提高到每人每月 120 元，三、四级残疾人专项补助金提高到每人每月 60 元；[①] 对广州市户籍人口中因重大疾病、残疾、下岗失业或遭遇突发性事件等家庭生活出现特殊困难的，视其困难程度，及时通过政府部门、慈善机构或发动社会捐助等方式，给予临时生活困难救济。[②]

广州市从 1999 年起对一级重度贫困残疾人实施专项补助，2001 年 1 月起扩大至二级重度贫困残疾人，2006 年 1 月起扩大至四级以上贫困残疾人。2007 年 5 月 8 日，广州市委市政府发布《关于印发〈中共广州市委、广州市人民政府关于切实解决涉及人民群众切身利益若干问题的决定〉的通知》（穗字〔2007〕2 号，又称"惠民 66 条"），其中规定，要改善残疾人生活条件，积极扩大贫困残疾人专项补助金的发放范围，从 2008 年 1 月 1 日起，贫困残疾人专项补助金发放范围扩大到广州市城乡低收入困难家庭的一至四

[①] 《关于对我市特困人员实行分类救济的通知》第 5 条。
[②] 《关于对我市特困人员实行分类救济的通知》第 7 条。

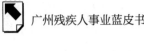

级残疾人和本人无经济收入的一级重度残疾人。为了落实"惠民66条"中有关残疾人的政策条款,广州市残联、财政局和民政局于2008年2月27日联合发布《关于我市贫困残疾人专项补助金发放有关事项的通知》(以下简称《通知》),进一步扩大贫困残疾人专项补助金发放范围:具有本市户籍的城镇、农村低收入困难家庭(以下简称城镇、农村低收入困难家庭)的一至四级残疾人;具有本市户籍的城镇、农村中本人无经济收入的一级重度残疾人(以下简称无经济收入的一级重度残疾人)。① 该《通知》还提高了专项补助金的发放标准:城镇、农村低收入困难家庭的一、二级残疾人专项补助金按每人每月60元标准发放,三、四级残疾人专项补助金按每人每月30元标准发放;本人无经济收入的一级重度残疾人按每人每月120元标准发放。②

为贯彻落实广东全省整村推进残疾人脱贫工作会议精神,根据《关于印发〈广东省整村推进残疾人脱贫实施方案〉的通知》(粤府残工委〔2007〕9号)以及《关于印发〈广州市残疾人事业发展第十一个五年规划(2006—2010年)〉的通知》(穗府办〔2007〕21号)关于"结合社会主义新农村建设实践,努力改善农村贫困残疾人的生活状况",实现全市残疾人基本生活总体达到小康水平的目标要求,2008年12月8日,广州市残联发布《关于印发〈广州市整村推进残疾人脱贫实施方案〉的通知》,就广州农村地区整村脱贫的实施范围、实施目标、实施对象和实施步骤作出了规定。

(五)行动计划和综合性立法

1.《广州市残疾人事业发展第十一个五年规划(2006—2010年)》

为加快实现广州残疾人事业现代化、建设和谐社会的目标,依据《中国残疾人事业"十一五"发展纲要(2006年—2010年)》、《广州市国民经

---

① 参见《关于我市贫困残疾人专项补助金发放有关事项的通知》第1条。
② 参见《关于我市贫困残疾人专项补助金发放有关事项的通知》第2条。

济和社会发展"十一五"规划纲要》的精神，2007年6月16日，广州市人民政府发布《广州市残疾人事业发展第十一个五年规划（2006—2010年）》（穗府办〔2007〕21号，以下简称"十一五"规划）。"十一五"规划指出了广州残疾人事业发展的机遇和所面临的问题，确立了残疾人事业发展的指导思想、指导原则和发展目标，指明了残疾人事业发展的各项任务和主要措施，它是广州"十一五"期间残疾人事业发展的行动计划和纲领性文件。

2.《关于加快残疾人事业发展的决定》

2008年3月28日，《中共中央国务院关于促进残疾人事业发展的意见》（中发〔2008〕7号）发布，2009年4月2日，《中共广东省委、广东省人民政府关于加快残疾人事业发展的决定》（粤发〔2009〕9号）发布，为贯彻落实上述文件精神，广州市委市政府于2010年6月13日发布《中共广州市委、广州市人民政府关于加快残疾人事业发展的决定》（穗字〔2010〕10号，以下简称《决定》）。《决定》确立了今后一段时期广州市残疾人事业发展的总体要求和工作目标，提出了残疾人社会保障和社会服务体系构建、残疾人生活质量提高、康复教育就业工作、残疾人事业发展环境优化、残疾人重点项目建设等具体措施，是"十一五"期间广州残疾人事业发展的行动指南，具有重要意义。

3.残疾人权益保障的综合性立法——《广州市残疾人权益保障条例》

广州市第十三届人民代表大会常务委员会第七次会议于2007年12月7日表决通过《广州市残疾人权益保障条例》（以下简称《保障条例》），经广东省第十一届人民代表大会常务委员会第一次会议于2008年3月27日批准后公布，自2008年7月1日起施行。

《保障条例》共8章63条，包括总则（立法目的和原则）、康复和医疗、教育与培训、劳动就业、社会保障、监督检查、法律责任和附则，内容涵盖了残疾人事业发展的各个方面。它的通过对于严格执行《中华人民共和国残疾人保障法》、推动广州残疾人事业的发展、维护和保障残疾人的合法权益，具有重要的立法指引意义。

（六）其他成就

1. 文化体育与法律服务

文化体育工作呈现新面貌。成功举办广州 2010 年亚残运会、第二届世界聋人篮球锦标赛、广州市第八届残疾人运动会、广州市三人制轮椅篮球锦标赛。组织参加国际、国内各类残疾人体育赛事，组织残疾人体育健身活动，推动普及残疾人群众体育活动。

成立广州市残疾人法律援助工作站，建立广州市残疾人法律援助工作站联络员制度。"十一五"期间，共有 1.4 万多人（次）的残疾人接受法律援助和服务。

2. 服务设施

全力推进无障碍设施建设，完成无障碍设施建设和改造任务 18230 项，基本形成覆盖全市道路、城市交通、公共建筑等公共活动及服务场所的无障碍设施网络，全民无障碍意识和社会文明程度显著提升。顺利通过创建全国无障碍建设城市国家验收，被评为"十一五"全国无障碍建设先进城市。启动家居环境无障碍建设。开发了市残联办公自动化系统、二代残疾人证办理、残疾人优惠乘车证管理、扶残助学、残疾人体育运动、残疾人教育与培训、按比例安排残疾人就业网上年审等 10 多个业务系统；以业务需求为导向，建立全市残疾人基础信息数据库和按比例安排残疾人就业年审单位数据库。

3. 组织建设

残疾人组织建设逐步健全完善。基层残疾人组织机构更加规范健全，基层残疾人工作者队伍更加稳定，为残疾人服务的能力和水平显著提高。全市 165 条街（镇）均建立街（镇）残联，配街（镇）专（兼）职理事长、社区残疾人专职委员，成立社区残疾人协会 1395 个，占社区居委会总数的 95.6%，成立村残疾人协会 747 个，占村委会总数的 61.2%。

"十一五"时期，广州市残疾人事业实现了历史性的大跨越。2009 年，广州市被确定为"创建全国残疾人社会保障体系和服务体系建设先行市"；

2010 年，成功举办广州 2010 年亚残运会，残疾人事业的受关注程度空前提高，扶残助残的社会氛围日益浓厚，残疾人参与社会生活的环境进一步改善。广州残疾人事业在"十一五"期间所取得的成就为 2011 年广州被国务院评为"全国残疾人工作先进单位"、被中国残联授予"爱心城市"称号打下了坚实的基础。

四　2011~2015："十二五"规划期间的广州残疾人事业

（一）编制《广州市残疾人事业发展第十二个五年规划（2011—2015年）》

为全面贯彻落实《中共中央国务院关于促进残疾人事业发展的意见》（中发〔2008〕7 号）、《中共广东省委、广东省人民政府关于加快残疾人事业发展的决定》（粤发〔2009〕9 号）、《中共广州市委、广州市人民政府关于加快残疾人事业发展的决定》（穗字〔2010〕10 号），健全残疾人社会保障制度，加强残疾人服务体系建设，促进残疾人事业与社会经济协调发展，在广泛征求政府部门、社会各界、残疾人及其亲友代表意见的基础上，根据《广东省残疾人事业"十二五"发展规划纲要》和《广州市国民经济和社会发展第十二个五年规划纲要》，编制《广州市残疾人事业发展第十二个五年规划（2011—2015 年)》，并于 2012 年 6 月 16 日发布。根据广州市人民政府《印发广州市残疾人事业"十二五"发展纲要的通知》（穗府办〔2012〕25 号）的要求，广州市残疾人事业在"十二五"期间的总体目标包括以下 9 个方面的内容。

（1）创建全国残疾人社会保障和服务体系建设先行市，构建具有广州特色、在国内具有示范作用的残疾人社会保障和社会服务体系。

（2）残疾人生活水平达到全面小康水平，社会参与和发展能力得到明显提升。

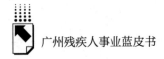

（3）积极推进残疾人宣传、文化体育工作，进一步丰富残疾人文化体育生活。

（4）建立比较完善的残疾预防体系，系统开展残疾预防，有效控制残疾的发生和发展。

（5）全面推进无障碍设施建设，积极开展家庭无障碍设施建设和改造工作。

（6）加强发展残疾人事业和残疾人权益保障的法律、法规建设及其宣传教育，不断提高社会公众和广大残疾人的法律素质和维权能力。

（7）积极开展残疾人社会保障和服务政策理论研究，为创建残疾人"两个体系"建设提供现实的理论依据和政策建议。

（8）加强残疾人组织和人才队伍建设，提高残疾人事业科技应用和信息化水平。

（9）弘扬人道主义精神，为残疾人平等参与社会生活、共享经济社会发展成果创造更加有利的环境。

经过五年努力，广州残疾人事业在"十二五"期间取得了突出成绩，具体体现在以下几个方面。

（二）医疗康复与救助

1. 医疗康复

为建立残疾人士康复服务评估转介轮候服务体系，推行全面有效的康复服务措施，为残疾人提供有效的康复服务和技术支持，广州市残联于2011年1月发布《关于实施〈广州市残疾人康复服务评估转介轮候制度（试行）〉的通知》（穗残联〔2011〕2号），使残疾人享有平等的康复服务机会，使残疾人能够通过康复需求的筛查、调查、康复服务评估，转介到适当的康复服务机构，获得适当的康复服务。该文件授权广州市残疾评测所承担康复服务评估和提供转介服务，授权广州市利康家属资源中心、广州市康纳学校和广州市康复试验学校分别负责精神病康复者的康复需求评估及受转介服务前的适应性训练、孤独症儿童的入学评估和学龄期脑瘫儿童的入学评估。

为贯彻落实《中共广州市委广州市人民政府关于推进民生幸福工程的实施意见》（穗字〔2012〕15号），进一步做好广州市精神残疾人社区康复工作，加大精神残疾人社区服务机构的建设力度，2013年10月21日，广州市残疾人联合会、广州市民政局和广州市财政局印发《广州市社区精神康复综合服务中心建设方案》（穗残联〔2013〕201号），要求从2013年起，全市分步骤开展广州市社区精神康复综合服务中心建设工作，目的是为社区内有精神康复需要的对象提供社区康复训练、心理疏导、事前预防、危机介入、实时支援、个案跟进服务，建立社区精神康复服务网络，填补社区精神康复服务的空白，对接现有精神疾病防控体系，增加社区精神康复服务资源。该文件要求，2013～2014年分两年在全市建立13个精神康复综合服务中心（白云区2个，其余各区县各1个）。2013年，建成3个中心并投入服务。每个中心工作人员应不少于8人，总数的2/3以上为社会服务领域相关专业人员、1/2以上为社会工作专业人员，应持有国家认可的相关职业资格证书。每个中心要具备为所在区（县级市）不少于200个精神残疾人或精神病康复者提供支援服务的能力。

为贯彻落实广东省残疾人联合会《关于印发广东省残疾人居家康复服务实施办法的通知》（粤残联〔2012〕63号）精神，紧密围绕广州市新型城市化建设和民生幸福工程的工作要求，推进残疾人居家康复训练工作的开展，广州市残疾人联合会和广州市财政局于2013年9月23日联合下发《广州市推进残疾人居家康复训练工作实施意见》（穗残联〔2013〕137号），要求各区、县级市残联组织辖区内的定点康复机构为辖区内符合残疾人康复资助条件并有入户需求的残疾人提供一对一康复训练、日常康复护理知识培训等康复服务。全市每年为不少于800名残疾人提供居家康复训练服务，财政为居家康复服务提供一定标准的资助。

鉴于孤独症已经成为严重的公共卫生问题，人数已经超过儿童患肿瘤、糖尿病、艾滋病三者的总和，2013年12月，广州市康纳学校发起成立广东省孤独症康复教育协会。该协会的成立，为整合广东省内的孤独症医学、康复学、心理学、特殊教育学等学科资源，搭建有效的交流平台，加强学科间

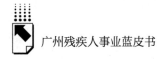

协作，共同推广先进实用的孤独症康复教育方法和理念，指导省内各地的孤独症服务机构的建设和发展，促进省内孤独症康复教育事业整体健康有序发展，具有重要的意义。

2014 年 4 月，广州市残联和广州市财政局联合发布《关于提高康园工疗机构及工疗人员资助标准的通知》，将康园工疗机构及工疗人员资助标准提高至每人每月 600 元，职业训练津贴标准提高至每人每天 15 元。

为贯彻落实《广州市人民政府办公厅转发市残联等部门关于加强康园工疗机构建设工作方案的通知》（穗府办〔2006〕12 号）规定，广州市残联与广州市财政局联合下发《关于康园工疗机构为跨户籍残疾人提供服务有关事项的通知》（穗残联〔2014〕219 号），解决了部分残疾人因"人户分离"难以开展康园工疗机构训练问题，使智力、精神残疾人能够就近接受职业康复训练、庇护性就业等服务。

通过上述努力，广州市在"十二五"期间建成了门类齐全、覆盖全面的残疾人康复资助体系，残疾人康复资助项目包含医疗康复资助、机构康复训练资助、残疾人基本型辅助器具适配资助和残疾人办证资助 4 个资助类别，细分为 15 个资助项目。大规模把医疗类康复项目纳入残疾人康复资助范围，资助项目数量居全国首位。已建社区残疾人康园工疗站 172 家，共计为 3558 名残疾人提供居家康复服务，为 64146 名精神障碍患者提供服药补贴和住院补贴，为残疾人开展辅具适配 46096 件，累计为 5453 名 0～14 岁残疾儿童提供聋儿语训、脑瘫、智力、孤独症康复训练服务。孤独症儿童康复训练日益受重视，共有 15 家孤独症儿童康复资助定点机构。

2. 医疗救助

为规范广州市医疗救助工作，保障居民的医疗救助权益，贯彻落实广东省民政厅、财政厅、卫生厅、原劳动和社会保障厅《转发民政部财政部卫生部人力资源和社会保障部关于进一步完善城乡医疗救助制度的意见的通知》（粤民保〔2009〕10 号）和广东省民政厅、财政厅、人力资源和社会保障厅、卫生厅和审计厅《关于印发〈广东省城乡特困居民医疗救助办法〉的通知》（粤民助〔2010〕1 号）的精神，广州市人民政府办公厅于 2012

年 8 月 28 日发布《广州市城乡居民医疗救助试行办法》（穗府办〔2012〕39 号），该文件将"本市持证重度残疾人"列为医疗救助的对象，包括在广州市大中专院校就读的持有中华人民共和国残疾人证且残疾等级为一、二级的非本市户籍的困难学生。① 参加城乡居民社会医疗保险的广州市户籍的残疾人，凭残联部门核发的相关证件，可以直接在本市定点医疗机构办理医疗费用减免，在广州市大中专院校就读的非广州市户籍学生凭原户籍所在地残联部门发放的中华人民共和国残疾人证，办理医疗费用减免。②

2013 年 12 月 4 日，广州市民政局等部门制定的《广州市城乡居民医疗救助试行办法实施细则》经市政府同意后发布，将"本市持证重度残疾人"的范围明确为持有残疾等级为一、二级的中华人民共和国残疾人证的广州市户籍残疾人。③

2012 年 8 月 23 日，为解决患重特大疾病居民医疗难的问题，广州市民政局等部门根据民政部等中央政府部门发布的《关于开展重特大疾病医疗救助试点工作的意见》（民发〔2012〕21 号）的精神，出台《广州市城乡居民重特大疾病医疗救助试行办法》（穗民〔2012〕262 号），对"具有本市户籍、经《广州市城乡居民医疗救助试行办法》有关规定救助，其医疗救助金额达到或超过年度最高限额，需继续住院或治疗特定门诊项目疾病的城乡居民，可申请重特大疾病医疗救助"。④ 上述文件同样起到了对残疾人的医疗救助作用。

（三）教育培训

以融合发展为导向，加大特殊教育资源供给，推进构建医教结合的特殊教育体系。

2013 年 2 月，广州市人民政府为进一步加快特殊教育事业发展，根据

---

① 参见《广州市城乡居民医疗救助试行办法》第 3 条。
② 参见《广州市城乡居民医疗救助试行办法》第 16 条。
③ 参见《广州市城乡居民医疗救助试行办法实施细则》第 7 条。
④ 参见《广州市城乡居民重特大疾病医疗救助试行办法》第 2 条。

《国务院办公厅转发教育部等部门关于进一步加快特殊教育事业发展意见的通知》（国办发〔2009〕41号）、广东省政府办公厅《关于进一步加快特殊教育事业发展的实施意见》（粤府办〔2011〕50号）精神，出台了《广州市人民政府办公厅关于加强我市特殊教育工作的实施意见（2012—2016年）》（穗府办〔2013〕8号），文件就如何进一步完善特殊教育体系、推进特殊教育学校建设、加强特殊教育机构建设、加强特殊教育师资队伍建设、提高特殊教育教学质量以及进一步完善特殊教育经费保障机制等多个方面做出了明确规定。其中的许多规定是指标性的，如：到2013年，全市学前残疾儿童接受3年学前教育的比例要达到85%以上，到2016年这个比例要达到95%以上；对适龄残疾儿童实施义务教育，实行"零拒绝"；30万以上常住人口的区、县级市至少建立1所特殊教育学校；普通教师每年要接受不少于12小时的特殊教育培训，特殊教育岗位教师每年接受特殊教育培训的时间不得少于24小时，对残疾学生家长进行100%培训，每年不得少于2次；从2013年起，提高特殊教育学生生均公用经费标准，特殊教育学校智障、孤独症、脑瘫及多重残疾学生按不低于普通学生生均公用经费标准的10倍拨付，特殊教育学校盲聋哑学生按不低于普通学生生均公用经费标准的8倍拨付，普通学校随班就读、附设特教班、送教上门学生按不低于普通学生生均公用经费标准的5倍拨付。①

2012年6月28日，广州市出台了《广州市扶助残疾人教育管理办法》，再次提高残疾人教育扶助标准、拓宽教育奖励范围，对接受义务教育、中等教育和高等教育的残疾人予以扶助和奖励。2013年9月17日，广州市教育局和广州市残联联合发布《关于做好我市特殊学生中职教育工作的通知》（穗教职成〔2013〕34号），要求市属各中等职业学校向残疾人开放，帮助特殊学生掌握基本生活和工作技能，融入社会，实现生活自立。

2014年5月16日，广州市残联、教育局、民政局、财政局、卫生局共

---

① 详见《广州市人民政府办公厅关于加强我市特殊教育工作的实施意见（2012—2016年）》第27条。

同制定《广州市扶助特殊儿童学前教育试行办法》，对于符合条件的机构，服务每名特殊儿童每课时资助 15 元工作补助，每人每学年最高资助 400 课时，对于符合条件的特殊儿童，每人每学年资助 500 元生活补助。

至此，广州市建成了义务教育阶段特殊学校教育、普通学校随班就读、普通学校附设特教班和送教上门的残疾人教育四级网络。推动实施残疾学生 15 年免费教育。全市现有特殊教育学校 21 所。目前在校接受特殊教育的学生 4874 名。成立了各类残疾儿童随班就读指导中心，拓展高中阶段残疾人职业教育范围，支持和鼓励职业院校扩大招收残疾学生的专业和规模。

此外，广州市积极开展普通学校特殊教育通识培训工作。2015 年 6 月，广州市教育局主办、广州大学教师培训学院承办普通学校特殊教育通识培训班。本次培训是广州市大规模引进境外学术团队而开展的特殊教育合作项目。培训授课的专家团队由来自美国、爱尔兰和我国香港、台湾等地的近 10 位特殊教育专家组成。针对普通学校的教师进行特殊教育的通识培训，详细介绍了语障、智障和行障的行为表现，如何为特殊儿童做出早期的诊断及课堂内教导有特殊需要的孩子的策略和方法，提出了学校调试和家庭教育。

（四）劳动就业

根据广州市人民政府办公厅 2012 年 6 月 16 日发布的《印发广州市残疾人事业"十二五"发展纲要的通知》（穗府办〔2012〕25 号）精神的要求，认真贯彻落实《残疾人就业条例》（国务院令第 488 号），大力开发适合残疾人就业的公益性岗位，打造残疾人辅助性就业、庇护性就业服务品牌，建立健全残疾人就业服务体系，促进残疾人稳定就业，是"十二五"期间广州残疾人事业发展的重要内容。

在生产经营、技术、资金、物资、土地使用等方面给予扶持。如在"十二五"初，广州市残联、财政局发布《关于印发〈广州市安置参与营运的残疾人转岗就业资助方案〉的通知》（穗残联〔2011〕243 号），规定对 2011 年以来安置通过广州市残疾人专用机动车参与营运的广州户籍残疾人

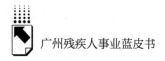

转岗就业的用人单位，一次性资助 6000 元。

税费减免和财政支持。2013 年 3 月 18 日，广州市人民政府办公厅正式印发《关于扶持社会福利企业发展促进集中安置残疾人就业的意见》（穗府办〔2013〕11 号），自 2013 年 1 月 1 日起施行。该文件围绕管理服务、财政支持、税费减免、社会帮扶等方面的内容，制定了具体的扶持措施。主要措施包括：（1）对安置广州户籍残疾人就业的福利企业，财政部门按上一年广州市社会平均工资的下限缴费额（社保费用）企业部分的 50% 给予补贴；（2）社会福利企业每安置 1 名广州户籍的残疾人就业，并签订劳动合同 1 年以上的，按每人 1000 元的标准给予企业一次性奖励；（3）当安置的广州户籍残疾人员占企业职工总人数超过 25%（不含），对超比例安置部分，按每人 2000 元的标准给予企业一次性奖励；（4）社会福利企业安置残疾人就业符合减免条件的，按有关规定享受减征城镇土地使用税优惠政策；（5）社会福利企业如按规定缴纳房产税、城镇土地使用税确有困难，可按照税收管理权限报经批准，减征或免征房产税或城镇土地使用税；（6）社会福利企业安置残疾人就业符合减免条件的，按有关规定享受减免营业税、企业所得税、城市维护建设税、教育费附加、地方教育附加优惠政策。[①]

为了认真执行穗府办〔2013〕11 号文件，2013 年 6 月 20 日，广州市民政局和市残联等 5 部门联合颁布《关于印发〈广州市扶持社会福利企业发展促进集中安置残疾人就业实施办法〉的通知》，对扶持条件、退出机制、适用范围、补贴奖励的申报程序、预算安排、惩戒机制和法律责任等予以进一步明确。

扶持小微企业发展。认真贯彻落实粤残联〔2015〕29 号文件精神，2015 年 5 月，广州市残联、市财政局、市地税局《关于转发〈省残联、省财政厅、省地税局关于落实小微企业免征残疾人就业保障金的通知〉的通知》（穗残联〔2015〕86 号）下发，鼓励小微企业雇佣残疾人，决定自 2015 年 1 月 1 日起，在工商部门登记注册的小型微型企业，安排残疾人就业

---

① 参见《关于扶持社会福利企业发展促进集中安置残疾人就业的意见》第 3 条。

未达到在职职工总数 1.5%，且在职职工人数在 20 人以下（含 20 人）的，自工商登记注册之日起免征 36 个月的残疾人就业保证金，以扶持小微企业健康发展。

修订《广州市按比例安排残疾人就业办法》，[①] 将按照本办法的规定安排残疾人就业的用人单位的范围扩展到在本市行政区域内的所有国家机关、社会组织、企业、事业单位和民办非企业单位，本市登记的外地、外商驻穗单位。[②] 未按法规规定 1.5% 的比例安排残疾人就业的，应依《中华人民共和国残疾人保障法》缴纳残疾人就业保障金，大大推进了按比例安排残疾人就业。"十二五"期间完成征收入库就业保障金 37.83 亿元，完成残疾人就业培训 11224 人次，新增就业残疾人 8418 人。智力残疾人职业技能培训、庇护性就业等取得良好效果。庇护性就业工场共为 201 名残疾人提供职业康复训练服务，为学员及其家属提供各类型家属服务 45717 人次。

（五）社会保障

2012 年 11 月 7 日，广州市政府常务会议审核通过了市残联和市财政局联合制定的《广州市扩大困难残疾人专项补助金发放对象提高发放标准实施意见》，决定从 2013 年 1 月 1 日起，扩大困难残疾人专项补助金发放对象、提高发放标准，具体内容包括：（1）低保家庭或成年且本人无经济收入的一、二级重度持证残疾人每人每月 250 元；（2）低收入困难家庭的一、二、三、四级持证残疾人和低保家庭的三、四级持证残疾人，成年且本人无经济收入的三、四级精神或智力持证残疾人每人每月 150 元。[③] 这是广州市自 1999 年建立残疾人专项补助金制度以来，第 7 次调整补助金。本次是幅度最大、范围最广的一次调整，标准提高了 39%～200%，范围扩大到低保、低收入家庭的持证残疾人，成年且本人无经济收入的持证精神和智力残

---

① 2015 年 5 月 20 日广州市第十四届人民代表大会常务委员会第三十九次会议通过，2015 年 12 月 3 日广东省第十二届人民代表大会常务委员会第二十一次会议批准。
② 参见 2015 年版《广州市按比例安排残疾人就业办法》第 2 条。
③ 参见《广州市扩大困难残疾人专项补助金发放对象提高发放标准实施意见》第 2 条。

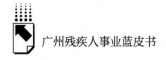

疾人。根据初步测算，这项政策出台后，市、区两级政府将出资1.4亿元，全市共有5.7万余名持证残疾人受惠。

2014年3月24日，广东省财政厅和广东省残联联合发布《关于我省残疾人生活津贴和重度残疾人护理补贴资金管理使用有关问题的通知》（粤财社〔2014〕39号），决定自2014年至2017年逐步提高残疾人生活津贴和重度残疾人护理补贴的标准。[①] 2014年4月2日，广州市财政局、市残联和市民政局《转发〈关于我省残疾人生活津贴和重度残疾人护理补贴资金管理使用有关问题的通知〉》（穗财保〔2014〕129号），将广州市残疾人生活津贴和重度残疾人护理补贴做了相应提高。

2015年5月14日，广州市人民政府发布《广州市最低生活保障办法》（广州市人民政府令，第122号），规定"具有本市户籍的居民，其共同生活的家庭成员人均月收入低于本市居民最低生活保障标准，且家庭财产状况符合规定条件时，以家庭为单位申请，可以依法享受基本生活保障待遇"。[②] 该文件第13条、第14条分别就"残疾人补助金"、成员中有"一、二级残疾证的重度残疾人"的家庭进行收入扣减；第23条规定"残疾人功能性补偿代步机动车辆"不计入家庭财产范围；第25条规定对于"重度残疾人"，按照本市分类救济有关规定，领取相应的特殊津贴。

2015年8月广州市残联、人社局、财政局、民政局发布《关于资助残疾人参加基本养老保险有关问题的通知》（穗残联〔2015〕151号），以解决本市户籍残疾人基本养老保险的缴费问题，对残疾人参加基本养老保险给予资助。具体资助标准是：（1）资助残疾人缴纳养老保险费至其缴足符合按月领取养老金的最低缴费年限，以不足缴费月份数计算资助；（2）对城乡居民基本养老保险的参保残疾人，以社保部门按《广州市城乡居民基本

---

① 根据粤府〔2013〕125号确定的补贴标准，残疾人生活津贴2014年从补贴标准100元/（年·人）提高到600元/（年·人），2015年和2016年提高到1200元/（年·人），2017年起提高到1800元/（年·人）；重度残疾人护理补贴2014年从补贴标准600元/（年·人）提高到1200元/（年·人），2015年和2016年提高到1800元/（年·人），2017年起提高到2400元/（年·人）。

② 参见《广州市最低生活保障办法》第2条。

养老保险实施办法》（穗府办〔2014〕66号）规定缴费标准第六档的个人缴费部分所核定的缴费月数，给予资助，累计最长不超过180个月。[①]

至此，广州市全面建立了困难残疾人生活补贴和残疾人护理补贴制度，在全国率先出台了残疾人参加社会保险的资助政策，资助所有本市户籍残疾人参加基本医疗保险，资助符合条件的残疾人参加社会养老保险。到2015年底，城乡残疾人参加社会养老保险12.5万人，纳入最低生活保障1.9万人，发放困难残疾人生活补贴5.6万人，发放残疾人护理补贴7.8万人，发放资金共计2.5亿元。

（六）其他

1. 社会服务

2012年3月14日，广州市残疾人联合会等3家机构发布《关于印发〈广州市民办残疾人服务机构资助试行办法〉的通知》（穗残联〔2012〕11号），广州市当年财政投入1270余万元用于资助民办非企业机构以推进广州市残疾人服务的发展，由政府对民办残疾人服务机构进行资助，推动残疾人服务社会化，资助社会服务机构为具有本市户籍并符合一定条件的残疾人提供服务。新出台的办法中规定，对相应机构的服务人员进行月补助，居家家政服务者每人每月400元，日间训练服务每人每月500元，长期托养每人每月1000元，社工服务每人每月300元。[②]

"十二五"期间，115支助残志愿服务队伍36161名助残志愿者为康园工疗站和特殊学校的6980名残疾人提供常态化服务，开展各类规范化主题助残志愿服务活动1504次，累计服务13.32万小时。民间公益社团成立了广州市残疾人服务协会。100多家企业参与，充分利用社会力量，开展面向残疾人的各项服务和活动，引导残疾人融合发展，成功创立首个众筹项目——培训与生产销售兼备的公益型点心企业。

---

① 参见《关于资助残疾人参加基本养老保险有关问题的通知》第2条。
② 参见《广州市民办残疾人服务机构资助试行办法》第4条。

2. 综合服务

2014 年，着眼为视力残疾人出行提供精准"点对点"服务，广州市交通委员会在相关部门大力支持下，以广州智能公交平台为支撑，创新应用互联网、物联网和云服务等前沿技术，为市内 7000 个站点、12000 台公交车安装电子标签，为 3000 台公交车安装车载导盲终端，免费推送专为视力残疾人研发的"听听巴士"智能手机应用，这个项目现已建成国内首创、全球规模最大、世界领先的广州市公交导盲智能系统。

率先开通残疾人服务热线。2015 年，广州市依托 12345 政府服务热线建立 12385 残疾人服务热线，及时处理残疾人热线工单，方便残疾人咨询问政、办理业务，保障残疾人民生权益，确保了全市残疾人急事难事来电"接、转、审、督、问"等环节顺畅运转。中国残联、省残联考察后给予高度评价，成为全国典范。

进一步完善信访工作制度，坚持领导干部信访值班制度，保证残疾人信访渠道畅通。依托市法援机构，继续推行律师坐班制度，建成区级残疾人法律援助工作站 11 个，为残疾人提供法律援助服务，彰显公平正义。

3. 文化体育

出版 3 辑《从心出发》残疾人文学作品丛书，每年举办一届残疾人书画展，已成为残疾人文化活动的亮点和品牌。广州市残疾人运动员在国际和全国性重大赛事中获得金牌 61 枚、银牌 43 枚、铜牌 33 枚，继续保持残疾人体育强市的优势。随着残疾人文化体育进社区活动的深入开展，残疾人对群众文化体育活动的参与度也得到提升。

4. 无障碍环境

无障碍建设由公共场所延伸至残疾人家庭，按"全覆盖、零拒绝"的标准实施残疾人家庭无障碍改造，广州是全国两个实施"按需改造"的城市之一，共为 16862 人进行了改造。利用"互联网＋"搭建残疾人参与社会活动平台，提升了残疾人生活品质。建立了全国首个大规模智能公交导盲系统，在全市 10541 台公交车、6805 个站台安装了公交导盲设施。发放了 5000 份电脑读屏软件。推行生命安全跟踪项目。

五 2016～2017："十三五"规划实施以来的广州残疾人事业

根据广州市残疾人联合会发布的《广州市残疾人事业发展第十三个五年规划（2016—2020年）》的要求，广州市"十三五"期间残疾人事业发展的主要目标是：到2018年，残疾人社会保障体系、公共服务体系基本完善，残疾人小康进程与全面小康进程相适应；到2020年，残疾人社会保障体系、基本公共服务体系更加完善，残疾人事业与全市经济社会稳步协调发展，残疾人生活的各项指标达到小康水平。

广州残疾人事业在"十三五"期间取得了突出成绩，具体体现在以下几个方面。

（一）社会保障

2016年，落实广州市委常委会工作要点、市政府重点工作任务，投入8270万元，资助约2.4万人参加基本养老保险，在全国第一个实现残疾人基本养老保险全覆盖；投入2.5亿元，分别为7万和7.2万残疾人发放生活津贴和重残补贴；投入446万元为6742名残疾人学生、贫困残疾人家庭子女提供生活补助。打通最低生活保障和残疾人两项津补贴的衔接，把残疾人列为困难群众生活临时救济范围，把重度残疾人和精神、智力残疾人纳入困难群众医疗资助和参加医保资助范围。

2017年，全市共7.86万人申领困难残疾人生活津贴、8.68万人申领重度残疾人护理津贴，涉及资金3.62亿元。继续开展残疾人参加城乡居民养老保险和城镇职工养老保险资助，共有3.2万名残疾人获得资助。继续开展残疾人医疗救助、医疗保险的资助参保工作，协调民政局、医保局办理符合条件的残疾人个人参保缴费资助金的核发和拨付。开展农村残疾人转移就业基地和长期护理保险等调研，开展广州市残疾人托养服务情况抽样调查。

为健全本市最低生活保障制度，规范最低生活保障工作，广州市于

2017年3月20日发布《广州市最低生活保障办法实施细则》（穗民规字〔2017〕5号），对本市最低生活保障的申请、受理、核实、认定，最低生活保障金发放及其监督管理活动进行规范。该文件要求保障对象家庭应当在保障期限到期前1个月向镇人民政府（街道办事处）重新申请，否则视为主动退出最低生活保障。但是，如保障对象家庭成员均为无（或丧失）劳动能力人员、重度残疾人或16周岁以下未成年人，并且家庭成员情况、家庭经济状况基本无变化，在提交相关材料后，无须重新申请（第13条）。第19条规定，申请人家庭成员有重度残疾人、签订劳动合同就业人员或离退休人员的，在计算其家庭月收入时按以下顺序及方式对家庭总收入进行扣减，剩余的收入按申请人数平均计算。有重度残疾人的，按重度残疾人的人数每人按最低生活保障标准的额度扣减。该文件体现了对残疾人的特殊关怀。

2017年2月，广州市出台《广州市最低生活保障对象参加社会公益服务管理办法》，规定广州市达到法定就业年龄且具有劳动能力但未就业的最低生活保障对象，应当参加与其身体健康状况相适应的社会公益服务，每人每月累计不少于60小时。考虑到现实情况，该管理办法明确了5类情形的低保对象可以免除社会公益服务，其中便包括重度（一、二级）残疾人，精神、智力残疾人。

（二）医疗康复与医疗救助

1. 医疗康复

2016年1月，修订《广州市残疾人康复资助工作管理办法》，市政府使用公共财政对残疾人进行康复活动的个人补贴和通过政府购买服务形式对社会组织进行补助。康复资助的范围包括：医疗康复资助，机构康复训练资助，残疾人基本型辅助器具适配资助，残疾障碍者首次办理残疾人证、残疾程度评定和必要检查费用资助，中央和省级财政下达的康复经费的指定项目。[1]

---

[1] 参见《广州市残疾人康复资助工作管理办法》第13条。

为满足广州市新型城市化建设和民生幸福工程的工作要求，推进残疾人居家康复训练工作的开展，2016 年 5 月，《广州市残联　广州市财政局关于印发〈广州市推进残疾人居家康复训练工作实施意见〉的通知》（穗残联〔2016〕75 号）发布，该文件的指导思想是，"以残疾人需求为导向，以'康复进社区，服务到家庭'为理念，以残疾人康复资助工作为依托，创新康复服务方式，逐步完善我市残疾人康复服务体系，提升残疾人生活质量，实现残疾人融入社区、回归社会的康复目的"。① 其任务目标有两项：一是"以残疾人社区康复站为平台，以残疾人康复资助定点康复机构为依托，由专业技术人员为有入户服务需求的残疾人提供康复训练和指导、心理疏导、转介服务、康复知识培训等康复服务"；二是"各区残联组织辖区内的定点康复机构为辖区内符合残疾人康复资助条件并有入户需求的残疾人提供一对一康复训练、日常康复护理知识培训等康复服务"。②

2016 年 6 月，《广州市残联　广州市民政局　广州市财政局关于实施〈广州市社区精神康复综合服务中心建设方案〉的补充通知》（穗残联〔2016〕96 号）发布，要求自 2017 年起，各区残联结合本地实际，制定社区精神康复综合服务中心承办机构的准入标准、服务标准，通过政府购买服务程序来确定承接本地中心的承办机构。为此，该文件规定了中心业务督导和服务质量监察机制、业务督导和服务质量监察经费安排以及承办机构失信惩戒和退出机制等。

2016 年 9 月，《广州市残联　广州市卫生计生委　广州市财政局关于印发广州市医疗康复项目纳入残疾人康复资助保障范围的通知》（穗残联〔2016〕129 号）规定，对拥有本市户籍，符合《广州市残联、广州市财政局关于印发〈广州市残疾人康复资助工作管理办法〉的通知》（穗残联〔2016〕11 号）中确定的资助条件的 0～14 岁听力语言残疾、智力残疾、脑瘫、孤独症儿童和全年龄段肢体残疾人，开展的以治疗性康复为目的的医疗

---

① 《广州市推进残疾人居家康复训练工作实施意见》第 1 条。
② 《广州市推进残疾人居家康复训练工作实施意见》第 2 条。

康复项目纳入市残疾人康复资助保障范围，自 2016 年 12 月 1 日起，由广州市残疾人康复资助专项经费严格按照确定的适用对象、适用条件及资助标准给予支付。

出台配套定点机构服务质量监察评估办法。康复资助前 10 个月投入 6314 万元，约 2.7 万人次受惠。出台《广州市社区精神康复综合服务中心建设方案》及配套服务质量监察评估办法，建成 12 个服务中心，为 2400 名精神病康复者提供服务。

2017 年重点推进康复资助规范工作。2017 年度，有 11812 名精神残疾人获得免费精神病门诊资助，有 1219 名重度精神病人获得住院资助，有 13 名残疾人获得残疾矫治手术资助，有 93 名 0～14 岁残疾儿童获得听力语言训练资助，有 114 名 0～14 岁残疾儿童获得脑瘫康复训练资助，有 739 名 0～14 岁儿童获得智力残疾康复训练资助，有 715 名 0～14 岁在学孤独症儿童获得康复训练资助，有 2050 名全年龄段肢体残疾人获得肢体残疾康复训练资助，有 381 名残疾人获得医疗康复训练资助，为 7922 名各类残疾人配置残疾人辅助器具 23649 件，资助 3695 名残疾障碍者首次办理残疾人证、残疾程度评定和必要检查费。残疾人康复资助全年累计惠及 28753 名残疾人，涉及资金共计 9716 万元。有 13044 名残疾人获得医疗康复资助，有 3711 名残疾人获得机构康复训练资助，有 381 名残疾人获得医疗康复训练资助，为 7922 名残疾人适配各类辅助器具 23649 件，有 3695 名残疾人获得残疾评定资助。

2. 医疗救助

2016 年 1 月，《广州市人民政府办公厅关于印发〈广州市医疗救助办法〉的通知》（穗府办规〔2016〕3 号）下发，对符合规定条件的群众（"困难群众"）资助参加社会医疗保险，资助、减免医疗费用或提供医疗卫生服务。该文件所规定的"困难群众"便包括拥有本市户籍的持证重度残疾人、三级或四级精神或智力残疾人和拥有本市户籍的持证三、四级视力、听力、言语、肢体或多重残疾人。① 该文件还对不同的救助对象的救助金额

① 参见《广州市医疗救助办法》第 2 条、第 8 条。

和救助比例作出了规定。①

2016 年 10 月，广州市民政局和广州市残疾人联合会等 5 个部门发布《广州市医疗救助办法实施细则》（穗民规〔2016〕3 号），对救助对象、救助条件、救助程序、报销程序和救济机构评估等予以进一步规范和完善。

2017 年 10 月 23 日，广州市民政局、广州市残疾人联合会等 6 家单位联合下发《广州市困难群众医疗救助购买服务项目实施办法》（穗民规字〔2017〕16 号），继续做好困难群众重大疾病商业保险医疗救助改革工作，并根据工作内容更名为"广州市困难群众医疗救助购买服务项目"，经公开招标后，中国人寿保险股份有限公司广州市分公司中标，负责为广州市困难群众提供医疗救助购买服务项目救助工作，目的是进一步减轻困难群众负担，保障困难群众医疗救助权益。救助内容包括：（1）在政府医疗救助基础上，对困难群众开展 17 种疾病门诊救助，对因病致贫人员开展门诊救助；（2）对困难群众住院治疗的乙类先自付费用、超限额费用等进行救助；（3）开展精神专项、残疾康复专项、艾滋病专项救助和器官移植专项救助；（4）开展困境儿童、优抚对象补充救助。其中第（3）项是专门针对残疾人规定的。

此外，2017 年 5 月广州市民政局下发的《广州市加强独居、空巢、失能等老年人关爱服务体系十条措施》还要求，为包括残疾人在内的特殊群体老年人提供方便、快捷、适宜的医疗卫生服务。鼓励社区卫生服务中心（站）等有条件的医疗卫生机构为重病、失能等行动不便或确有困难的老年人，提供定期体检、上门巡诊、家庭病床、社区护理、健康管理等医疗卫生服务，为失能的老年人提供康复、护理等服务。推动基层医疗卫生机构与老年人家庭建立签约服务关系，2017 年力争 100% 的社区卫生服务中心和镇卫生院开展家庭医生签约服务。规范为居家老年人提供的医疗、护理和康复服务项目，推动将符合规定的医疗等相关费用纳入医保、长期护理保险支付范围。②

---

① 参见《广州市医疗救助办法》第 10～24 条。
② 参见《广州市加强独居、空巢、失能等老年人关爱服务体系十条措施》第 8 条。

（三）残疾预防

2017 年，残疾预防上升为国家工程，同时成为《中共广州市委常委会2017 年工作要点》《2017 年市政府工作报告部署工作实施方案和阶段性工作目标》《2017 年市政府重点工作责任分工》的工作内容。广州市残疾人联合会编制完成并由市政府办公厅印发《广州市残疾预防行动方案》（穗府办〔2017〕41 号）。提出六项创新性工作内容，推动建立覆盖全人群和全生命周期、有广州特色的残疾预防工作体系。在全国助残日、全国爱耳日、全国爱眼日、全国首个"残疾预防日"，开展了多形式、多场次残疾预防活动，建立残疾预防技术力量团队，促使残疾预防知识进家庭、进社区、进校园、进企业。广州市残疾人辅助器具服务中心主持申报项目获"第一届残疾预防及康复科学技术奖"三等奖，广州市残疾预防体系构建开始进入加速轨道。

（四）教育培训

2016 年，出台《关于特殊儿童少年转介安置的指导意见》。与华南师范大学合作开展《广州市残疾人职业教育研究》。全市新增培训 2566 人，举办培训 47 期共 17 个专业，其中电商和微商企业班学员数量比上年增加 1倍，并首次实施创业课下农村。

2017 年，将新增残疾人就业和就业培训人数工作目标纳入了广州市政府工作报告、2017 年广州市政府重点工作责任分工和市十件民生实事，全市举办培训班 42 期，培训总人数 949 人，新增中医药膳师、催乳师、妇婴护理培训班；共有 60 名学员参加电商和微商创业班，开设农村残疾人创业讲座课。全市康园工疗站已实现一街（镇）一站或以上，共接收 4500 名精神、智力及部分重度肢体残疾人到站工疗康复和劳动技能训练，为社会提供546 个社区就业岗位。

加快发展以职业教育为主的智力障碍残疾人高中阶段教育发展，全面实施我市基础教育阶段特殊学生免费教育。认真贯彻落实《国务院办公厅关于转发〈教育部等部门特殊教育提升计划（2014—2016 年）〉的通知》（国办发〔2014〕1号）、《广东省特殊教育提升计划（2014—2016年）》（粤府办〔2014〕36号）和《广州市贯彻广东省特殊教育提升计划（2014—2016年）的意见》（穗教发〔2015〕35号）等文件要求，加大对特殊教育支持力度，逐步完善特殊学生免费教育政策，切实保障特殊学生受教育权利。出台《关于进一步推进中等职业特殊教育工作的通知》，2017年4月，广州市教育局、广州市财政局、广州市人力资源和社会保障局和广州市残疾人联合会《关于印发〈广州市基础教育阶段特殊学生免费教育实施办法〉的通知》（穗教发〔2017〕53号）下发，决定从2017年秋季学期起，广州市全面实施基础教育阶段特殊学生免费教育。具体措施包括：在学前教育阶段免幼儿园保育教育费，义务教育阶段免学杂费和课本费，普通高中免学杂费，中等职业学校（全日制公办与民办特殊和普通中专、职业学校、技工学校）免学费。

修订《广州市扶助残疾人教育管理办法》。为16名参加2017年普通高考的残疾人考生提供合理便利。完成2016年南粤扶残助学金的发放，共有66名残疾学生获得助学金共81.5万元。推进市残疾人教育资助工作，7065名残疾学生及贫困残疾人家庭子女获得生活补助共499.5万元，242名残疾学生获得中、高等教育奖励共51.6万元，750名残疾人和34个特教班所在学校获得残疾人文化补习与成人教育工作补助共161.98万元。330名残疾儿童所在学校获得119027课时的学前教育工作补助共178.54万元。完成680名未入学适龄残疾儿童少年的核实，并配合安置，2017年安排入学190人。

2017年还举办残疾人社会服务能力建设培训班，50家社会组织共90多人参加了培训。

（五）劳动就业

2016年，广州市稳定就业残疾人3.6万人，残疾人就业率达到61%，2016年新增就业人数1593人，提供就业服务4843人次。白云区由政府残工委发文分解残疾人就业任务，将残疾人就业工作纳入全区就业目标考核年

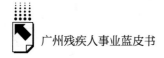

审范围。广州市本级征收残疾人就业保障金 2.79 亿元，完成年检单位 2.55 万个，起到了征收残疾人保障金促进残疾人就业的目的。

全年实际新增残疾人就业 1868 人，新增残疾人就业培训 1857 人，完成率分别为 124.53% 和 103.17%，残疾人就业人数超过 3.18 万人，就业率达到 63%。全市按比例就业年审单位 4.4 万个，残疾职工 2.55 万人，实收保障金 6.43 亿元（未扣除 15% 上缴省统筹），分别同比增长 7%、－0.7%、19%；组织残疾人专场招聘会 7 场，现场达成就业意向 258 人；提供职业介绍和指导服务 5682 人次；新增失业登记 1768 人；对 81 名残疾个体从业人员补贴社会保险 57.84 万元；对 5 名个体创业残疾人提供资金扶持 5 万元；为安置残疾人集中就业的企业提供无障碍设施改造扶持资金 15 万元，稳定了 149 名残疾人就业。

（六）无障碍环境

2016 年，大力推动无障碍建设，广州市被住建部等 5 部门确定为"全国无障碍建设示范市县"。完成残疾人乘车优惠卡卡片升级和年审系统升级，6 万多名残疾人享受该项优惠。建成公共交通智能导盲系统，开发全国首创的可提供实时服务的智能导盲系统，实现城区智能导盲全覆盖。

2016 年 11 月，广州市民政局、市住房城乡建设委、市财政局、市残联、市老龄办 5 部门印发《广州市特殊困难老年人家庭及居住区公共设施无障碍改造项目资金管理办法》（以下简称《管理办法》），计划 5 年内投入 1.38 亿元资助特殊困难老年人家庭及居住区公共设施无障碍改造。该文件第 4 条规定：有年满 60 周岁的广州市户籍老年人家庭，包括最低生活保障对象、低收入困难家庭、农村"五保"对象、领取抚恤补助待遇的优抚对象和计划生育特别扶助老人（"五类特殊困难老年人家庭"），可以申请家庭无障碍设施改造项目补助资金，已享受过残联、其他社会资助进行无障碍改造的家庭和已入住市各类养老机构的老年人家庭除外。

2017 年，开展《广州市无障碍设施建设管理规定》修订调研，实施满意度评估，继续做好居家无障碍改造工作。《广州市停车场条例》最终全盘采纳市残联意见，增设了4个法条：公共停车场、专用停车场应按照国家、省的有关规定，设置并标明肢体残疾人专用的无障碍停车位；除肢体残疾人驾驶或者乘坐的机动车以外的机动车不，占用无障碍停车位影响肢体残疾人使用，对未按照规定设置、标明无障碍停车位的，占用无障碍停车位影响肢体残疾人使用，停车场经营者对占用无障碍停车位的行为未加劝阻的，由执法机关责令限期改正或者处以罚款。

2017年5月，《广州市民政局关于印发〈广州市加强独居、空巢、失能等老年人关爱服务体系十条措施〉的通知》（穗民〔2017〕192号）下发，为失能（含伤残，即经评估达到轻度、中度、重度失能或残疾等级为一级、二级）等特殊群体老年人服务，发挥政府保障基本职能、个人主体责任，构建全天候响应、全方位服务的全覆盖、多层次、多支撑、多主体的特殊群体老年人关爱服务体系，进一步增强特殊群体老年人幸福感获得感。其中一条重要措施就是资助特殊群体老年人使用"平安通"服务，即资助在本市居住的符合条件的特殊群体老年人申请"平安通"安装和服务，"平安通"服务机构在收到申请后5个工作日内安装完毕。① 除了资助特殊群体老年人开展家庭无障碍改造外，广州市还决定加强特殊群体老年人家庭及居住区公共设施无障碍改造工作，改善特殊群体老年人生活环境，支持开展居住区公共设施无障碍改造，包括建筑出入口坡化改造、公共厕所改造无障碍厕位、公共电梯出入无障碍改造等，每居住区补助金额不超过20000元。②

（七）文化体育

2016年，报送刊出残疾人新闻150篇次。累计开办1016课时各类文化艺术培训班，培训5894人次。约4160名残疾人参加了9场群众体育活动。推进全民助残健身工程示范点创建工作，黄埔区投入50万元建设残疾人专用示范点。2016年巴西里约残奥会，广州市9人入选中国残奥代表团，获

---

① 参见《广州市加强独居、空巢、失能等老年人关爱服务体系十条措施》第4条。
② 参见《广州市加强独居、空巢、失能等老年人关爱服务体系十条措施》第6条。

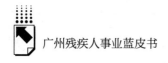

得金牌 2 枚、银牌 1 枚等好成绩，实现了广州市残疾人体育在残疾人奥运会上历史性突破。

2017 年，广州国际残障人文化交流中心和市文化馆累计培训 724 课时，约 3810 人次参加；在全市 10 个协议文艺共建点累计培训 580 课时，约 2856 人次参加。完成中国残联 2017 年首期康复体育、健身体育指导训练营培训任务，共计培训 300 多人次。组建并推广市残疾人合唱团，累计开展 176 次合唱排练指导，受惠 6000 多人次，举办第二届广州残疾人合唱节，各区组队有 13 支合唱团 600 多人参赛。市残疾人合唱团作为唯一一个残疾人合唱团获得 2017 海南（21 世纪海上丝绸之路）合唱节比赛银奖。市轮椅舞蹈队首次代表中国国家队参加 2017IPC 世界轮椅舞蹈公开赛（香港站），获突破性佳绩。举办第七届残疾人文化节暨第六届残疾人书画展，展出作品 280 幅，观展人数约 1.6 万人次。举办广州市特殊学校书画大赛，作品共 200 余幅。

2017 年，全市累计开展 29 次群众体育活动，约 5500 人次参加；推广残疾人轮椅太极剑运动，累计 880 人次参加；举办体育运动普及班 20 期，累计 1500 人次参加；开展广州市残疾人群众体育活动季活动，约 990 人参加。为超过 10 个国家、省、市有关残疾人运动队集训提供保障服务。积极组队参加国内外各项比赛，广州运动员共获得国际赛事第一名 1 人次、第二名 2 人次、第三名 4 人次，全国第一名 21 人次、第二名 14 人次、第三名 10 人次。

（八）社会组织建设

为进一步加强广州市助残社会组织指导工作，发挥人民团体联系、服务、引导助残社会组织的枢纽作用，规范监督指导其工作行为，广州市残联于 2017 年 5 月制定《广州市助残社会组织工作规则（试行）》（穗残联〔2017〕93 号）。根据这一文件的规定，由市各级残联依法对在本市民政部门注册登记，为残疾人提供康复、特殊教育、就业、托养、维权、文化体育、社会工作、手语翻译、盲文推广、社区融合、研究评估等基本公共服务的社会团体、民办非企业单位、基金会等承接残联及事业单位服务的助残社会组织遵守法律法规及服务协议（合同）、开展残疾人基本公共服务等情况进行监督指导。发挥人民团体联系、服务、引导助残社会组织的枢纽作用。为了提高助残机构的服务能力和服务水平，市各级残联举办残疾人服务社会能力建设培训班，50家社会组织共90多人参加了培训。

为进一步加大民办残疾人服务资助力度，完善残疾人基本公共服务体系，广州市残疾人联合会、广州市民政局和广州市财政局三个部门于2017年11月联合发布《广州市民办残疾人社会服务机构资助办法》（穗残联规字〔2017〕1号），为在本市依法成立，为残疾人提供居家托养、日间训练、寄宿托养、社会工作等服务的社会服务机构提供资助，各类服务机构根据所服务的对象类型享受不同标准的政府资助。① 民办残疾人服务资助资金由财政一般公共预算安排和福利彩票公益金资助，财政资助所需资金按财政体制分担比例由市、区财政一般公共预算安排。②

结　语

广州残疾人事业经过70年的发展，取得了举世瞩目的成就，在多个方面的发展居全国前列，市委市政府高度关心残疾人群体，将残疾人事业纳入全市国民经济与社会发展总体规划。建立了比较完备的法律与政策支持系统，财政支持日益充裕，公共服务体系和社会服务体系日益健全，社会助残能力日益提升；残疾人社会保障制度、残疾预防制度、医疗康复制度和医疗救助制度日益完善；残疾人扶贫事业发展迅速，因残致贫的现象已经基本消失；针对残疾人的幼儿教育、小学教育、中学教育、高等教育、职业教育、继续教育网络已经形成，残疾人就业促进和保障更加成熟，残疾人受教育程度和就业水平不断提高；无障碍环境建设成效显著，残疾人文化体育生活日益丰富，残疾人对广州社会经济文化发展成果的获得感日益明显，残疾人的

---

① 参见《广州市民办残疾人社会服务机构资助办法》第4条。
② 参见《广州市民办残疾人社会服务机构资助办法》第7条。

独立意识和全社会关心残疾人、爱护残疾人、帮助残疾人的意识得到进一步增强和普及。但是，广州残疾人事业发展中仍然面临着许多问题，残疾人事业总体上仍然滞后于经济和社会的总体发展水平。残疾人生存状况与社会平均水平相比还有较大的差距。残疾人就业难仍然相当突出；基层特别是农村康复工作仍较薄弱；特殊教育工作还有待加强，有关基础设施建设、师资队伍建设仍然存在短板；消除对残疾人的歧视、保障残疾人权益的法律法规有待完善；基层残疾人组织建设和专业工作者队伍建设还需规范和加快发展；残疾人事业必需的硬件设施建设和信息化建设尚须进一步加强。广州需要不断总结残疾人事业发展的成绩与经验，发现存在的问题与不足，发扬成绩，解决问题，使广州残疾人事业的发展再上一个新的台阶。

专题报告

Thematic Reports

B.2
广州残疾人教育事业发展
状况及展望

王　欢*

摘　要： 残疾人教育是国家教育事业的组成部分。随着经济和社会的
发展，残疾人教育受到党中央、国务院的高度重视，也越来
越受到社会各界的关注。2014 年，国务院办公厅转发《关于
进一步加快特殊教育事业发展的意见》，进一步强化了政府发
展残疾人教育的责任，推动全社会共同关心支持残疾人教育
事业。同时，我国教育事业进入新的发展阶段，残疾人教育
的作用、保障条件等发生了重大变化，残疾人教育已成为教
育较发达地区进一步提高教育水平的突破点，广州市也不例

* 王欢，法学博士，广州大学人权研究院（国家人权教育与培训基地）副研究员，主要研究方
向为行政法学、法理学、人权法学。

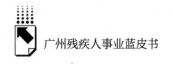

外。近年来，广州市先后出台了《关于加强我市特殊教育工作的实施意见（2012—2016年）》《广州市贯彻广东省特殊教育提升计划（2014—2016年）》，提出了多项工作措施。本报告重点介绍广州残疾人教育事业的发展情况、取得的突破以及存在的问题，并对广州残疾人教育事业提出新的发展规划。

关键词： 广州 残疾人教育 特殊教育 融合教育 医教结合

一 广州残疾人教育事业的发展概况

近年来，广州市高度重视特殊教育事业的发展，坚持政府主导，推进实施特殊教育普及和质量提升计划。2013年1月，广州市出台了《关于进一步加强特殊教育发展的实施意见》；2014年"特殊教育普及和质量提升计划"被列入市政府"十大民生实事"；2015年4月出台了《广州市贯彻广东省特殊教育提升计划（2014—2016年）》，成立了"听力言语障碍儿童随班就读指导中心""智力障碍儿童随班就读指导中心"、"视力障碍儿童随班就读指导中心"和"孤独症儿童随班就读指导中心"4个随班就读指导中心。目前，广州市已经基本形成了以特殊教育学校为骨干，以特殊教育学校和随班就读为主体，以"送教上门"为补充，残疾人学前教育、义务教育、高中阶段教育、高等教育协调发展的格局。

（一）学前教育

实践表明，越早对残疾幼儿进行有效的康复和教育，残疾人教育的效果也就越显著。因此，积极开展学前教育也是发展残疾人教育事业中不可忽视的一部分。2017年新出台的《残疾人教育条例》专门就"学前教育"作出了具体规定：一是各级人民政府应当积极采取措施，逐步提高残疾幼儿接受学前教育的比例；二是残疾幼儿的教育应当与保育、康复结合实施；三是卫生保健机构、残疾幼儿的学前教育机构、儿童福利机构和家庭，应当注重对残疾幼儿的早期发现、早期康复和早期教育。

近年来，广州市对残疾儿童学前教育重视程度有所提高。2015 年《广东省人民政府关于加快推进残疾人小康进程的实施意见》中提出了"特殊教育学校普遍开展学前教育，面向残疾儿童的康复幼儿园要参照规范化幼儿园标准和残疾儿童康复需求合理配置资源"。2017 年《广东省残疾人事业发展"十三五"规划》中明确提出了"加快发展残疾儿童学前教育。支持普通幼儿园创造条件接收轻度残疾儿童入园学习，在特殊教育学校和有条件的儿童福利机构、残疾儿童康复教育机构普遍增加附属幼儿园或幼教班（部）。残疾儿童福利机构、残疾儿童康复机构应对学前残疾儿童实施合适的教育、保育、康复。在有条件的地区设置专门招收残疾儿童的特殊幼儿园"。目前，广州市不断加强特殊教育学校和社会公益机构合作，开展学前教育阶段融合教育试点，加强对特殊儿童的早期干预。此外，广州市还大胆尝试，在特殊教育学校建设和管理中，本着医教结合理念，配置专业医务人员、康复治疗师、社工与教师共同工作。这项举措有利于对残疾幼儿的早期发现、早期康复和早期教育。为了加快发展残疾儿童学前教育，广州市对幼儿园阶段的残疾儿童保育费和康复费给予相应的补贴，并为送教教师和承担"医教结合"实验的相关医务人员提供工作和交通补贴。

（二）义务教育

近年来，广州市不断完善特殊教育学校教育、普通学校随班就读教育、普通学校附设特教班教育和送教上门教育"四级"网络，已经基本实现义务教育阶段特殊教育"零拒绝"。根据《残疾人教育条例》第 17 条规定："适龄残疾儿童、少年能够适应普通学校学习生活、接受普通教育的，依照《中华人民共和国义务教育法》的规定就近到普通学校入学接受义务教育。适龄残疾儿童、少年能够接受普通教育，但是学习生活需要特别支持的，根据身体状况就近到县级人民政府教育行政部门在一定区域内指定的具备相应资源、条件的普通学校入学接受义务教育。适龄残疾儿童、少年不能接受普通教育的，由县级人民政府教育行政部门统筹安排进入特殊教育学校接受义务教育。适龄残疾儿童、少年需要专人护理，不能到学校就读的，由县级人民政府教育行政部门统筹安排，通过提供送教上门或者远程教育等方式实施义务教育，并纳入学籍管理。"以 2016 年适龄残疾儿童入学情况为例，广州市全市范围 11 个区共 740 名适龄残疾儿童，除少部分因重度残疾或个人原因无法入学外，其余适龄残疾儿童均已入学，基本实现义务教育阶段特殊教育"零拒绝"。目前，广州市特殊教育学校登记在册共 22 所，其中盲人学校 1 所、聋人学校 1 所，其他大多为智障学校，其中广州市残疾人联合会下属康纳学校为自闭症学生学校。为了进一步提升残疾人受教育水平和满足残疾儿童的入学需求，广州市开始了新建、扩建或迁建特殊教育学校的一系列活动，如大力推进市启明学校、市启聪学校、市康复实验学校和市康纳学校的异地新建。此外，为提高随班就读质量，广州市已经在随班就读学生相对集中的学校建立随班就读资源室，还在荔湾、海珠、增城等多个区开展送教上门行动，把特殊教育服务送到特殊孩子的家。

（三）高等教育和职业教育

近年来，广州市残疾人高等教育和职业教育继续向前发展，鼓励并支持普通高中招收具有接受普通教育能力的残疾学生，中等职业学校（含技工学校）积极开展残疾人职业教育。在大力发展残疾人高等教育方面，支持广州大学、广州中医药大学等普通高校开展残疾人单考单招工作，鼓励普通高校设立残疾人教育二级学院或残疾人特教班。目前，广州市广播电视大学、广州大学市政技术学院为残疾人开设了数字媒体设计与制作、商务英语等多个专业，现有 364 名残疾学生。尤其是广州大学市政技术学院于 2007 年在华南地区首设聋人高等教育班，近 3 年毕业生就业率达 97%，被省政府评为"特殊教育先进单位"。

此外，为了使残疾考生能够平等参加考试，广州市根据《残疾人参加普通高等学校招生全国统一考试管理规定》，为残疾考生提供了一系列合理便利，使残疾考生获得了实际帮助和利益。包括：为视力残疾考生提供现行盲文试卷、大字号试卷（含大字号答题卡）或普通试卷；允许视力残疾考生携带答题所需的盲文笔、盲文手写板、盲文作图工具、橡胶垫、无存储功能的盲文打字机、无存储功能的电子助视器、盲杖、台灯、光学放大镜等辅助器具或设备。使用盲文试卷的视力残疾考生、因脑瘫或其他疾病引起的上肢无法正常书写或无上肢考生等书写特别困难考生的考试时间，可以在该科目规定考试总时长的基础上，延长 30% 到 50%。为听力残疾考生免除外语听力考试，允许听力残疾考生携带助听器、人工耳蜗等助听辅听设备。允许行动不便的残疾考生使用轮椅、助行器等，有特殊需要的残疾考生，可以自带特殊桌椅参加考试等。2017 年，广州市共有 14 名残疾考生申请了高考合理便利。这些合理便利的提供不仅有利于保障残疾人平等参加高考的合法权益，同时具有反歧视和保障残疾人权利的双重价值。

在为特殊教育学生提供职业教育方面，2011 年广州市率先在 3 所特殊教育学校开设了特殊教育中职班，至今已在 5 所特殊教育学校和 11 所中职学校共 16 个学校，开设了 10 个专业 22 个中职特殊班，现有在校生 188 人，加上随班就读共 324 人。特殊孩子在完成义务教育后进入中职班学习生活技能，提高自身适应社会的能力，为以后独立生存打下了良好基础。

（四）特殊教育研究

在特殊教育研究方面，广州市采取了一系列措施来加强特殊教育研究和技术指导工作，并使融合教育得到了进一步发展。

一是在市教研院成立特殊教育研究中心，设编制 6 个，并邀请国内著名专家陈云英教授在广州市设立特教研究工作室，引领开展特教研究，成立了刘丽容等特殊教育名家工作室，共同为广州市特殊教育随班就读工作提供强大的专业支持。

二是成立"听力言语障碍儿童随班就读指导中心"、"智力障碍儿童随班就读指导中心"、"视力障碍儿童随班就读指导中心"和"孤独症儿童随班就读指导中心"4 个随班就读指导中心，有针对性地对全市随班就读特殊教育工作展开精准指导，并为随班就读特殊教育管理和督导工作提供有效

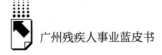

支持。

三是大力推进普通学校设立随班就读资源室工作。2014 年、2015 年分别投入 480 万元、560 万元用于新建和更新随班就读资源室设施设备。截至 2017 年，已在随班就读学生相对集中的学校建立随班就读资源室逾 100 间，并开展"随科就读"探索工作。2016 年，根据《教育部办公厅关于印发〈普通学校特殊教育资源教室建设指南〉的通知》和广东省教育厅有关文件精神的要求，出台《广州市普通学校特殊教育资源教室建设标准》，将随班就读资源教室纳入学校统一管理，规范资源教室管理工作，全面推进随班就读资源教室建设工作。2016 年广州市教育局特殊教育专项经费的 1000 万元中已安排 460 万元用于新建或更新普通学校随班就读资源室。

此外，广州市还和社会组织合作开展融合教育项目，如和广州市扬爱特殊孩子家长俱乐部合作开展"融爱行"项目，与欧初文化基金会在海珠区开展"融合教育"试点工作。

（五）教育资助和奖励

为了保障残疾人受教育的权利，广州市采取多项资助政策来保障残疾学生入学并获得平等受教育的机会，现阶段已经取得了十分显著的效果。《残疾人教育条例》第 51 条规定："招收残疾学生的学校对经济困难的残疾学生，应当按照国家有关规定减免学费和其他费用，并按照国家资助政策优先给予补助。国家鼓励有条件的地方优先为经济困难的残疾学生提供免费的学前教育和高中教育，逐步实施残疾学生高中阶段免费教育"。广州市在此基础上进一步加大对残疾人教育资助和奖励力度，以保障残疾人享有平等接受教育的权利。如：为了加快发展残疾儿童学前教育，广州市对幼儿园阶段的残疾儿童保育费和康复费给予一定的补贴；为了完善残疾学生的助学政策，对高中阶段残疾学生免收学杂费、课本费；对普通高校设立的残疾人大学生特教班，各级财政按照现有规定予以支持；实施"南粤扶残助学工程"，资助全日制普通高等院校就读的残疾人大学生。

2016 年，733 名学前教育阶段残疾儿童、3831 名义务教育阶段非寄宿残疾学生及贫困残疾人家庭子女获得生活补助，补助标准为每人每学年 500 元，补助金额为 228.2 万元；2178 名中、高等教育阶段非寄宿残疾学生及贫困残疾人家庭子女获得生活补助，补助标准为每人每学年 1000 元，补助金额为 217.8 万元；872 名寄宿残疾学生获得生活补助，其中普通寄宿残疾学生 798 名，补助标准为每人每学年 1000 元，74 名贫困寄宿残疾学生获得生活补助，补助标准为每人每年 3500 元，补助总金额为 105.7 万元。139 名残疾学生获得中等教育奖励，奖励标准为每人 1000 元，奖励金额为 13.9 万元；150 名残疾学生获得高等教育奖励，其中大专 94 人（3000 元/人）、专升本 13 人（1000 元/人）、本科 40 人（4000 元/人）、硕士 3 人（5000 元/人），补助金额为 47 万元。

2017 年，741 名学前教育阶段残疾儿童、3644 名义务教育阶段非寄宿残疾学生及贫困残疾人家庭子女获得生活补助，补助金额为 220.25 万元；1916 名中、高等教育阶段非寄宿残疾学生及贫困残疾人家庭子女获得生活补助，补助标准为每人每学年 1000 元，补助金额为 191.6 万元；744 名寄宿残疾学生获得生活补助，其中普通寄宿残疾学生 691 名，补助标准为每人每学年 1000 元，53 名贫困寄宿残疾学生获得生活补助，补助标准为每人每学年 3500 元，补助总金额为 87.65 万元。121 名残疾学生获得中等教育奖励，奖励标准为每人 1000 元，奖励金额为 12.1 万元。121 名残疾学生获得高等教育奖励，其中大专 63 人（3000 元/人），专升本 8 人（1000 元/人），本科 46 人（4000 元/人），本升研 2 人（2000 元/人），硕士 2 人（5000 元/人），补助金额为 39.5 万元。

总体来说，2016 年广州市各类获得生活补助的学生共 7614 人，2017 年广州市各类获得生活补助的学生共 7045 人。但是，与其他城市相比，一方面，广州市的残疾学生生活补助标准偏低，学前教育、义务教育阶段大部分残疾儿童每人每学年生活补助仅为 500 元，难以满足最基本的食宿等生活所需；另一方面，未获得生活补助的残疾儿童较多，未持证残疾儿童不能得到来自市、区残联的教育资助。

（六）特殊教育教师

特殊教育的发展离不开特殊教育教师，因为特殊教育教师肩负着促进残疾人全面发展、促进社会公平正义的重要责任。随着特殊教育地位的提高，社会对于特殊教育教师的需求加大，并对特殊教育教师的专业水平提出了更高的要求。为了促进特殊教育教师专业发展和建设高素质特殊教育教师队伍，2015年8月，教育部印发了《特殊教育教师专业标准（试行）》，该标准是国家对合格特殊教育教师的基本专业要求，是特殊教育教师实施教育教学行为的基本规范，是引领特殊教育教师专业发展的基本准则，是特殊教育教师培养、准入、培训、考核等工作的重要依据。目前，广州市根据特殊教育改革发展的需要，充分发挥该标准的引领和导向作用，进一步深化教师教育改革，建立教师教育质量保障体系，不断提高特殊教育教师培养培训质量。

一是借助专家资源，开展种子教师和名师培育工程，组建特殊教育专家团队和专家工作室。自2013年6月起，广州市邀请来自美国及我国台湾、香港地区的知名特殊教育专家开展通识培训，至今累计培训近2500人次，保证每所学校至少一名种子教师受训，全市累计参加特殊教育修学人数达8万多人次。同时依托市教研院，邀请著名特殊教育专家对广州市特殊教育骨干教师进行教学技能提升培训，组建了专家团队和专家工作室，把特殊教育学校校长、教师纳入广州市"名校长""名教师"培养范畴。2014年12月，"中国特殊教育第一人"陈云英教授被聘请为广州特殊教育工作团队带头人。广州市中小学教师培训体系中，现有32个名家工作室，在一线教师群体中起到重要的教育教学示范辐射与培训带动作用，其中特殊教育类的有4个。

二是完善特殊教育教师的准入制度，大力加强对特殊教育教师的培训。广州市各级各类特殊教育学校教师资格认定参照普通中小学教师的认定标准和办法执行。在特殊教育教师的准入方面，广州市规定特殊教育教师必须持双证上岗，即同时具备教师资格证和特殊教育培训证，并已于2015年将教师特殊教育专业职称单列。《残疾人教育条例》第45条规定："县级以上地方人民政府教育行政部门应当将特殊教育教师的培训纳入教师培训计划，以多种形式组织在职特殊教育教师进修提高专业水平；在普通教师培训中增加一定比例的特殊教育内容和相关知识，提高普通教师的特殊教育能力"。为了提高特殊教育教师的专业化水平，广州市规定全市普通幼儿园、小学、中学的一般在职教师接受特殊教育培训不少于 12 学时，从事特殊教育的在职教师接受特殊教育培训不少于 24 学时。

三是完善特殊教育教师职称机制，落实特殊教育教师待遇。在 2015 年的中小学教师职称制度改革试点工作中，为了给予特殊教育教师一定的倾斜，经过实地调研，广州市优化调整了评委库，在中小学高、中评委库增设"特教组"，使专家库结构更科学、更专业、更合理，2015 年，广州市评出特殊教育高级教师 21 人，达到历年之最。2016 年，广州市教育局组织开展了随班就读资源室建设和应用、特殊教育教师个别化教育（IEP）设计、特殊教育活动组织设计"三项"评比活动，为特殊教育教师成长搭建平台。另外，广州市还将继续积极探索和完善符合本市特殊教育实际的特教教师水平评价标准细则，继续完善特殊教育教师职称申报机制，完善特殊教育岗位各类专业技术人员职称评定与晋升机制，将儿童福利机构特教班教师和残疾儿童康复教育机构特教教师职务（职称）的评聘工作纳入当地教师职务（职称）评聘体系，以此加强特教教师队伍建设，促进特殊教育的健康发展。同时，广州市也将落实特殊教育津贴政策，进一步研究提高特殊教育学校和普通学校附设特教班的专任教师待遇水平。为了鼓励特殊教育教师从事残疾人教育事业，广州市将从事残疾人教育的优秀教师纳入"南粤优秀教师（优秀教育工作者）暨特级教师""全省自强模范暨扶残助残先进集体、先进个人"等评比达标表彰范围。

二 广州残疾人教育事业的特色与突破

2013 年 2 月，广州市出台了《关于加强我市特殊教育工作的实施意见（2012—2016 年）》，对广州市 2012 ~ 2016 年的特殊教育工作提出了具体工作目标、任务和措施。"特殊教育普及和质量提升计划"被列入 2014 年市

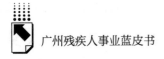

政府"十大民生实事"。到 2017 年，广州市在加强特殊教育、提高残疾人受教育水平方面，已经形成了自己的特色，并且取得了一系列的突破。

（一）医教结合模式

医教结合是当代特殊教育发展的必经之路，通过医教结合的方法，利用临床医疗技术和康复医学手段，对严重危害儿童身心健康的各种疾病实施专项检查、诊断、治疗，同时根据儿童身心发展的特点，通过教育、训练、医疗和康复综合的方法，在家庭和社会影响下对特殊儿童采取补偿与补救性教育。

自教育部提出在"十二五"期间建立医教结合教育模式以来，广州市在此方面大胆尝试，在特殊教育学校建设和管理中，本着医教结合理念，配置专业医务人员、康复治疗师、社工与教师共同工作，取得阶段性成果，有关工作走在全国前列。2015 年，广州市越秀区启智学校成为全国首批 18 所特殊学校"医教结合"实验基地之一，积极探索融康复医疗于教学中的医教结合模式。2015 年，越秀区培智学校挂牌成立"特殊教育医教结合实践点"，与越秀区儿童医院紧密合作，学校选派特教教师到医院学习训练技巧以及评估知识，医院医生也定期驻点学校，在学校开设医生工作室。

2016 年，为进一步推进医教结合，加强残障儿童早期诊断，完善特殊儿童少年转介安置的运行机制，广州市根据《关于加强我市特殊教育工作的实施意见（2012—2016 年）》，成立了特殊儿童少年转介安置指导中心，建立特殊儿童的筛查—检测（鉴定）—建档—转介—安置—康复与教育的一体化运行机制，以医学评鉴为基础，以融合发展为导向，开展特殊儿童少年医疗、教育、就业等安置指导。同时还制定特殊儿童少年转介安置指导意见，要求各区成立对应部门联合组建的转介安置指导中心。

下一步，广州市将进一步加大工作力度，加强跨部门合作，整合各类资源，分阶段逐步建立全市跨部门合作的特殊儿童少年信息共享平台。以市教育局幼儿园信息管理系统为基础，结合市残联的首报登记信息、市公安局的户籍信息、相关医疗信息，到 2020 年，分阶段逐步建立起广州市常住人口的医教结合信息平台。同时，广州市还将指导特殊教育机构充分利用资源，加强教育与康复的有机结合，加强师资队伍建设，多形式、多手段对特殊学生实施个别化教育与康复，整体提高学校的教育教学和康复水平，为更多有特殊教育需要的学生提供适宜的个别化教育，结合 IEP 资源库建设，初步形成富有广州特色的 IEP 实施与管理模式。

（二）实施特殊教育学生15年免费教育

目前，广州市将义务教育向学前和高、中职教育延伸，推进特殊教育由义务教育的 9 年延伸到 15 年。推动实施残疾学生 15 年免费教育甚至已列入广州市政府 2016 年重点工作。广州市严格执行广东省财政厅、教育厅、人社厅《关于调整中等职业教育免学费政策的通知》精神，高中阶段残疾学生免费补助标准（给学校）按不低于普通中等职业学校学生免费补助标准的 1.1 倍拨付。此外，为送教教师和承担"医教结合"实验的相关医务人员提供工作和交通补贴。从 2015 年起，将到广东省（市）特殊教育学校任教的高校应届毕业生纳入"上岗退费"政策范围。2016 年，广州市加大工作力度，在已实现 9 年免费义务教育、补助学前教育阶段和高中阶段残疾学生的基础上，率先实现从学前教育到高中阶段残疾学生免费教育。同时，为了进一步完善残疾学生补助政策，广州市整合修订了《广州市扶助残疾人教育管理办法》和《广州市扶助特殊儿童学前教育试行办法》等政策文件，调整学前教育阶段、义务教育阶段、高中教育阶段残疾学生生活费（伙食费、交通费）补助政策和标准，以保证特殊教育学生 15 年免费教育的实施。

（三）加强特殊教育督导检查和评估验收

2008 年，广东省出台《广东省县域教育现代化指标体系及评估方案（试行）》，在全省建立县域教育现代化督导制度。在 2014 年修订的《广东省推进教育现代化先进县（市、区）督导验收方案》《广东省教育强县（市、区）督导验收方案》《广东省教育强镇（乡、街道）督导验收方案》

等督导验收方案中，均有涉及特殊教育的内容。近年来，广州市依据广东省的相关要求，结合督政、督学的日常工作，以"创强争先"指标要求为指引，对各区的特殊教育工作予以监督检查指导，把特殊教育学校的建设作为必达指标和重要工作予以推动，推进各区的相关工作。2016年，进一步加强特殊教育督导检查和评估验收工作，特别是加强对各区开展特殊教育提升计划实施情况的专项督导检查，把特殊教育事业的发展水平与申报"全国义务教育发展基本均衡县""广东省推进教育现代化先进区""省教育强镇"复评相结合，并作为重要指标予以落实。同时，要求以区为单位，对基本普及残疾儿童少年义务教育进行评估验收，将残疾儿童少年入学率、特殊教育教师专业化水平和特殊教育保障水平等作为评估验收的主要指标，评估结果向社会公布。

（四）建立随班就读体系

《残疾人教育条例》第17条明确指出：适龄残疾儿童、少年能够适应普通学校学习生活、接受普通教育的，依照《中华人民共和国义务教育法》的规定就近到普通学校入学接受义务教育。适龄残疾儿童、少年能够接受普通教育，但是学习生活需要特别支持的，根据身体状况就近到县级人民政府教育行政部门在一定区域内指定的具备相应资源、条件的普通学校入学接受义务教育。适龄残疾儿童、少年不能接受普通教育的，由县级人民政府教育行政部门统筹安排进入特殊教育学校接受义务教育。适龄残疾儿童、少年需要专人护理，不能到学校就读的，由县级人民政府教育行政部门统筹安排，通过提供送教上门或者远程教育等方式实施义务教育，并纳入学籍管理。由此可见，融合教育已经成为残疾儿童、少年义务教育的发展方向，随班就读是推进融合教育的一种主要方式。

为了积极推进融合教育的发展，广州市充实和强化特殊教育资源中心作用，建立随班就读全面支持体系，同时重视加强特殊教育研究和技术指导工作。一方面大力推动特殊教育研究中心的成立，同时邀请国内著名专家陈云英教授、国际特教专家刘丽容教授等在广州市成立特教研究工作室，开展特殊教育研究，共同为特殊教育随班就读工作提供强大的专业支持。另一方面，广州市先后成立了"听力言语障碍儿童随班就读指导中心"、"智力障碍儿童随班就读指导中心"、"视力障碍儿童随班就读指导中心"和"孤独症儿童随班就读指导中心"4个随班就读指导中心，有针对性地对全市随班就读特殊教育工作展开精准指导，并为随班就读特殊教育管理和督导工作提供有效支持。

（五）对残疾学生的扶助制度

为了鼓励更多普通学校接受残疾学生，从而保障更多残疾儿童、少年有接受教育的机会，2017年新修订的《残疾人教育条例》第48条规定："各级人民政府应当按照有关规定安排残疾人教育经费，并将所需经费纳入本级政府预算。县级以上人民政府根据需要可以设立专项补助款，用于发展残疾人教育。"广州市已经采取了多项措施减免经济困难的残疾学生的学费和其他费用，并按照国家资助政策优先给予补助，同时优先为经济困难的残疾学生提供免费的学前教育和高中教育，并逐步实现残疾学生高中阶段免费教育。如实施"阳光助学计划"，实施残疾人学前教育、义务教育、高中阶段教育和高等教育的"两报一补"政策，报销学费、住宿费，补贴生活费，重点加大对贫困学生的扶持力度。

为保障广州市残疾人受教育权利，减轻贫困残疾人家庭教育负担，提升残疾人整体素质，2018年5月7日，广州市残联、市教育局、市财政局、市民政局共同修订的《广州市残疾人教育扶助办法》（以下简称《办法》）开始实施。原《办法》中对学前教育阶段的残疾儿童、义务教育阶段的非寄宿残疾学生及贫困残疾人家庭子女每学年给予500元生活补助，中等教育、高等教育阶段的残疾学生及贫困残疾人家庭子女每学年给予1000元生活补助。与其他地区相比，广州市生活补助标准明显偏低。随着城市生活水平的提高，物价上涨、通货膨胀等因素的影响，教育补助经费也应该增加。因此，结合广州市经济社会发展状况及物价水平，参考其他地区生活补助标准，新《办法》对各项学生生活补助经费在原基础上提高了500元。此外，

原《办法》中残疾人教育奖励为一次性奖励金，标准为：中等教育 1000
元、大专 3000 元、大专升本科 1000 元、本科 4000 元、本科升研究生 2000
元、研究生 5000 元。与其他地区相比，广州市教育奖励标准偏低。而广州
作为一线城市，教育奖励标准有必要与北京、深圳等城市看齐，因此新
《办法》将教育奖励标准提高至大专一次性奖励 4000 元，本科一次性奖励
5000 元、硕士一次性奖励 6000 元、博士一次性奖励 8000 元。

另外，新《办法》增加了两类非持证残疾儿童作为资助对象。一是将
具有广州市户籍，没有持残疾人证但有三甲医院诊断证明、需要特殊扶助的
发育迟缓、脑瘫等 3~7 周岁儿童纳入资助范围。二是将由于各种原因，暂
未领取残疾人证但有医院专业诊断证明的 3~18 岁特殊儿童纳入扶助范围，
此类儿童每年约有 2000 人，这部分特殊儿童与持证残疾儿童一样需要适时
接受特殊教育，以便其尽可能恢复正常生活能力。

（六）为特殊教育学生提供职业教育

残疾人作为社会弱势群体，就业对于他们而言是融入社会的立命之
本，因此残疾人职业教育是特殊教育体系中不可或缺的一部分。《残疾人
教育条例》第 27 条规定："残疾人职业教育应当大力发展中等职业教育，
加快发展高等职业教育，积极开展以实用技术为主的中期、短期培训，
以提高就业能力为主，培养技术技能人才，并加强对残疾学生的就业指
导。"近年来，广州市大力发展以职业教育为主的残疾人高中阶段教育，
同时积极促进残疾人高等教育发展，从而提高残疾人就业能力，满足社
会需求和实现自我价值。在高等教育方面，广州市广播电视大学、广州
大学市政技术学院为残疾人开设了数字媒体设计与制作大专、商务英语大
专等多个专业，现有 364 名残疾学生；尤其是广州大学市政技术学院于
2007 年在华南地区首设聋人高等教育班，近 3 年毕业生就业率达 97%，被
省政府评为"特殊教育先进单位"。下一步，广州市还将继续加大工作力
度，增加中职教育特殊专业、扩大中职特殊班招生规模，加强特殊教育向职
业教育延伸工作。

三 广州残疾人教育事业的问题与不足

近年来，广州市高度重视残疾人教育发展，先后出台了《关于加强我市特殊教育工作的实施意见（2012—2016 年）》《广州市贯彻广东省特殊教育提升计划（2014—2016 年）》等政策，提出了多条工作措施，取得了一些进步和突破。但是，广州市在残疾人教育事业发展过程中仍然存在着问题与不足。

一是标准化特殊学校少，教学条件薄弱。目前，全市特殊教育占地面积和建筑面积分别为 120635 平方米、97942 平方米。各区真正达到建设标准的仅番禺培智学校和白云飞翔学校，其他学校均未达到建设标准。其中南沙区没有特殊学校，从化区启智学校和增城区致明学校占地面积只达到 210 平方米和 848 平方米。黄埔区知明学校 18 个特殊教育班规模用地面积和建筑面积与国家一级指标 17100 平方米、6173 平方米，分别相差 12624 平方米、2784 平方米。

二是普通学校特殊教育资源教室建设和应用满足不了现实需求。根据教育部办公厅印发的《普通学校特殊教育资源教室建设指南》，一般招收 5 人以上残疾学生的普通学校应建设特殊教育资源教室。以初中学校为例，全市初中学校中随班就读人数超过 5 人的学校有 30 所，但已建设资源教室的学校只有 16 所，其中越秀区和荔湾区的初中学校中随班就读人数超过 5 人的学校各有 8 所，但没有一所建立了资源教室。

三是特殊教育师资力量不足，专业化程度有待提升。根据《特殊教育学校教职员基本编制标准》，全市各区特殊教育学校中，仅广州市聋人学校、越秀区启智学校教职员编制较为充足，仍有相当数量学校特殊教育教职员编制未落实。其中广州市残疾人安养院附属学校缺口 28 人，广州市番禺区培智学校缺口 23 人。其他特殊学校教职员人数也仅能基本满足目前在校生规模。根据广东省的要求，每个随班就读特殊教育资源教室要配置 1～2 名专职教师。但目前广州市 128 个特殊教育资源教室总共配置

教师才 50 名，缺口很大。教师的专业化程度不够也制约了广州市特殊教育融合教育发展。

四　广州残疾人教育事业的发展规划与展望

2017 年，广州市高度重视残疾人教育事业发展，虽然取得了一些突破，如实施医教结合模式、实施特殊教育学生 15 年免费教育、大力提高残疾学生资助水平等等，但是也存在着一些问题制约了广州市特殊教育的发展，如标准化特殊学校少、特殊教育资源教室满足不了现实需求、特殊教育师资力量不足、专业化程度不够等等。为了有效解决这些问题，2018 年广州市有必要从残疾人教育的发展目标和理念、教师队伍建设以及保障和支持等方面进行发展规划，从而进一步推进广州市特殊教育发展。

一是加强特殊教育基础能力建设。大力推进标准化特殊教育学校建设，提高特殊教育学校基础设施建设水平，按照国家特殊教育学校教学和康复训练仪器设备配备标准装备特殊教育学校，提升特殊教育学校教学和康复训练仪器设备配备水平。2018 年，广州市教育局督促各区加紧建设和改造特殊教育学校，特别督促南沙区尽快建设特殊教育学校。同时，不断巩固和提升特殊教育学校的教育和康复功能，进一步挖掘和发挥其社区服务功能、网络服务功能、普通学校支持功能、社会融合功能。继续支持特殊教育学校建立特殊教育资源中心，提供特殊教育指导和支持服务。同时，加大经费投入，加强随班就读资源室建设和使用。广州市继续推进随班就读资源教室的建设，并有条件地建设集教育、康复、养护于一体的重度残疾儿童教养学校。

二是加强特殊教育教师师资队伍建设，提高特殊教育教师专业水平。具体包括：第一，在省特殊教育师资培训中心和研究中心支持下，依托广州大学教师培训学院、市教研院和各特殊教育学校，按普通中小学、幼儿园和职业学校在职教师每年不少于 12 学时，担任特殊教育岗位教师每年不少于 24 学时进行特殊教育培训，特殊教育学校教师、特殊教育巡回指导教师、随班就读教师、特教班教师和送教上门教师每 3～5 年进行一次短期特殊教育轮训；对特殊教育学校骨干教师、随班就读资源室教师每年进行定期培训。同时，将特殊教育课程纳入市属高等院校师范专业课程体系。此外，开发了"特殊教育导论"网络课程，并作为全市义务教育阶段所有教师必修课。第二，继续加强培训合作，积极与境内外高校和培训机构合作，开设特殊教育通识培训班，通过采取每所学校培训一名种子教师的办法，让全教育系统都关注特殊教育、了解特殊教育、懂得特殊教育。迄今已有2200多名教师参加了通识培训，涵盖了普通中小学（幼儿园）、中职学校和特殊教育学校。第三，强化专业技能培训，加强特殊教育师资专业建设，培养专业教师从骨干走向行业专家。例如，与北京师范大学合作，开办了特殊教育学校校长高级研修班，分专业培训，先后设立自闭儿教育研修小组、脑瘫儿康复训练研修小组、语言训练与治疗教师研修小组、音乐治疗研修小组、情绪行为改变技术研修小组、个别化课程建设小组，进一步提升特殊教育学校的管理水平。第四，助力职教培训，举办中职学校特教班的管理者培训班和学科教师培训班，从树立特殊教育思想理念、掌握特殊教育专业知识、提高教育教学能力、更好地为特殊学生提供教育服务等方面，为中职学校特殊孩子掌握生存技能，提供良好的师资保障。第五，继续积极探索和完善符合我市特殊教育实际的特教教师水平评价标准细则，继续完善特殊教育教师职称申报机制，完善特殊教育岗位各类专业技术人员职称评定与晋升机制，将儿童福利机构特教班教师和残疾儿童康复教育机构特教教师职务（职称）的评聘工作纳入当地教师职务（职称）评聘体系等，以此加强广州市特教教师队伍建设，促进特殊教育的健康发展。

三是提高义务教育普及水平。贯彻实施《残疾人教育条例》，逐一核实未入学适龄残疾儿童、少年数据。通过在特殊教育学校就读、普通学校随班就读、送教上门等多种方式，落实"一人一案"，做好教育安置。对义务教育阶段轻度残疾儿童、少年，尽可能安排在普通学校随班就读。对义务教育阶段中重度残疾儿童、少年，采用以特殊教育学校为主的教育方式。同时，特殊教育学校要积极创造条件招收孤独症残疾学生。对不能到校就读、需要专人护理的适龄残疾儿童、少年，送教进家庭、进社区、进福利机构。同时

鼓励探索社会机构通过政府购买服务开展送教上门，并将接受送教上门服务的残疾学生纳入学籍管理。

四是加快发展残疾儿童学前教育。支持普通幼儿园创造条件接收轻度残疾儿童入园学习，在特殊教育学校和有条件的儿童福利机构、残疾儿童康复教育机构普遍增加附属幼儿园或幼教班（部）。残疾儿童福利机构、残疾儿童康复机构应对学前残疾儿童实施合适的教育、保育、康复。在有条件的地区设置专门招收残疾儿童的特殊幼儿园。

五是大力发展职业教育，提高残疾人就业能力。一方面，大力发展以职业教育为主的残疾人高中阶段教育。普通高中要招收具有接受普通教育能力、符合入学条件的残疾学生，中等职业学校（含技工学校），要积极开展残疾人职业教育。鼓励特殊教育学校举办残疾人普通高中或中职教育部（班）。另一方面，大力开展面向成年残疾人的职业教育培训。以就业为导向，鼓励和扶持各类特殊教育学校（院）、职业学校及职业培训机构，开展多种形式的残疾人职业技能培训，提高残疾人的就业和创业能力。积极开展扫除残疾青壮年文盲工作。

六是积极促进残疾人高等教育发展。鼓励师范院校和其他有条件的高校设置特殊教育专业，推动师范类专业普遍开设特殊教育必修课程。鼓励和支持普通高校设立残疾人教育二级学院或残疾人大学生特教班，各级财政按现有规定予以支持。高等院校要努力创造条件招收符合录取标准的残疾考生，不得因其残疾而拒绝招收。继续支持广州大学、广州中医药大学做好残疾人单考单招工作。通过自学考试、成人高考、远程教育等方式让更多的残疾人接受高等教育。

七是提高残疾学生资助水平。落实残疾学生义务教育阶段生均补助及高中阶段残疾学生免费补助政策。落实学前教育困难家庭幼儿资助政策，鼓励有条件的地区对残疾儿童教育费和康复费给予补贴。落实送教上门和医教结合政策。建立完善残疾学生特殊学习用品、教育训练、交通费等补助政策。继续实施"南粤扶残助学工程"。

八是做好国家通用手语和盲文的推广工作。组织实施《国家手语和盲文规范化行动计划（2015—2020 年）》，以学校和公共服务领域为重点，广泛推广国家通用手语和盲文。加强手语和盲文专业人才培养，加快建立手语翻译培训、认证、派遣服务制度。同时加强手语、盲文教学，鼓励特殊教育机构增设手语、盲文培训班，加大手语、盲文教师的培养力度，建设一支高素质的手语、盲文教师队伍。

B.3
广州残疾人就业保障发展报告

毕颖茜*

摘　要： 残疾人就业是残疾人参与社会、融入社会、实现自身价值的重要体现，是解决残疾人生活保障问题的关键所在。搞好残疾人就业工作，不仅关系到残疾人劳动权利的实现，而且对促进经济发展、社会进步和精神文明建设具有重要作用。本报告在梳理了广州市为促进残疾人事业所做工作的基础上，通过一系列数据明确指出广州市近几年在促进残疾人就业，保障残疾人就业权利方面取得的突出成绩。与此同时，报告还就残疾人就业面临的问题和挑战进行了分析。最后，为进一步推进广州市残疾人就业，更好地保障残疾人的就业权利，报告从作风建设、政策落实、教育培训、创新机制、依法管理、社会参与、全球视野等方面提出残疾人就业可采取的措施和可努力的方向。

关键词： 广州　残疾人　就业　劳动权

一　概述

劳动是公民的基本权利，残疾人与健全人一样，享有法律赋予的平等就

---

* 毕颖茜，国际法学博士，广州大学人权研究院（国家人权教育与培训基地）讲师，主要研究方向为国际人权法，毒品政策。

业和选择职业、取得劳动报酬和收入、获得劳动安全卫生保护、接受职业技能培训、享受社会保险等权利。残疾人同样是社会物质文明和精神文明的创造者。就业是残疾人改善生活状况、提高社会地位、参与社会生活的基础，是实现其人生价值的关键。《中华人民共和国宪法》、《中华人民共和国残疾人保障法》（以下简称《残疾人保障法》）、《中华人民共和国劳动法》，都明确规定对残疾人劳动就业要给予特别的扶持、优惠和保护。

就业是民生之本，和谐之基，残疾人就业是残疾人参与社会、融入社会、实现自身价值的重要体现，是解决残疾人生活保障问题的关键所在。搞好残疾人就业工作，使残疾人从单纯地依靠国家、社会和亲属救济、供养变为自食其力的劳动者，不仅关系到我国 6000 万残疾人劳动权利的实现，而且对解除近 2 亿残疾人亲属的后顾之忧，促进经济发展、社会进步和精神文明建设，具有重要作用。

根据《2016 年中国残疾人事业发展统计公报》（残联发〔2017〕15号），2016 年全国持证残疾人新增就业 31.2 万人，其中城镇新增 9.3 万人，农村新增 21.9 万人。城乡实名培训 60.5 万人，其中城镇 13.7 万人，农村 46.8 万人。城乡持证残疾人就业人数为 896.1 万人，其中按比例就业 66.9 万人，集中就业 29.3 万人，个体就业 63.9 万人，公益性岗位就业 7.9 万人，辅助性就业 13.9 万人，灵活就业 262.9 万人，451.3 万人从事农业种养加。盲人按摩事业稳定发展，按摩机构迅速增长。2016 年度培训盲人保健按摩人员 18997 名、盲人医疗按摩人员 5267 名；保健按摩机构达到 18605个，医疗按摩机构达到 1211 个；在专业技术职务资格评审中，分别有 481人和 1018 人通过医疗按摩人员中级和初级职称评审。

经查广州市残疾人联合会政务平台，截至 2018 年 2 月 5 日，广州市持有第一、二代残疾人证人数为 167715 人。按持有残疾人证残疾类别统计情况如下：视力残疾 13292 人、听力残疾 21222 人、言语类残疾 1475 人、肢体残疾人 76504 人、智力残疾 19974 人、精神残疾 29107 人、多重残疾 6141人。按年龄与性别统计，当前持有残疾人证的 0~6 岁残疾儿童有 1344 人，占全市持残疾人证数的 0.80%；18 岁以上残疾妇女有 66057 人，占全市持

残疾人证数的 39.39%。

此外，经查中国残疾人精准康复服务管理系统，2017 年广州市户籍残疾人有康复需求者有 22042 人。

《残疾人保障法》第 33 条明确规定："国家实行按比例安排残疾人就业制度。国家机关、社会团体、企业、事业单位、民办非企业单位应当按照规定的比例安排残疾人就业，并为其选择适当的工种和岗位。达不到规定比例，按照国家有关规定履行保障残疾人就业义务。国家鼓励用人单位超过规定比例安排残疾人就业。残疾人就业的具体办法由国务院规定。"国务院于 2007 年颁布的《残疾人就业条例》第 3 条规定："机关、团体、企业、事业单位和民办非企业单位（以下统称用人单位）应当依照有关法律、本条例和其他有关行政法规的规定，履行扶持残疾人就业的责任和义务。"第 8 条第 2 款规定："用人单位安排残疾人就业的比例不得低于本单位在职职工总数的 1.5%。具体比例由省、自治区、直辖市人民政府根据本地区的实际情况规定。"第 9 条对达不到法定比例安排残疾人就业的单位规定了惩罚性的措施，"用人单位安排残疾人就业达不到其所在地省、自治区、直辖市人民政府规定比例的，应当缴纳残疾人就业保障金"。《中共中央国务院关于促进残疾人事业发展的意见》（中发〔2008〕7 号）明确提出"党政机关、事业单位及国有企业要带头安置残疾人"。党政机关、事业单位及国有企业应当为全社会作出表率，率先垂范招录和安置残疾人。根据残疾人按比例就业制度相关规定，各级机关、事业单位应安排一定数量的岗位用于残疾人就业。《关于促进残疾人按比例就业的意见》（残联发〔2013〕11 号），也明确要推动党政机关、事业单位及国有企业带头安排残疾人就业，并要求到 2020 年，全国所有省级党政机关、地市级残工委主要成员单位至少安排 1 名残疾人就业。

《中共中央国务院关于促进残疾人事业发展的意见》（中发〔2008〕7 号）首次提出了"鼓励和扶持兴办福利企业、盲人按摩机构、工（农）疗机构、辅助性工场等残疾人集中就业单位"的要求。国务院批转的《中国残疾人事业"十二五"发展纲要》将"大力推进职业康复劳动项目，促进智力和精神残疾人辅助性就业"列为任务目标,并首次提出了辅助性就业的概念。《国务院关于加快推进残疾人小康进程的意见》(国发〔2015〕7号)提出了"对残疾人辅助性就业机构的设施设备、无障碍改造给予扶持"的措施。中国残疾人联合会、国家发展改革委、民政部、财政部、人力资源社会保障部、国土资源部、中国人民银行、国家税务总局《关于发展残疾人辅助性就业的意见》(残联发〔2015〕27号)明确界定了辅助性就业及辅助性就业机构,为全面促进残疾人辅助性就业发展提出了意见。

就业是残疾人最大的保障,将残疾人就业作为关注的重中之重,是社会主义市场经济条件下,维护社会弱势群体利益的需要,更是社会稳定和发展的必要前提。这就需要我们将工作的基本点落在创新上,着重在宏观上进行调节,从各地实际情况出发,立足于现有基础,以经济的、法律的、行政的手段,在就业政策制定、资金援助、岗位提供等就业环节给予扶持,建立健全残疾人就业的社会义务机制、工作协商机制、履约责任机制、监督检查机制,使工作强而有力、切实有效,富有针对性和操作性。因此,各级政府及其有关部门要充分认识残疾人劳动就业的重要意义,加强领导,采取有力措施,切实保障残疾人劳动就业权利的实现。

二 广州市为促进残疾人就业所做的努力和取得的成绩

十几年来,广州在促进智力残疾人、精神残疾人和重度肢体残疾人就业方面发展较快,名列全国前茅。具体而言,广州市从以下方面作出积极努力提高残疾人就业。

(一)以教育促就业

就业是最大的民生。教育培训是就业的基础,只有自身素质高了就业才有保证。残疾人就业难,除了身体残障这个客观因素外,素质低、技能少也是主要原因。为从根本上解决这个问题,多年来,广州市一直在特殊教育、残疾儿童入学、盲人高等自学考试、残疾人成人教育等方面下功夫、使长

劲，努力提升残疾人自身素质、就业技能，使一部分残疾人脱颖而出，成了大学生、技术能手、优秀员工，大力扶持能力超强的残疾人自主创业、带动就业，使广大残疾人在自我价值实践中提升自信、反哺社会。

在教育促就业方面，广州市残疾人事业有着成功的经验。广州市的残疾人教育机构针对部分有就业意愿、成家潜能的成年残疾人，针对性地开展职前、职业教育训练、居家生活、社区适应等课程，加强职业道德教育、婚恋家居常识教育，加强遵纪守法教育。经过培训后，以尊重残疾人个人意愿为原则，对有强烈就业意愿且自身具备独立生活能力，经评估具有就业能力的，安养院制定推荐就业计划，推荐外出就业或自行外出找工作，促进其回归社会；对个别有强烈婚恋需求且具有家庭生活能力的残疾人，开设相关培训课程，帮助其回归社会，成家立业；对个别具有申请公共租赁住房条件的残疾人，帮助其申请公租房，引导其与街道接轨，实现社区安居。

截至2017年底，广州市残疾人安养院（附属学校）共外出就业15人。就业地点分布于黄埔、白云、花都、南沙、深圳等地区，行业分布主要以流水线作业、服务业等为主，主要从事生产线劳动与保洁、话务接线员等工作，目前就业人员均工作稳定，表现良好，就业方均与相关机构保持良好互动与沟通；外出就读职中技校、启聪职高学生共3人；外嫁成家回归社会的女院友15人，其中已生育孩子的12名，目前均家庭和谐稳定，基本都能较好地适应家庭生活；外出实现公租房申住院友3名，目前已顺利入住，实现社区安居。

（二）以专门机构保就业

广州市残疾人展能中心和康园工疗站为心智障碍者提供以公益性生产为载体的职业康复培训和生产劳动辅导服务，实现心智障碍者辅助性就业。截至2017年12月，展能中心年均接纳约183名心智障碍者进行劳动技能训练和辅助就业。广州全市街、镇康园工疗站188个，年均接纳4800名心智障碍者和重度肢体残疾人入站进行康复、劳动技能训练和辅助性就业。

结合市场需求和学员意愿及其劳动技能掌握情况，展能中心及时推荐学员公开就业；并持续跟进学员就业情况，及时为他们提供咨询、协调、维权和行为辅导服务，保障他们稳定就业和维护劳动权益。展能中心自 2003 年成立以来推荐 132 名学员公开就业。心智障碍者一般在服务行业就业，特别是餐饮、清洁和超市等。展能中心推荐公开就业的 132 名学员，均与用工单位签订了 2 年以上的劳动合同，最长就业时间为 10 年（120 个月），月工资在 1680 元至 3000 元之间。就业学员均享受社保、医保，有住房公积金。例如，在展能中心和康园工疗机构辅助性就业的有不少能力强的学员，尤其是精神残疾人，一个月手工劳动收入可以达到 300 ~ 400 元（有的甚至上千元），加上每天 15 元的补贴，一个月可以收入 600 ~ 700 元。

（三）多渠道、多形式地开展残疾人就业，促进残疾人创业

广州市长期坚持实行分散就业与集中就业相结合的方式，多渠道、多形式地开展残疾人就业、促进残疾人创业，在做好按比例就业的同时，结合残疾人的需求，组织开展残疾人就业工作，稳步促进残疾人就业、扶持残疾人创业以及公益性岗位就业，为残疾人提供就业服务和就业援助，使有劳动条件及就业愿望的残疾人就业率逐年提高。

积极推进按比例安排残疾人就业。长期以来，市残疾人联合会根据残疾人的特点，分类进行职业指导，帮助他们增强就业意识，提高就业能力。同时，通过地税部门代征残疾人就业保障金等措施，加大按比例安排残疾人就业力度，促使用人单位自觉安排残疾人就业，并积极指导用人单位为残疾人特别是失业残疾人提供合适的工作岗位，保障残疾人的合法权益。目前，全市 26775 名残疾人通过按比例形式稳定就业，并依法建立劳动关系、办理社会保险。2017 年全市（含各区）新增 1868 名残疾人就业，完成年度任务的 124.53%，新增残疾人就业培训 1857 人，完成年度任务的 103.17%。

积极促进残疾人集中就业。努力拓展就业岗位，促进长期未就业、失业的残疾人集中就业。积极协调政府相关部门，制定了《广州市人民政府办公厅关于扶持社会福利企业发展　促进集中安置残疾人就业的意见》（穗府办〔2013〕11 号），对福利企业、盲人按摩机构等集中安置残疾人就业单位

进行扶持，除按不高于 3.5 万元/（年·人）减免营业税、增值税外，还给予社会保险补贴、一次性奖励以及减征城镇土地使用税，减免企业所得税、城市维护建设税、教育费附加等税费。2017 年经审核符合申报条件的市属福利企业 6 家，广州户籍残疾人 118 人，共资助社会保险补贴经费合计 498836.85 元。

资助社会保险，扶持残疾人个体创业。为扶持残疾人个体创业，解决残疾个体从业人员社会保险缴费难问题，根据《广州市残疾个体从业人员社会保险补贴实施方案》的有关规定，对广州户籍残疾个体从业人员购买社会保险进行资助。2017 年对广州市 81 名残疾个体从业人员的社会保险补贴进行审核，共补贴金额 578372 元。为 5 名个体创业残疾人提供经营费用方面的资金扶持共计 50000 元。

积极组织残疾人参加"众创杯"创业大赛，取得优秀成绩。2017 年，广东省人力资源社会保障厅联合有关部门继续举办 2017 年广东"众创杯"创业创新大赛，大赛设残疾人公益专项赛。广州市残疾人联合会积极宣传动员，组织广州市残疾人参赛。市残疾人联合会组织近 80 个企业或残疾人创业团队参与了"众创杯"残疾人公益赛的网上报名，其中 14 个项目进入复赛，7 个项目获奖：1 个项目获得金奖、3 个项目获得银奖、3 个项目获得铜奖，分别获得 5 至 20 万不等的创业资助金。

开展辅助性就业和庇护性就业服务，解决长期失业（无业）的残疾人的就业出路，取得了良好的社会效益。广州市残疾人展能中心、康园工疗机构、春晖庇护工场等辅助性就业、庇护性就业机构，为智力、精神残疾人提供辅助性就业和庇护性就业服务。2017 年，广州市残疾人展能中心本部服务学员人数 177 人。有 10 名学员经过训练取得成效，实现公开就业，其中 9 个已签订合同。

目前，广州市以民办非企业的模式，已构建市、区、街（镇）三级康园工疗机构网络（含 1 个市康园工疗站服务中心、11 个区康园工疗站服务中心、185 个康园工疗站），共接收 4800 名精神、智力及部分重度肢体残疾人入站进行工疗康复和劳动技能训练，为社会提供 546 个社区就业岗位。

通过公益性岗位安置就业困难人员，促进缺乏就业竞争能力的残疾人就业。按照《广州市公益性岗位申报和安置困难群体就业实施办法》的有关要求，对系统内新增或空出的公益性岗位，用于安置广州市就业困难群体就业。例如，市残疾人联合会及直属市残疾人康复中心、市残疾人安养院、市康复实验学校、市残疾人事业服务中心、市残疾人辅助器具中心、市残疾人体育运动中心、市残障人文化国际交流中心等事业单位的保洁绿化等非编制服务性岗位，作为广州市康智乐务中心接收的 86 名智力残疾人的辅助性就业岗位。市残疾人就业培训服务中心的保洁等非编制服务性岗位以及春晖庇护工场、艺力艺术工作室、巧手坊工作室提供的工艺品加工、简单产品制作、编织中国结、剪纸、剪花、刺绣、编织等岗位，作为该中心接收的 167 名智力残疾人的庇护性就业岗位。市康宁农场的保洁绿化、蔬菜种植等岗位，作为该农场接收的 40 名精神残疾人的辅助性就业岗位。全市康园工疗机构的保洁、粘贴信封、糊纸盒、贴商标、穿珠、工艺品加工、盒类加工、包装、手工缝制等岗位，作为该机构接收的 4800 名精神、智力残疾人的庇护性就业岗位；同时，已有 546 名就业困难人员在康园工疗机构提供的社区岗位就业。

推动支持性就业工作，探索解决智力残疾人就业难和就业不稳定问题。2017 年，市残疾人联合会与省残疾人联合会合作，组织本市中职学校特殊教育班 74 名应届毕业生进行职业能力测评，根据评估情况，筛选出 30 名智力残疾人开展支持性就业服务工作。与利康、慧灵等 4 家社工或残疾人服务机构签署购买服务协议，由专业社工、就业辅导员跟进残疾人就业进展情况。目前已有 9 名智力残疾人稳定就业。

2017 年市残疾人联合会还开展了支持性就业家长培训，共培训 50 名家长，使家长学习和了解如何支持智力残疾人参与公开就业的方式方法。同时，开展对雇主单位的培训，48 家雇用残疾人的企事业单位共 80 人参加培训，共同交流和探讨雇用残疾人的心得体会。

（四）加大力度开展残疾人就业援助和就业服务，稳定并促进残疾人就业

广州市结合残疾人的特点，创新服务模式，为残疾人提供免费的就业能

力评估、职业培训、就业指导、职业技能鉴定、失业登记、残疾人专场招聘会等就业援助和就业服务，稳步推进残疾人就业工作。

2017 年，通过服务窗口接待、招聘会、电话、短信、网络、上门等形式，为残疾人提供职业介绍、职业指导等服务 5682 人次。与区残疾人联合会、市总工会等单位联合组织举办残疾人专场招聘会 7 场，招聘单位共 135 家，现场达成意向的有 258 人。指导各区残疾人联合会开展就业登记 2112 人，失业登记 1768 人。完成了"残疾人就业和职业培训信息管理系统" 79501 条数据的录入任务，录入率达 100%。完成人力资源分市场的数据统计、报送、空岗发布等工作。

（五）加大监督检查力度，切实落实新增残疾人就业

根据"新型城市化发展"、"社会建设评价考核体系"的任务指标以及上级残疾人联合会的要求，广州市 2017 年要完成新增残疾人就业 1500 人、新增残疾人培训 1800 人的任务。广州市残疾人联合会根据相关单位的实际情况，把任务分解到市残疾人联合会直属残疾人就业服务机构以及各区残疾人联合会。为确保足额完成任务，广州市残疾人联合会按月、按季度对相关单位进行检查，通报了各单位的工作进度，确保按时完成就业培训任务。2017 年全市（含各区）新增 1868 人残疾人就业，完成年度任务的 124.53%，新增残疾人就业培训 1857 人，完成年度任务的 103.17%，均圆满超额完成工作任务。

（六）开展残疾人职业技能鉴定工作，为残疾人就业提供上岗资格证

广州市残疾人联合会职业技能鉴定所为残疾人提供人性化、专业化的鉴定服务。目前鉴定工种有计算机办公软件应用、手语翻译、保健按摩、芳香保健师、公共区域保洁、网络操作、网络管理、图像制作、插花等 11 个工种 15 个级别，为满足残疾人的技能鉴定需求奠定了基础。2017 年共开展 11 次职业技能鉴定，鉴定 199 人（按摩 89 人，手语翻译 110 人），鉴定合格 182 人，鉴定合格率为 91.46%。

（七）开展针对残疾人的就业服务工作，促使失业残疾人再就业

根据市残疾人联合会、市人力资源社会保障局下发的《关于明确本市残疾人就业失业登记工作下放到区、县级市审核办理的通知》，把残疾人就业失业登记工作下沉到各区残疾人就业服务机构办理，方便残疾人和用人单位，并严格按照就业失业登记管理的要求，建立工作台账，分析残疾失业人员状况，促进残疾人再就业。2017年指导各区残疾人联合会开展就业登记2112人，失业登记1768人。

此外，针对不同的残疾群体，广州还采取有针对性的就业扶持措施。例如，为稳定和拓展智力障碍残疾人就业途径，在2015年广州首次开展了心智障碍残疾人支持性就业服务，将职业能力评估引入支持性就业工作中，每年从各中职学校开办的特教班近百名应届毕业生中，筛选出30名智力残疾人开展支持性就业服务。自实施以来共有58名智力残疾人成功就业。

（八）加大培训力度，开拓培训项目，提高残疾人的职业技能

结合残疾人的特征、文化素质以及劳动力市场需求，通过社会培训机构，以购买服务等形式，开展职业技能培训、定向岗位培训、岗位技能提升培训、适应性训练等职业培训，使培训工作向优质化、个性化方向发展，提高广州市残疾人的文化素质和职业技能，进一步促进残疾人就业。

除了做好原有的培训项目以外，2017年还开展了中医药膳师培训工作，已有24人完成培训；针对市场需求大的特点，增加催乳师、妇婴护理培训力度，全年培训催乳师49人；培训盲人保健按摩师50人次，其中保健按摩初级技师31人，保健按摩技师和高级技师共15人。

2017年开展电商和微商创业班，共有60名学员参加培训。在增城朱村组织45名残疾人开展了农村残疾人的创业讲座课，内容主要是网上销售广东特产、清洁水、食品、皮具、服装等。

在开展残疾人就业培训方面，广州积极开展职业培训工作，每年举办培训班约40期，培训满意度平均达到98%以上。创新残疾人培训的类型，五

年来，尝试了速录员、心智障碍残疾人支持性就业、心理咨询师、公共营养师、小儿推拿、催乳师、创业培训及孵化等培训，让残疾人培训及就业不局限于固定的少量专业，使残疾人更好地融入社会。

在拓展残疾人就业渠道方面，广州积极为企业提供无障碍环境改造扶持，激励企业招用残疾人。例如，2015 年与百胜餐饮有限公司合作，将东峻广场肯德基餐厅建设成"天使餐厅"，主要招录残疾人员工（占比 50% 以上）。除安置就业外，还让听障群体在餐厅内实现岗位无障碍轮换，成为名副其实的"残疾人就业体验基地"。注重典型示范，将广州维高集团有限公司树为广州市残疾人就业示范基地。公司员工 1300 余人，其中残疾人近400 人，安排残疾人就业比例高达 30% 多。与政务办开展合作，为广州市12345 政府服务热线招聘残疾人，现安置 32 名残疾人就业。全市稳定就业残疾人 3.18 万人，其中按比例分散就业就达 25612 人。

（九）加大政策跟进，促进残疾人就业

2002 年，广州市发展计划委员会《关于残疾人就业庇护工厂"展能中心"立项的复函》（穗计社〔2002〕95 号）同意残疾和弱智残疾人就业庇护工厂"展能中心"项目立项；2003 年，根据广州市机构编制委员会《关于成立广州市残疾人展能中心的批复》（穗编字〔2003〕154 号）的精神，成立了广州市残疾人展能中心。2006 年，为解决智力残疾人、精神残疾人和重度肢体残疾人日间托管、康复训练和就业问题，广州市政府办公厅《转发市残疾人联合会等部门关于加强康园工疗机构建设工作方案的通知》（穗府办〔2006〕12 号）提出：采取政府购买服务的方式，于 2006年开始建立民非企康园工疗站服务网络。政府购买康园工疗服务的资金渠道主要有两个方面，一是残疾人就业保障金，二是福利彩票公益金。政府部门通过设置康复训练经费和职业训练津贴两个项目，分别从上述两个渠道拨款。

2013 年，广州出台了《广州市人民政府办公厅关于扶持社会福利企业发展 促进集中安置残疾人就业的意见》（穗府办〔2013〕11 号）。该

《意见》旨在扶持社会福利企业发展、促进集中安置残疾人就业。2014 年，出台《广州市残疾人社会保障和服务体系建设先行市工作方案（2014—2016 年）》，全面深化残疾人社会保障和服务体系建设。2015 年，广州市残疾人联合会还研究制定了《广州市智力残疾人支持性就业工作试行方案》，出台了《广州市康园工疗机构管理服务规范》，编写了《关于辅助性就业、庇护性就业训练津贴补助标准的通知（初稿)》，初步形成扶持各类残疾人各种形式就业的制度保障体系。为提高残疾人就业水平，广州还不断加强残疾人事业法制化建设进程。2015 年，广州市人大、市政府法制办、市残疾人联合会积极推动《广州市按比例安排残疾人就业办法》修法工作。

三　广州残疾人就业面临的问题和挑战

在为成绩和经验快慰的同时，必须清醒看到工作中还存在许多不足，也面临着不少困难和挑战：党的十九大报告指出"发展残疾人事业，加强残疾康复服务"。这为各级残疾人联合会组织做好残疾人工作指明了方向。对标新时代目标任务，残疾人事业在社会建设发展中与其他事业相比较，残疾人群体社会保障、生存质量与其他社会群体相比较，广州市残疾人工作存在着不平衡不充分问题。残疾人事业的发展仍没有赶上全市发展的总体水平，还有为数不少的残疾人没有脱贫，生活相当困难；残疾人就业的思路还不够开阔，方法手段也不多，跟不上社会数字化智能化发展的步伐，导致就业难这个老大难问题难上加难。

就业是民生之本。残疾人就业更是关系到社会和谐发展的重要组成部分，关系到国家的长治久安。为做好残疾人就业工作，保障残疾人劳动的基本权利，我国的宪法、法律都明确规定了对残疾人劳动就业要给予扶持优惠和保护。多年来，残疾人就业在各级党委政府的关注和残疾人联合会的努力下也确实取得了一定的成绩，同时也应当看到，残疾人就业的前景依然不容乐观，求职就业依然是让很多残疾人牵挂的问题。

（一）严峻的就业形势使残疾人在竞争中更为不利

残疾人就业的实现与社会大环境的变化密不可分。纵观当前社会整体就业形势的变化，主要表现在两个方面。一是人口众多因素。在过去的 20 多年中，我国转移了农村上亿劳动力，"十三五"期间更多的农村劳动力涌向城市，这是其他任何一个国家都不会遇到的问题。二是结构性因素。在很多情况下，一定的经济增长速度不一定创造出相应的岗位，关键看拉动经济增长的产业，如果是高科技产业，吸纳的劳动量不一定会很多。结构升级和国企改革深化，大量工业企业不仅创造新岗位有限，而且还减少了很多劳动力。劳动力市场供求矛盾十分突出，当前以及相当一段时期的社会就业之难可见一斑，严重影响到残疾人的就业，残疾人的就业竞争明显处于劣势。"十三五"期间是我国劳动力供给数量比较快的阶段，同时又是劳动力需求增长比较慢的阶段，就业问题比以往任何一个五年规划期间表现得都突出，我们必须以创新的眼光来看待弱势群体就业援助这个问题，以更广阔的思路来找到解决问题的可行方案。同时也需要政府和社会为他们提供更多的更有效的扶助，提供更宽阔更通畅的就业渠道。

（二）用人单位用人标准的提高使残疾人在岗位安置上居于劣势

随着经济的发展和社会的进步，高科技的普遍采用，各用人单位在用人标准和要求上越来越高，高学历、多面手和高精尖技术人才成为用人首选。残疾人文化程度偏低，残疾人就业"理所当然"成了被遗忘的群体，在岗位安置上残疾人明显处于劣势。

（三）企业对安置残疾人的热心不够使残疾人就业举步维艰

残疾人就业工作的难度首先表现在社会认识上。在提高社会对残疾人就业的认识方面，以前由于宣传力度不够，大家对残疾人就业问题的重要性了解不多，认识不足，导致个别地方党政领导和社会民众对残疾人就业问题不重视、不支持。要动员人们走出这样的认识误区：一是残疾人就业工作是残疾人联合会的工作;二是安置残疾人就业是量力而行的事,不是社会义务;三是残疾人就业就是安排就业岗位,而不是鼓励自主创业。

目前,促进安置残疾人就业的政策除了福利企业的免税政策,就是"分散按比例安置残疾人就业"。社会上的一些用人单位对残疾人还存有歧视观念,更多的企业单位不了解残疾人能干什么,对残疾人就业工作不理解不支持,存有"残疾人工作不如健全人,安置残疾人就业麻烦太多,健全人还要解决吃饭问题,残疾人就业则是次要的"等错误认识。不少单位的领导片面地认为安置残疾人就业是福利企业的责任,宁可缴纳残疾人就业保障金也不肯录用残疾职工。我们需要旗帜鲜明地进行宣传,安置残疾人就业工作不仅仅是某个部门的事,更是各级政府的职责所在,是政府工作的重要一环。

(四)残疾人自身素质较弱及落后的择业观念制约其就业的实现

残疾人就业究竟难在哪,残疾人自身素质不适应现代科学技术发展需要,缺乏竞争意识和能力,是一个重要原因。"文化水平低,技能水平低"的现象在残疾人中十分普遍。所以残疾人成为就业竞争中的弱者是不争的事实。残疾人作为最弱势群体,其职业能力培育环境欠缺,自身综合素质状况也较弱,有一部分残疾人眼高手低,能从事的工作不愿做,一张口就要求坐办公室、要高工资,致使用人单位对残疾人有看法,残疾人被迫退出竞争行列。另外,许多残疾人只把到单位上班、签订劳动合同看作就业,而不认为只有劳务关系的岗位是就业,这也影响着他们不能找到合适的工作、不能实现充分就业。实际上判断就业与否只有两个标准:收入与劳动时间。只要身体力行、劳有所获、收入合理、活有尊严,就应该视为正常的就业。

此外,依法发展残疾人事业力度不够,维护残疾人合法权益任务还十分艰巨;为残疾人提供服务的环境条件还有待完善,离规定要求还有较大差距;残疾人联合会人工作队伍在革命化、年轻化、专业化上有待进一步优化等都是广州市残疾人工作面临的挑战和问题。

以上问题有的是老问题,有的是新问题,有的是由客观原因造成,有的

是由主观因素导致，不管是老问题还是新问题、主观因素还是客观原因，我们都要高度重视，认真研究，切实解决。总之，要做好残疾人就业工作，仍需结合实际、着眼前沿、科学创新，不断提升专业服务能力。

四　广州残疾人就业可采取的措施和努力的方向

随着联合国《残疾人权利公约》和《2030 年可持续发展议程》实施，保障残疾人平等权益、促进残疾人融合发展越来越成为国际社会和各国的普遍共识和共同行动。就我国而言，自十八大以来，习近平总书记格外关心残疾人事业，反复强调全面建成小康社会，残疾人一个也不能少。十九大报告进一步强调，"发展残疾人事业"是保障民生的重要工作。"十二五"期间，通过落实就业优先战略，完善残疾人就业保护和就业促进政策措施，着力加强残疾人就业服务和职业培训，广州市残疾人就业状况明显改善，就业渠道不断拓宽，就业规模稳步扩大。但是不容回避的是残疾人就业总体状况与残疾人就业需求相比仍存在较大差距，残疾人就业收入与社会平均水平相比依旧偏低，残疾人就业环境有待改善，就业年龄段内未就业残疾人所占比例依然较大。

"十三五"期间，我国经济发展进入新常态，就业总量压力持续存在，结构性矛盾进一步凸显，残疾人就业形势更加严峻。为如期打赢脱贫攻坚战、实现全面建成小康社会目标，千方百计促进残疾人就业增收，为做好"十三五"期间广州市残疾人就业促进工作，根据国务院印发的《"十三五"加快残疾人小康进程规划纲要》，结合中国残疾人联合会、国家发展改革委、民政部、人力资源社会保障部、国家卫生计生委、国家税务总局、国家中医药管理局联合制定的《残疾人就业促进"十三五"实施方案》精神，广州市残疾人就业工作在未来一个时期可以从以下方面具体展开。

（一）明确目标，加强思想作风建设

牢牢把握学习宣传、贯彻落实党的十九大精神这一当前最重要的

"纲"，自觉把思想和行动统一到党的十九大精神上来。把学习宣传贯彻党的十九大精神作为当前和今后一段时期的首要政治任务，抓紧制定深入学习宣传贯彻党的十九大精神的实施方案和活动形式，迅速在中心掀起学习宣传贯彻党的十九大精神的热潮。坚持政治引领，把党的建设摆在首位，严格遵守政治纪律和政治规矩，在政治立场、政治方向、政治原则、政治道路上同以习近平同志为核心的党中央保持高度一致；认真学习习近平新时代中国特色社会主义思想，用党的创新理论武装党员干部头脑，把智慧和力量凝聚到党的十九大精神上来；坚持组织引领，以提升组织力为重点，强化中心各业务领域建设导向，彰显政治功能；坚持服务引领，聚焦"为残疾人提供优质服务"，构建新的工作格局，提升残疾人就业培训服务的整体效能；坚持作风和纪律引领，扎实做好党风政风考核评议工作，构建风清气正工作氛围，以"党建促业务"为主要抓手，为残疾人就业培训工作不断深化发展提供坚强的纪律保障。

（二）积极落实残疾人就业政策，拓展残疾人就业领域

1. 依法推进按比例就业

建立各类用人单位按比例安排残疾人就业情况公示、残疾人就业保障金征收使用情况公示、各级党政机关残疾人公务员实名统计等制度。落实《关于促进残疾人按比例就业的意见》和地方具体实施办法，加大用人单位服务岗位开发力度，促使更多的用人单位选择安排残疾人。各级残工委成员单位要率先招录残疾人，推进各类党政机关招录残疾人工作。各级党政机关中的非公务员岗位（科研、技术、后勤等），要积极安排残疾人就业，并依法与残疾职工订立劳动合同，保障其合法权益。到2020年，所有省级党政机关、地市级残工委主要成员单位至少安排1名残疾人。制定残疾人就业保障金征收使用管理办法地方实施细则，切实发挥保障金促进残疾人就业的作用。加快推进残疾人按比例就业网上年审工作，通过残疾人就业保障金、社会保险补贴、职业培训补贴等方式加大对按比例和超比例安排残疾人就业单位补贴奖励力度。

2. 稳定发展集中就业

落实残疾人就业税收和城市建设与公用事业收费优惠政策，对集中安排残疾人就业单位实施行政性事业收费和政府性基金减免。鼓励各地加大残疾人就业保障金对残疾人集中就业单位的投入，扶持其稳定发展。推动地方政府制定优先或定向采购残疾人集中就业单位产品和服务目录。扶持安置、带动残疾人就业能力强的残疾人集中就业龙头企业，打造一批残疾人集中就业知名品牌。探索残疾人文化创意产业基地建设。

3. 鼓励扶持自主创业、灵活就业

制定发展残疾人自主创业、灵活就业政策，加大对"互联网＋"就业、居家就业、社区就业、灵活就业等适合残疾人的新就业形态的扶持力度。探索建立一批残疾人创业孵化示范基地，在创业项目、创业培训、启动资金、后续发展资金筹集等方面，为残疾人创业者提供个性化服务。及时了解和掌握市场新兴行业和企业信息，鼓励引导各类互联网企业为残疾人提供就业岗位或以众包服务等方式，帮助残疾人网络就业。在设施设备、网络费用补贴等方面帮扶残疾人实现网络创业。积极开发社区便民服务、居家服务岗位，优先安排符合条件的残疾人；城市便民服务网点免费或以低价承租方式优先提供给残疾人经营。政府开发的公益性岗位优先安排给符合条件的残疾人。扶持有一定基础的残疾人从事非物质文化遗产传承项目。

4. 全面推开辅助性就业

开展辅助性就业——社区康园的相关工作。积极推进托养服务与辅助性就业融合发展；通过对社区康园机构工作人员的培训，提高业务水平。开展社区康园中心服务规范化建设。注重对社区康园网络的绩效评估。社区康园的技能培训也要录入实名制系统，以确保培训信息的完整性。

制定《关于发展残疾人辅助性就业的意见》地方实施意见，加强部门协调，确保各项辅助性就业扶持政策落到实处。开展为辅助性就业机构提供劳动生产项目企业残疾人就业保障金抵扣政策试点，扶持一批残疾人辅助性就业示范机构，鼓励更多企事业单位参与残疾人辅助性就业。到2020年所有县（区）应至少建有1所残疾人辅助性就业机构，基本满足具有一定劳

动能力的智力、精神和重度肢体残疾人的就业需求。

5. 积极探索支持性就业

调动各类社会资源，以智力、精神残疾人为主要对象，以扶持其在劳动力市场实现就业为目的，继续在部分省市开展残疾人支持性就业试点。扶持建设残疾人就业辅导员培训专业机构（基地），培训 2500 名就业辅导员，帮助更多残疾人实现支持性就业。

6. 大力发展盲人按摩业

依托盲人保健按摩规范化实训基地、盲人按摩培训学校、盲校、盲人按摩机构、残疾人职业培训机构及社会职业培训机构，组织盲人接受保健按摩师技能培训，确保培训质量。对在就业年龄段有就业意愿的盲人做到应培尽培。加强盲人医疗按摩教育，鼓励和扶持残疾人职业中等专业学校、盲校和社会中等、高等医学院校，增设盲人医疗按摩专业和扩大招生，提升教育培养能力。健全盲人医疗按摩继续教育制度和工作机制，采取集中授课、网络远程、函授、学术交流等多种形式，全面实施盲人医疗按摩继续教育制度。

规范盲人按摩行业管理，严格执行盲人医疗按摩资格认证、证书管理、执业备案、继续教育、职称评审制度，符合条件的盲人医疗按摩人员可吸纳到各级各类医疗机构就业。依托社区卫生服务中心、康复机构、敬老院和社区服务机构开发盲人医疗按摩岗位或购买服务，鼓励社会力量设立集中安排盲人医疗按摩人员就业的医疗机构，解决盲人医疗按摩人员就业问题。鼓励和扶持盲人医疗按摩人员按规定开办盲人医疗按摩所，以创业带动就业。鼓励、扶持盲人和社会力量开办保健按摩机构，集中安排盲人按摩人员就业。推动盲人按摩规范化、品牌化发展。开展多种形式的盲人职业教育和培训，积极支持拓展盲人新的就业和创业之路。加强盲人按摩从业人员基础能力，如盲文读写技能、中医理论知识的建设，组织盲人按摩从业人员开展技能竞赛。

（三）加大职业教育培训力度，提升残疾人就业能力

教育培训是就业的基础，只有自身素质高了就业才有保证。要重视做好

特殊教育工作，切实把此项工作摆上重要议事日程，突出残疾儿童学前教育、义务教育及高中分阶段教育，促进随班就读。积极争取高校支持，加快残疾人高等教育发展步伐。利用现代化教育手段，发展残疾人远程教育，全面提高残疾人文化水平和学历层次。要加大残疾人职业培训力度，进一步走宽走深校企合作的路子，进一步提高技能培训的针对性。要积极开展残疾人就业服务工作，充分利用社会资源，积极推广依托大中型企业集中安排残疾人的做法，拓宽残疾人就业渠道，进一步扩大残疾人就业覆盖面，稳步提高残疾人就业率。要加强盲人按摩工作的指导，确保行业有序发展。要努力开发社区就业岗位，采取切实有效措施，扶持残疾人个体创业、自谋职业。对无法培训就业的残疾人要做好社会保障工作，落实最低生活保障制度，完善医疗保险，继续实行、推广专项补助，解决特困户住房问题。

要做好残疾人的就业工作，加强残疾人的职业技能培训，是工作中的重中之重。21世纪是一个知识经济占主导地位的时代，残疾人就业也必须适应就业新形势的需要，要改变过去只是一味抱怨工作难找，而要多想想自己能做什么，应该积极参加各种培训，提高自己的就业能力。由于自身原因，有相当一部分残疾人不能很快适应就业岗位的要求，即使有单位提供就业岗位，也可能由于残疾人达不到最起码的上岗条件而无法安置。所以，劳动部门和残疾人联合会组织应该依托社会资源，着重考虑有针对性的上岗培训方案，多渠道地开展职业技能培训活动。要在残疾人当中贯彻适者生存观念，引导残疾人勇敢地改变自己，发挥主观能动性，积极地去适应社会。

大力开展职业技能培训，提高残疾人就业能力。要认真贯彻落实《广东省残疾人职业技能培训实施方案（2016～2020）》的要求，切实加强残疾人职业技能培训、在岗技能提升培训、创业培训和农村实用技术培训。具体而言，可以从以下方面展开。

（1）各级政府开展的各类职业培训要将有就业创业愿望和培训需求的残疾人列为培训对象。加大就业资金和残疾人就业保障金对残疾人职业培训的投入，对城乡残疾人参加职业培训的按规定给予职业培训补贴，通过职业技能鉴定取得职业资格证书的，按规定给予职业技能鉴定补贴。

（2）实施残疾人职业能力提升计划。统筹利用职业院校、特殊教育院校、职业培训基地和企业等各类职业培训资源，对有就业创业愿望、具备就业创业条件的残疾人依据残疾类别、残疾等级、性别、年龄、学历等进行分类，了解掌握每一个人的培训需求，研究确定培训方向和内容，抓好就业创业技能培训。配合用人单位，根据岗位要求，有计划地组织实施岗位技能提升培训。依托全国残疾人就业创业网络服务平台和各类网络服务平台，开展面向各类残疾人的远程职业技能培训。

（3）大力发展残疾人职业适应性评估工作。残疾人联合会等就业服务机构要将职业能力评估列入规范化建设工作目标，建立和完善评估室建设，制定具体评估工作规范。依托现有设施设备，规范和加强各级残疾人职业培训基地建设，制定并完善基地建设规范和评估标准，建立对基地的认证、考核和评估机制，实行准入和退出机制。充分利用中国残疾人联合会的职业测评系统软件，结合物理测评工具，探索软件测评和物理测评相结合的工作模式。加强受测残疾人基本信息、测评结果和职业指导意见等相关资料的收集与整理，为残疾人职业培训、职业介绍及用人单位提供基础信息。继续尝试职业技能培训、职业能力适应性和特殊教育，辅助性就业和企业招聘紧密结合的服务模式，以达到测评最终服务于就业的根本目的。进一步完善对基地的扶持政策，切实发挥基地作用。采取社会化合作方式，依托高校、科研机构和社会组织，开展与残疾人职业培训相关的研究、教学、评估、信息发布等工作，为残疾人职业培训提供技术支持。同时要逐步培养一支熟练掌握测评操作流程，善于综合分析和应用残疾人的职业能力、职业兴趣和人格特质的残疾人职业能力评估团队。

（4）根据用工要求，加强与用人单位合作，按照用人单位的工种定向培训，提高就业率；对转移就业和城镇登记失业残疾人，重点开展初级技能培训。

（5）要继续做好残疾人就业和职业培训状况实名制统计管理工作，完善通报制度，加强培训、稳定管理员队伍，确保残疾人就业、培训信息的全面、及时、准确填报；加强运用实名制有效指导开展残疾人就业和培训的工作意识，每年至少形成一份完整的数据分析报告报送当地残疾人联合会理事会和省残疾人就业服务中心。加强残疾人就业和职业培训实名制信息管理，确保就业年龄段残疾人的信息数据应录尽录；完善季度年度通报制度、目标责任制度、季度更新制度，推动实名制统计管理规范化、常态化。加强系统管理员队伍能力建设，通过举办系统管理人员操作技术培训班，并通过送教上门、分片指导开展社区管理员培训等方式，不断提高实名制统计管理系统信息采集、录入、统计、分析的质量。对信息数据实行动态监管，定期核查，做好与《残疾人基本服务状况与需求专项调查数据》的比对工作，确保数据口径一致，真实有效。

总之，要明确要求，落实任务。应明确残疾人新增就业、新增培训和有培训需求贫困残疾人培训、高校残疾毕业生就业等硬性指标任务；合理安排培训工作计划，及时录入培训信息，切实做好年度新增培训工作。新增培训任务数以当地未培训残疾人数为基数按比例计算得出，培训工作越滞后的地区，新增培训任务越重。因此，要对新增培训工作引起重视，查找原因，及时通报，落实责任，解决问题，确保完成每年度的新增培训任务，避免给今后的培训工作造成更多困难。各级工作人员要深入基层，切实了解掌握贫困残疾人信息，根据其培训要求及自身情况，创新培训方式，拓展培训思路。灵活运用远程培训、送教上门等方式，为贫困残疾人提供合适的培训服务，通过培训赋能，帮助残疾人脱贫解困。各地应建立健全和完善实名制通报制度，按季度对各县（区）进行通报。残疾人联合会要定期组织相关科室和就业服务机构对实名制系统数据督导检查。通过自查、互查、抽查等多种方式保障数据的及时性、准确性、实效性。

（四）转变服务方式，提高残疾人就业服务水平

（1）突出精准服务，促进供求对接。各级残疾人就业服务机构要充分发挥作用，为残疾人提供有针对性的就业服务。包括提供个性化的职业指导、职业介绍、技能培训、职业规划等服务，广泛收集、精准筛选各类适合就业援助对象的岗位信息。同时，要结合新时期就业精准扶贫、去产能企业

分流职工安置就业等工作部署，突出重点人群、重点区域、重点企业，加强重点帮扶、政策倾斜和资金保障。公共就业服务机构和基层劳动就业社会保障公共服务平台也要将残疾人列为重点服务对象，免费提供职业介绍、职业指导等针对性就业服务。建立健全就业困难残疾人就业援助长效机制，做到政策宣传到位，帮扶服务到位，确保零就业家庭、最低生活保障家庭至少有一人实现就业。

（2）依托各级各类人力资源机构、职业培训机构，大力推进政府购买残疾人岗位提供、职业培训、职业指导、职业能力评估等服务，广泛吸纳社会力量参与残疾人就业服务，创新残疾人就业服务供给机制和方式，提升残疾人就业服务社会化、专业化水平。依托各级各类人力资源市场，组织开展残疾人就业专场招聘活动。

（3）将残疾人大中专毕业生就业创业服务工作放在残疾人就业工作的首位。密切与残疾人大中专毕业生所在学校的联系，提前介入，准确掌握每一名毕业生基本情况和需求。根据实名制系统残疾大学生就业情况登记要求，全面调查辖区户籍大学生就业信息，对本辖区已就业的学生加强岗位跟踪服务，对未就业大学生实行"一生一策"、"一对一"就业创业服务，帮助毕业生了解就业形势，落实扶持政策，做到"不就业、不脱钩"，确保应届残疾大中专毕业生当年就业率达到70%以上。

（4）加强残疾人就业服务能力，推进残疾人就业服务机构规范化建设。

继续推进残疾人就业服务机构规范化建设。按照残疾人就业服务机构规范化建设要求，重点推进市、县（区）级残疾人就业服务机构规范化建设，各级残疾人就业服务机构要按照统一的就业服务流程和服务标准开展就业服务。要认真按照就业服务机构规范化建设的总体要求，制定整体推进方案，做好各项准备工作，接受广东省残疾人联合会的考核验收。

制定残疾人就业服务标准，规范残疾人就业服务内容和流程，加快推进市、县两级残疾人就业服务机构规范化建设。依托各类社会资源，采取多种形式，对各级残疾人就业服务机构工作人员普遍开展专项业务能力提升培训，打造一支专业化的残疾人就业服务队伍，完善社区就业指导员培训课程，提升培训质量，对 10000 名社区就业指导员开展业务提升培训。要让就业服务人员积极参加各类业务培训，协调当地人社部门，开展职业指导、心理咨询、职业信息分析、雇主培训、职业能力评估等专项业务培训，提升就业服务机构人员工作能力。就业服务要由被动服务向主动服务转变，要进家庭、进企业、进社区、进校园、进田间地头，实现精准就业服务，结合实名制系统数据，统筹城乡残疾人就业服务工作。重点帮扶有就业需求且有就业能力的城乡残疾人实现就业。同时要整合社会资源拓宽残疾人就业渠道，多种形式促进就业；特别要加强对贫困残疾人从事生产劳动的就业服务工作。

（5）完善和推广使用全国残疾人就业创业网络服务平台。建立平台管理员队伍。做好信息采集、录入、统计和上报工作，确保数据互联互通、信息共享；利用平台做好职业介绍、远程培训、产品推介、政务服务、培训众包等各种服务。

（6）充分发挥全国残疾人技术资源中心的龙头作用，在残疾人就业人才培养、教材研发与推广、培训基地建设、岗位能力标准建设、模拟实训基地建设以及残疾人学历提升等方面广泛开展合作。成立全国残疾人就业创业促进会，发挥社团组织优势，围绕残疾人就业创业组织开展理论政策研究，配合有关部门开展形式多样的就业创业服务活动。

（7）制定加强残疾人职业能力建设相关政策，全面推进评估工作的开展。省级、地市级和有条件的县级残疾人就业服务机构要建立职业能力评估室。省级和有条件的地市级要在实习实训和就业创业基地开展示范性职业能力跟踪评估。

（8）研究制定残疾人职业技能竞赛相关实施办法，建立和优化裁判专家库。建立机制，培养、扶持和宣传残疾技能人才先进典型。按照国家和地方有关规定，举办残疾人职业技能竞赛活动，举办就业机构工作人员竞赛。根据市场用工需求并结合国内竞赛项目与职业目录，科学立项，做好各类残疾人职业技能竞赛的筹备组织工作，组织参加全国残疾人岗位精英职业技能竞赛和全国残疾人就业服务机构工作人员职业指导竞赛。认真组织开展"众创杯"残疾人创新创业公益赛活动。为全面激发残疾人群体的创新创业热情，促进基层自主创业者创业项目与全省"众创杯"公益赛的有效对接，积极参与、密切配合，深挖就业创业优质项目，争取在项目数量和质量上有所提升。

（9）强化部门间协作，加强残疾人平等就业的制度保障。依法开展执法活动，严厉打击侵害残疾人合法权益的行为，切实维护残疾人劳动保障权益。

（五）创新工作机制，购买专业服务，为开展精准就业服务拓宽思路

传统的为残服务更多的是依托残疾人联合会组织。但是由于各级残疾人联合会的人力、物力非常有限，专业人员缺乏，而残疾人的残疾类别和程度各不相同，需求千差万别，传统的为残服务方式已很难满足广大残疾朋友的需要，更遑论"精准"了。通过购买服务来开展此项工作，可以很好地解决这些问题。依托专业机构开展工作，他们的专业素养保证了为残服务的专业性，他们较为灵活的组织结构保证了为残服务的便捷性，他们的管理体系和链接社会资源的能力大大降低了为残服务的成本。实践证明，政府购买服务是一条势在必行、行之有效的路径。

精准服务，加强宣讲。各地要结合就业援助月和残疾人动态更新，深入街道、社区开展走访普查和入户调查的契机，全面摸清辖区内高校毕业生就业去向和就业年龄段其他残疾人就业情况。此外，要加大对残疾人的就业培训的宣讲力度，特别是已经开展的相关工作，一定要让残疾人知道自己已经或者还能获得残疾人联合会相关机构的哪些具体项目的服务，要让被服务对象明白地了解和参与就业培训，心满意足地接受和评价广州市残疾人相关的服务。

同时，创新服务方式还包括向"互联网＋"转变。利用好"全国残疾人就业创业网络服务平台"和"广东省残疾人就业服务网"，逐步实现政策咨询、求职登记、职业介绍、企业招聘、职业培训、职业能力测评等工作网络化。

现代社会是飞速发展的社会，随着科技成果向现实生产力转化速度的加快，过去那种一次学习和单一技能状况将无法适应新形势的要求，必须提高应用新技术、新材料、新工艺的能力。要把在岗残疾人培训也列入职业技能培训计划中，大大提高他们的社会竞争能力。另外应看到，创业是最好的就业。目前多数残疾人的就业观念仍是陈旧的，还停留在进厂入店的安置上，自主创业意识淡薄。因此要突出强化对残疾人创业意识和创业能力的培养，举办多种形式的创业培训活动，以培训促创业，以创业促就业。

（六）做好残疾人工作，严格依法依规治理

残疾人是社会的弱势群体。在残疾人就业的过程中，残疾人的合法权益经常得不到保障，歧视残疾人，侵害残疾人权益的事情还时有发生。因此，残疾人就业问题必须紧紧围绕"两个体系"建设，不断完善政策法规，加大法规宣传力度，使广大残疾人的合法权益得到有效保障。

随着经济的快速发展、社会的全面进步，全民法律意识和法制观念不断增强，为残疾人事业纳入法制轨道创造了有利条件。各级要抓住这个有利条件，认真贯彻依法治理方略，把发展残疾人事业与依法治市、依法治区有机结合起来，形成全市一体的法治体系。积极争取有关部门的支持，认真贯彻执行《残疾人保障法》，实施过程中发现不合理不完善的政策措施要有计划、有步骤地改进，该废弃就废弃，该补充就补充，不断健全残疾人事业制度体系。要督促有关部门依法行政，加大执法力度，主动维护好残疾人的合法权益。切实将残疾人事业的法律法规纳入当地全民普法的宣传教育规划，向社会和广大残疾人深入进行法制宣传。要结合国家精准扶贫政策，进一步修订完善农村扶助残疾人脱贫的法规制度，让农村残疾人依法享受该有利益。

（七）做好残疾人工作，全社会形成合力

残疾人事业是社会主义现代化建设事业的重要组成部分，而残疾人就业工作是残疾人事业的重要组成部分，其重要性、艰巨性和综合性决定了必须

坚持开放性的社会化工作机制。

残疾人事业是多部门、多领域的社会系统工程，具有很强的社会性，需要全社会的广泛参与和大力支持。文明和谐的社会环境对残疾人事业持续快速健康发展将起到积极的推动作用。各级残疾人联合会要高度重视残疾人事业新闻宣传工作，加大宣传力度，大力弘扬人道主义精神，宣传现代文明社会的残疾人观，积极引导正确的社会舆论，充分调动各成员单位和会员的积极性，营造理解、尊重、关心、帮助残疾人的社会新风尚。要主动与文化宣传部门、新闻出版等单位沟通协调，做好残疾人自强模范、助残先进以及残疾人事业发展成就等宣传报道工作，围绕重点业务和中心工作，精心策划宣传方案，做好集中宣传，形成规模效应，提高残疾人联合会的社会地位，树立残疾人联合会的新形象，扩大残疾人联合会的影响力。要抓住热点、难点问题，深挖新闻线索，认真组织专题报道，唤起社会广泛关注，为突破难点做好舆论铺垫。要积极探索新的宣传形式，有组织有计划策划大型活动，构建新的宣传载体，开辟新的宣传渠道，不断聚集发展残疾人事业的正能量。要注重推进城市道路和建筑物无障碍设施建设，积极协调民航、铁路、交通等部门制定实施无障碍行业规范。要开展好信息和交流无障碍工作，在重大文化活动中，配备手语解说主持人，推动服务行业人员学习、掌握基本手语，处处体现服务残疾人的现代文明新风貌。总之，要把残疾人就业工作纳入当地经济社会发展的整体布局，切实形成政府主导、各部门配合、全社会广泛参与的社会化工作机制。

继续做好雇主培训工作，稳定残疾人就业。为用人单位安排残疾人就业提供必要的支持是残疾人就业服务机构的一项重要职责，各地应积极开展雇主培训工作。对已经安排残疾人就业，或准备安排残疾人就业的用人单位进行培训，为集中安排残疾人就业的用人单位、社会爱心企业、自主创业者给予延伸服务或"一对一"的用人指导。

要实现残疾人的多形式就业，发挥政策的杠杆作用必不可少。这就需要在对原福利企业实施税收优惠的同时，也要对安置残疾职工较多的企业给予政策优惠，以鼓励用人单位创造更多的适合残疾人的就业岗位，多安置残疾人上岗就业。此外，应通过相关政策激励残疾人自主创业。搞好调查研究，突出受惠人群的广泛性和扶助措施的实效性，对自主创业的残疾人提供实实在在的优惠扶助政策。可考虑采取安排扶持资金、创业补贴、创业奖励金等多种举措，在税收方面也实行重点优惠政策，以期激励和支持更多的有志残疾人走上自强创业之路。

（八）强化全球视野，切实扩大"向外看"胸怀

"一带一路"、"亚投行"让我们与世界联系得越来越紧密，逐渐形成开放、包容的命运共同体，残疾人事业也是一样。近年来，我们各级残疾人联合会与境外残疾人组织的交流越来越频繁，主动关注了解境外残疾人工作的发展趋势，搞好对外交流与合作，推动了残疾人事业快速发展。进入新时代，各级残联更要发挥好广州国际化中心城市的引领作用，继续与世界各国残疾人组织建立广泛的联系，进行良好的沟通，寻求更多合作机会，互利共赢，促进共同发展。港珠澳大桥跨海贯通，加快了粤港澳经济一体化的进程，大湾区经济建设由理论变成现实。各级残联要充分利用这个区域优势，积极推动粤港澳残疾人联谊会开展区域性残疾人交流活动，增进了解和友谊，促进合作与发展。除了向外看，还要向内看，做到内外兼修。要积极参与国内残疾人联合会的联谊活动，保持经常性沟通，交流工作经验，互相学习，取长补短。要有计划组织干部到残疾人工作比较先进的城市学习考察，吸收别人的好经验、好做法，不断改善和创新工作手段，加快残疾人就业发展步伐。

B.4
广州残疾人康复事业发展状况

常燕群　易爱文*

摘　要： 残疾人康复事业是经济社会事业发展的重要组成部分，能有效提高残疾人适应社会的能力，承担着帮助残疾人回归主流社会以及创建和谐美丽的社会发展环境的重要职责。广州残疾人康复事业是我国残疾人康复事业的重要组成部分。改革开放以来，广州残疾人康复事业发展成绩显著：法律法规提供了有力保障，支持范围、涉及面更广，顶层设计思路明确，康复人才培养取得一定成绩。随着广州现代化建设步伐的加快，广州残疾人康复事业的发展正面临着新的机遇和挑战。特别是党的十九大又提出了新的发展要求，广州作为经济发达地区，要率先实现十九大提出的各项目标，这就对广州残疾人康复事业的发展提出了新的更高的要求。

关键词： 广州　残疾人　康复事业　适应社会能力　制度创新

党的十九大报告强调"发展残疾人事业，加强残疾康复服务"，是对新时代推进残疾人事业的总体部署，意味着国家层面的顶层设计和快速推进。康复在整个生命周期中的重要作用得到充分认识，"大卫生、大健康、大康复"的发展理念进一步树立。"没有全民健康，就没有全面小康"。康复是

＊　常燕群，广东省妇幼保健院康复医学科主任医师、医学博士；易爱文，广东省妇幼保健院康复医学科副主任医师、医学博士。

健康的应有之义，康复事业是战略性新兴朝阳产业，是医疗卫生事业的重要组成部分，也是全生命周期健康服务链上的重要环节。在我国人口老龄化加剧、慢性病高发、亚健康状态频发的大背景下，社会各界康复需求急剧增加，大健康产业逐渐成为助推康复事业发展的内在动力和强大引擎，我国康复事业也进入高速发展的新阶段，广州残疾人康复事业的发展也进入新时代。

一 广州残疾人康复事业发展的法律法规政策保障机制

广州残疾人康复事业是我国残疾人康复事业的重要组成部分。改革开放以来，随着我国康复事业法律政策的不断健全与完善，广州残疾人康复事业的法规政策也取得了长足的发展。

（一）《中华人民共和国残疾人保障法》及相关法规政策对我国残疾人康复事业的促进与发展

2008 年修订后的《中华人民共和国残疾人保障法》第 15 条第 1 款规定："国家保障残疾人享有康复服务的权利。"这是我国法律第一次把康复服务上升为残疾人的权利。可以说，该款的规定与修改前的《中华人民共和国残疾人保障法》（1990 年）的规定差别巨大，当时只是规定"国家和社会采取康复措施，帮助残疾人恢复或者补偿功能，增强其参与社会生活的能力"。从历史发展来看，无论作为康复措施还是康复权利，国家都十分重视残疾人的康复工作。在国务院批转并已实施的《中国残疾人事业五年工作纲要（1988～1992）》以及"八五"、"九五"、"十五"、"十一五"、"十二五"、"十三五"6 个五年（发展）纲要及其实施方案中，残疾人康复都是十分重要的组成部分。2002 年 8 月，国务院办公厅转发卫生部、民政部、财政部、公安部、教育部、中国残联《关于进一步加强残疾人康复工作的意见》，提出了我国残疾人康复工作的总体目标，即到 2015 年实现残疾人

"人人享有康复服务"。为了保证如期实现目标，2006年6月，卫生部、民政部、财政部、公安部、教育部和中国残联联合制定了《中国残疾人"人人享有康复服务"审评方案》。《"十三五"加快残疾人小康进程规划纲要》指出，保障残疾人基本康复服务需求，制定实施《残疾预防和残疾人康复条例》。以残疾儿童和持证残疾人为重点，采取多种形式，实施精准康复，为残疾人提供基本康复服务。继续实施残疾儿童抢救性康复、贫困残疾人辅助器具适配、防盲治盲、防聋治聋等重点康复项目。加强康复医疗机构建设，健全医疗卫生、特殊教育等机构的康复服务功能。加强残疾人专业康复机构建设，建立医疗机构与残疾人专业康复机构双向转诊制度。加强残疾人健康管理和社区康复，依托专业康复机构指导社区和家庭为残疾人实施康复训练，推动基层医疗卫生机构普遍开展残疾人医疗康复。建设康复大学，加快康复高等教育发展和专业人才培养。

《中华人民共和国残疾人保障法》第15条在第2款同时指出"各级人民政府和有关部门应当采取措施，为残疾人康复创造条件，建立和完善残疾人康复服务体系，并分阶段实施重点康复项目，帮助残疾人恢复或者补偿功能，增强其参与社会生活的能力"。这是从国家义务角度，规定了国家保障残疾人享有康复服务的权利。主要包括三个方面的内容：一是政府和有关部门要为残疾人康复创造条件，包括创造法律、政策、组织、经费等方面的条件；二是政府和有关部门要建立和完善残疾人康复服务体系；三是分阶段实施重点康复项目，主要是根据残疾人对康复服务的需求情况和国家财力、相关科学技术发展情况，对康复服务项目的实施进行统筹规划，并确定每一个阶段的重点项目。

《中华人民共和国残疾人保障法》第16条规定："康复工作应当从实际出发，将现代康复技术与我国传统康复技术相结合；以社区康复为基础，康复机构为骨干，残疾人家庭为依托；以实用、易行、受益广的康复内容为重点，优先开展残疾儿童抢救性治疗和康复；发展符合康复要求的科学技术，鼓励自主创新，加强康复新技术的研究、开发和应用，为残疾人提供有效的康复服务。"根据该条，对残疾人康复权的保障应当从实际出发，根据我国的国情、技术的成熟发展状况、残疾人的实际需求进行。在康复技术的运用上，既要注重现代康复技术的应用和推广，又要发挥我国传统康复技术的优势，要注重两者的结合运用。在康复服务的网络建设上，要以社区康复为基础、康复机构为骨干，残疾人家庭为依托。社区康复是指以社区为平台开展残疾人康复。《中共中央国务院关于促进残疾人事业发展的意见》明确要求"大力开展社区康复，推进康复进社区，服务到家庭"。以康复机构为骨干，主要是指以综合医院或医学院的康复部（科、室），康复门诊，康复医院，综合性和专门性的残疾人康复中心等为骨干，为残疾人进行医疗、教育、训练、职业、社会康复提供康复服务。残疾人康复需要家庭的协助、配合，否则难以巩固与延续。《中国残疾人事业"十二五"发展纲要》指出："以专业康复机构为骨干、社区为基础、家庭为依托，发挥医疗机构、城市社区卫生服务中心、村卫生室、特教学校、残疾人集中就业单位、残疾人福利机构等的作用，建立健全社会化的残疾人康复服务网络，全面开展医疗康复、教育康复、职业康复、社会康复，提供功能技能训练、辅助器具适配、心理辅导、康复转介、残疾预防、知识普及和咨询等康复服务"。"以实用、易行、受益广的康复内容为重点"是根据我国国情提出也是我国多年来开展康复工作的经验总结。《中共中央国务院关于促进残疾人事业发展的意见》提出"优先开展残疾儿童抢救性治疗和康复，对贫困残疾儿童康复给予补助，研究建立残疾儿童康复救助制度"，体现了对残疾儿童的特殊关爱。

《中华人民共和国残疾人保障法》第17条规定："各级人民政府鼓励和扶持社会力量兴办残疾人康复机构。地方各级人民政府和有关部门，应当组织和指导城乡社区服务组织、医疗预防保健机构、残疾人组织、残疾人家庭和其他社会力量，开展社区康复工作。残疾人教育机构、福利性单位和其他为残疾人服务的机构，应当创造条件，开展康复训练活动。残疾人在专业人员的指导和有关工作人员、志愿工作者及亲属的帮助下，应当努力进行功能、自理能力和劳动技能的训练。"依据该条，促进残疾人康复需要调动和利用社会各方面的力量。地方各级人民政府和有关部门应当根据需要有计划地在医疗机构设立康复医学科室，设立残疾人康复机构，开展康复医疗与训练、人员培训、技术指导、科学研究等工作。医学院校和其他有关院校应当有计划地开设康复课程，设置相关专业，培养各类康复专业人才。政府和社会采取多种形式对从事康复工作的人员进行技术培训；向残疾人、残疾人亲属、有关工作人员和志愿工作者普及康复知识，传授康复方法。政府有关部门应当组织和扶持残疾人康复器械、辅助器具的研制、生产、供应、维修服务。

2017年1月11日国务院第161次常务会议通过《残疾预防和残疾人康复条例》，2017年7月1日起施行。该条例第1条规定，为了预防残疾的发生、减轻残疾程度，帮助残疾人恢复或者补偿功能，促进残疾人平等、充分地参与社会生活，发展残疾预防和残疾人康复事业，根据《中华人民共和国残疾人保障法》，制定本条例。第2条规定，残疾预防是指针对各种致残因素，采取有效措施，避免个人心理、生理、人体结构上某种组织、功能的丧失或者异常，防止全部或者部分丧失正常参与社会活动的能力。残疾人康复，是指在残疾发生后综合运用医学、教育、职业、社会、心理和辅助器具等措施，帮助残疾人恢复或者补偿功能，减轻功能障碍，增强生活自理和社会参与能力。第3条规定，残疾预防和残疾人康复工作应当坚持以人为本，从实际出发，实行预防为主、预防与康复相结合的方针。国家采取措施为残疾人提供基本康复服务，支持和帮助其融入社会。禁止基于残疾的歧视。第4条规定，县级以上人民政府领导残疾预防和残疾人康复工作，将残疾预防和残疾人康复工作纳入国民经济和社会发展规划，完善残疾预防和残疾人康复服务和保障体系，建立政府主导、部门协作、社会参与的工作机制，实行工作责任制，对有关部门承担的残疾预防和残疾人康复工作进行考核和监督。乡镇人民政府和街道办事处根据本地区的实际情况，组织开展残疾预防和残疾人康复工作。县级以上人民政府是负责残疾人工作的机构，负责残疾预防和残疾人康复工作的组织实施与监督。县级以上人民政府有关部门在各自的职责范围内做好残疾预防和残疾人康复有关工作。第5条规定，中国残疾人联合会及其地方组织依照法律、法规、章程或者接受政府委托，开展残疾预防和残疾人康复工作。工会、共产主义青年团、妇女联合会、红十字会等依法做好残疾预防和残疾人康复工作。第6条规定，国家机关、社会组织、企业事业单位和城乡基层群众性自治组织应当做好所属范围内的残疾预防和残疾人康复工作。从事残疾预防和残疾人康复工作的人员应当依法履行职责。第7条规定,社会各界应当关心、支持和参与残疾预防和残疾人康复事业。新闻媒体应当积极开展残疾预防和残疾人康复的公益宣传。国家鼓励和支持组织、个人提供残疾预防和残疾人康复服务,捐助残疾预防和残疾人康复事业,兴建相关公益设施。第8条规定,国家鼓励开展残疾预防和残疾人康复的科学研究和应用,提高残疾预防和残疾人康复的科学技术水平。国家鼓励开展残疾预防和残疾人康复领域的国际交流与合作。第9条规定,对在残疾预防和残疾人康复工作中作出显著成绩的组织和个人,按照国家有关规定给予表彰、奖励。

《残疾预防和残疾人康复条例》第三章"康复服务"对康复工作作了全面规定。根据这些规定,县级以上人民政府应当组织卫生和计划生育、教育、民政等部门和残疾人联合会整合从事残疾人康复服务的机构(以下称康复机构)、设施和人员等资源,合理布局,建立和完善以社区康复为基础、康复机构为骨干、残疾人家庭为依托的残疾人康复服务体系,以实用、易行、受益广的康复内容为重点,为残疾人提供综合性的康复服务。县级以上人民政府应当优先开展残疾儿童康复工作,实行康复与教育相结合。县级以上人民政府根据本行政区域残疾人数量、分布状况、康复需求等情况,制定康复机构设置规划,举办公益性康复机构,将康复机构设置纳入基本公共服务体系规划。县级以上人民政府支持社会力量投资康复机构建设,鼓励多种形式举办康复机构。社会力量举办的康复机构和政府举办的康复机构在准入、执业、专业技术人员职称评定、非营利组织的财税扶持、政府购买服务等方面执行相同的政策。康复机构应当具有符合无障碍环境建设要求的服务场所以及与所提供康复服务相适应的专业技术人员、设施设备等条件,建立完善的康复服务管理制度。康复机构应当依照有关法律、法规和标准、规范的规定,为残疾人提供安全、有效的康复服务。鼓励康复机构为所在区域的社区、学校、家庭提供康复业务指导和技术支持。康复机构的建设标准、服务规范、管理办法由国务院有关部门商中国残疾人联合会制定。县级以上人民政府有关部门应当依据各自职责，加强对康复机构的监督管理。残疾人联合会应当及时汇总、发布康复机构信息，为残疾人接受康复服务提供便利，各有关部门应当予以支持。残疾人联合会接受政府委托对康复机构及其服务质量进行监督。各级人民政府应当将残疾人社区康复纳入社区公共服务体系。县级以上人民政府有关部门、残疾人联合会应当利用社区资源，根据社区残疾人数量、类型和康复需求等设立康复场所，或者通过政府购买服务方式委托社会组织，组织开展康复指导、日常生活能力训练、康复护理、辅助器具配置、信息咨询、知识普及和转介等社区康复工作。城乡基层群众性自治组织应当鼓励和支持残疾人及其家庭成员参加社区康复活动，融入社区生活。提供残疾人康复服务，应当针对残疾人的健康、日常活动、社会参与等需求进行评估，依据评估结果制定个性化康复方案，并根据实施情况对康复方案进行调整优化。制定、实施康复方案，应当充分听取、尊重残疾人及其家属的意见，告知康复措施的详细信息。从事残疾人康复服务的人员应当具有人道主义精神，遵守职业道德，学习掌握必要的专业知识和技能并能够熟练运用；有关法律、行政法规规定需要取得相应资格的，还应当依法取得相应的资格。康复机构应当对其工作人员开展在岗培训，组织学习康复专业知识和技能，提高业务水平和服务能力。各级人民政府和县级以上人民政府有关部门、残疾人联合会以及康复机构等应当为残疾人及其家庭成员学习掌握康复知识和技能提供便利条件，引导残疾人主动参与康复活动，残疾人的家庭成员应当予以支持和帮助。《条例》还专门指出，提供残疾人康复服务，应当保护残疾人隐私，不得歧视、侮辱残疾人。

（二）《广州市残疾人权益保障条例》及相关政策对广州残疾人康复事业的促进与发展

通过地方立法保障、促进残疾人康复事业的发展是广州残疾人康复事业发展的一大特色与优势。2007 年 12 月 7 日广州市第十三届人民代表大会常务委员会第七次会议通过《广州市残疾人权益保障条例》，2008 年 3 月 27日广东省第十一届人民代表大会常务委员会第一次会议批准该《条例》。《条例》第 2 条规定，残疾人事业发展应当与本市社会和经济发展水平相适应。市人民政府应当根据本市社会和经济发展水平，完善扶助残疾人的优惠政策，不断提高残疾人权益保障水平。根据这一条要求，广州残疾人康复事业的发展应当与广州社会和经济发展水平相适应，广州应当在残疾人康复事业的发展上更有作为。第 3 条规定，市、区、县级市人民政府应当制定本辖区内的残疾人事业发展规划并且组织实施。各级人民政府应当将残疾人事业所需经费列入财政预算，并根据当地社会和经济发展水平逐步增加。第 6 条第 1 款规定，各级残疾人联合会应当宣传、贯彻有关残疾人事业的法律、法规、规章和政策，开展残疾预防和残疾康复知识的宣传教育。第 7 条规定，市残疾人联合会应当会同发展改革、规划、卫生、教育、劳动保障、民政、财政等部门编制为残疾人服务的康复、教育、劳动就业等建设项目的规划，经市人民政府批准后纳入市城市总体规划和控制性详细规划。

　　《广州市残疾人权益保障条例》第二章"康复与医疗"对残疾人康复做了较为系统的规定。第 14 条规定，残疾人在政府举办的残疾人康复服务机构进行康复医疗和康复训练的，按照有关规定减免费用，其中贫困家庭的残疾儿童在政府举办的残疾人康复服务机构接受康复训练的，免交康复训练费。第 15 条规定，政府有关行政管理部门和残疾人联合会应当采取措施帮助残疾人接受康复医疗和康复训练，对残疾孤儿、家庭经济困难的学龄前残疾儿童和贫困残疾人实施康复救助。第 16 条规定，各级各类医疗机构应当为残疾人就医提供帮助，给予残疾人优先挂号、就诊、取药的照顾。贫困残疾人在区、县级市以上政府举办的医疗机构就医的，免收普通挂号费，减收 20% 的床位费、检查费、手术费；在镇卫生院就医的，免收挂号费。第 17 条规定，未经残疾人本人或者其监护人同意，任何单位和个人不得披露、传播残疾人的医疗资料、康复资料或者其他个人隐私，但法律另有规定的除外。第 18 条规定，残疾人康复医疗的有关项目按照规定纳入社会医疗保险、新型农村合作医疗范围。残疾人缴纳社会医疗保险或者新型农村合作医疗费用确有困难的，当地民政部门按照规定给予补助。第 19 条规定，贫困或者家庭经济困难的残疾人购置或者更换辅助器具，可以向当地人民政府申请资助。

2016 年 1 月 12 日，《广州市残疾人联合会、广州市财政局关于印发〈广州市残疾人康复资助工作管理办法〉的通知》（穗残联〔2016〕11 号）发布。首先，规定了残疾人康复资助对象范围。（1）持第二代中华人民共和国残疾人证的残疾人。（2）持有本市具备相应资质的医疗机构出具的医学诊断证明的精神障碍患者、白内障患者。（3）0～6 岁因未达到评残年龄未能办理残疾人证，但能提供本市具备相应资质的医疗机构出具的医疗诊断证明的残疾障碍者。（4）残疾障碍者首次办理残疾人证。其次，规定了康复资助项目。（1）医疗康复资助：①精神障碍患者专科门诊、住院治疗。②残疾矫治手术。包括：肢体畸形矫治术、人工假体置换术（骨科）、白内障复明手术、人工耳蜗植入术、烧伤畸形。（2）机构康复训练资助：①0～14 岁听力语言残疾、脑瘫、智力残疾、孤独症儿童康复训练。②肢体残疾人康复训练。（3）基本型辅助器具适配资助。（4）残疾障碍者首次办理残疾人证、残疾程度评定和必要检查费用资助。（5）中央和省级财政下达的康复经费的指定项目。最后，规定了各项康复资助标准、资助条件（见表 1）。

2016 年 5 月 13 日，《广州市残联、广州市财政局关于印发〈广州市推进残疾人居家康复训练工作实施意见〉的通知》（穗残联〔2016〕75 号）下发。指导思想是以科学发展观为指导，以残疾人需求为导向，以"康复进社区，服务到家庭"为理念，以残疾人康复资助工作为依托，创新康复服务方式，逐步完善广州市残疾人康复服务体系，提升残疾人生活质量，实现残疾人融入社区、回归社会的康复目的。任务目标是以残疾人社区康复站为平台，以残疾人康复资助定点康复机构为依托，由专业技术人员为有入户服务需求的残疾人提供康复训练和指导、心理疏导、转介服务、康复知识培训等康复服务。各区残联组织辖区内的定点康复机构为辖区内符合残疾人康复资助条件并有入户需求的残疾人提供一对一康复训练、日常康复护理知识培训等康复服务。资助标准：（1）康复训练费，符合居家康复资助条件的残疾人，按照《广州市残疾人联合会、广州市财政局关于印发〈广州市残疾

表 1　广州市残疾人各项康复资助标准

序号	资助类别	资助项目	资助标准上限	资助时长	资助条件	备注
1	医疗康复资助	精神障碍患者专科门诊治疗	200元/(人·月)	每年资助12个月	康复资助申请人持有"精神残疾"类别的残疾人证，纳入卫生部门《广州市精神疾病社区防治与康复信息管理系统》、公安部门《全国重性精神病人信息管理系统》管理或持有本市医疗机构出具的精神障碍医疗诊断证明	当月累计，不滚存，用于精神病专科门诊用药和使用专科门诊后的常规检查费用
2		精神障碍患者住院治疗	1万元/(人·年)	每年在资助限额内不限资助次数	康复资助申请人已经参加广州市社会医疗保险，属于《广州市医疗救助试行办法》或《广州市困难群众医疗救助实施办法》所列的救助对象，持有残疾类别为"精神残疾"的残疾人证或持有本市医疗机构出具的精神障碍医疗诊断证明，并且能够提供入院治疗证明材料	康复资助申请人在接受康复服务，其康复费用扣除由广州市社会医疗保险以及广州市困难群众重大疾病商业保险医疗救助后，仍需个人负担的基本医疗费用共付段费用，由康复资助全额补贴
3		残疾矫治手术	1万元/(人·年)	每年在资助限额内不限资助次数	康复资助申请人已经参加广州市社会医疗保险，属于《广州市医疗救助试行办法》或《广州市困难群众医疗救助实施办法》所列的救助对象并符合以下条件之一： 1. 持有残疾类别为"肢体残疾"的残疾人证的残疾人纳入肢体矫形矫治术、烧伤畸形、人工假体置换术（骨科）康复资助范围 2. 能够提供有白内障患者，纳入白内障复明手术必要性的医疗诊断证明康复资助范围 3. 能够提供有人工耳蜗植入手术必要性的医疗诊断证明资料并持有残疾类别为"听力残疾"的残疾人证，纳入人工耳蜗植入术＋术后康复资助范围	

续表

序号	资助类别	资助项目	资助标准上限	资助时长	资助条件	备注
4	机构康复资助	0~14岁听力语言残疾儿童康复训练	1700元/(人·月)	每年资助12个月	康复资助申请人持有残疾类别为"听力残疾"的残疾人证	1. 0~14岁残疾儿童申请康复资助，资助资金不滚存，不设资助年限，须在年度内分次申请资助年度内分次申请 2. 康复资助申请人每年每个康复训练项目申请资助，已享受中央和省康复资助的人员，不能重复申请康复训练资助 3. 康复资助申请人持有"多重残疾"的残疾人证，按照规定结合自身实际选择一个康复训练项目申请资助
5		0~14岁脑瘫儿童康复训练			1. 6岁以上康复资助申请人持有残疾类别为"智力残疾"或"肢体残疾"的残疾人证并能提供本市医疗机构出具的脑瘫医疗诊断证明 2. 6岁以下因年龄原因不能办理残疾人证的康复资助申请人，提供本市医疗机构出具的脑瘫医疗诊断证明	
6		0~14岁智力残疾儿童康复训练			1. 6岁以上康复资助申请人持有残疾类别为"智力残疾"的残疾人证 2. 6岁以下因年龄原因不能办理残疾人证的康复资助申请人，提供本市医疗机构出具的智障医疗诊断证明	
7		0~14岁孤独症儿童康复训练			康复资助申请人持有本市医疗机构出具的孤独症医疗诊断证明	
8		肢体残疾人康复训练	1700元/(人·月)	每年资助12个月	0~14岁康复资助申请人持有除脑瘫以外的肢体残疾障碍并持有残疾人证 14岁以上的康复资助申请人符合以下情形并持有残疾类别为"肢体残疾"的残疾人证： 1. 患有偏瘫、截瘫、骨关节疾病的医疗诊断证明的肢体残疾人 2. 接受残疾矫治手术后两年有康复诊断证明的肢体残疾人 3. 外伤致残两年内有康复训练需求并能够提供本市医疗机构出具的肢体残疾人	自首次申请起最长资助36个月

续表

序号	资助类别	资助项目	资助标准上限	资助时长	资助条件	备注
9		聋人配置助听器	0.36万元/例	每3年资助1次	康复资助申请人持有与其申请的辅助器具相对应残疾类别的残疾人证	康复资助申请人只能申请与其残疾类别相适应的辅助器具。如需跨残疾类别申请相应的辅助器具,应先进行相应的残疾程度评定,办理残疾类别为"多重残疾"(含有关联项目相一致或具有关联性的残疾类别)的残疾人证后,方可申请
10		肢体残疾人装配大腿假肢	0.576万元/例	每3年资助1次		
11		肢体残疾人装配小腿假肢	0.24万元/例	7岁以前每1年1次,7岁至18岁每2年1次,18岁以上每3年1次		
12	基本型辅助器具适配资助	肢体残疾人装配踝足矫形器	0.06万元/例	7岁前每1年1次,7岁后每2年1次		
13		肢体残疾人装配膝盖踝足矫形器	0.18万元/例			
14		其他残疾人辅助用具配置资助	按照中国残联《关于印发〈残疾人辅助器具目录〉的通知》(残联〔2010〕50号)资助标准上浮20%执行	按照中国残联《关于印发〈残疾人辅助器具基本配置目录〉的通知》(残联〔2010〕50号)适配年限执行		
15	办证资助	残疾障碍者首次办理残疾人证、残疾程度评定和必要检查费用资助	资助上限为200元/人,不足200元的,按照实际支出资助	首次残疾评定资助	康复资助申请人首次办理残疾人证	

人康复资助工作管理办法〉的通知》（穗残联〔2016〕11号）确定的标准进行资助。（2）上门服务费，每月上门服务次数不少于16次，每次服务费用为15元。

2016年8月24日，《广州市残疾人联合会、广州市卫生计生委、广州市财政局印发〈广州市医疗康复项目纳入残疾人康复资助保障范围〉的通知》（穗残联〔2016〕129号）规定，面向听力语言残疾、智力残疾、脑瘫、孤独症、肢体残疾障碍患者开展的以治疗性康复为目的的医疗康复项目纳入广州市残疾人康复资助保障范围，自2016年12月1日起，由广州市残疾人康复资助专项经费严格按照确定的适用对象、适用条件及资助标准给予支付。纳入广州市残疾人康复资助保障范围的医疗康复项目根据专项经费的承受能力，按照保障基本需求的原则，逐步增加。增加的项目由市残联、市卫计委、市财政局共同确定，根据实际执行情况适时调整。此外，还确定残疾人康复资助定点机构（参见表2、表3、表4）。

2017年10月23日，《广州市民政局等部门关于印发〈广州市困难群众医疗救助购买服务项目实施办法〉的通知》（穗民规字〔2017〕16号）下发。根据该办法，广州市户籍持证精神残疾人，其用药和诊疗项目符合医疗救助购买服务项目设定的普通门诊目录的个人负担的医疗费用（不含已按《广州市医疗救助办法》救助的门诊医疗费用），每人每月救助100元，当月使用，不滚存。广州市户籍18周岁以下，月平均家庭人均可支配收入在广州市最低月工资标准以下的持证精神、智力残疾人（不含已享受政府其他康复训练资助待遇的对象），在定点康复机构进行康复治疗、训练，个人负担的康复费用按60%比例予以救助，每月最高支付800元。

表2　广州市残疾人康复资助定点机构（辅具适配类）名单（2017~2018年）

序号	机构名称	服务项目
1	广州市越秀区福声助听器商行	听力语言残疾辅具(助听器)适配服务
2	广州市黄埔区听动力助听器经营部	听力语言残疾辅具(助听器)适配服务
3	广州市麦力声医疗器械有限公司	听力语言残疾辅具(助听器)适配服务
4	广州福祉辅助器具有限公司	肢体残疾辅具适配服务

序号	机构名称	服务项目
5	广州市残疾人辅助器具服务中心	肢体残疾辅具适配服务、低视力辅助用具（助视器）适配服务、其他残疾人辅助用具适配服务
6	广州爱奉者电子科技有限公司	肢体残疾辅具适配服务、低视力辅助用具（助视器）适配服务、其他残疾人辅助用具适配服务
7	广州捷港电子科技有限公司	低视力辅助用具（助视器）适配服务、其他残疾人辅助用具适配服务
8	广东省工伤康复中心	假肢、矫形器适配服务
9	广东省假肢康复中心	假肢、矫形器适配服务
10	广州市福民假肢矫形康复器材有限公司	假肢、矫形器适配服务

表3 广州市残疾人康复资助定点机构（精神障碍患者专科门诊类）名单

（2017～2018年）

序号	机构名称
1	广州市越秀区大东街社区卫生服务中心
2	广州市越秀区北京街社区卫生服务中心
3	广州市海珠区沙园街社区卫生服务中心
4	广州市海珠区江海街社区卫生服务中心
5	荔湾区第三人民医院
6	广州医科大学附属第三医院荔湾医院
7	天河区慢性病防治中心
8	广州市白云区石井人民医院
9	白云精神病康复医院
10	广州医科大学附属第三医院荔湾医院
11	花都区慢性病防治所
12	番禺区中心医院
13	番禺区第三人民医院
14	广州市南沙区第三人民医院
15	南方医科大学第五附属医院
16	广州从化康宁精神病医院
17	广州白云心理医院
18	广州市增城区人民医院

表4 广州市残疾人康复资助定点机构（康复训练类）名单（2017～2018年）

序号	机构名称	服务项目
1	广州市越秀区至灵培训学校	智障儿童康复服务
2	越秀区启智学校	智障儿童康复服务
3	广州市海珠区海桐康复服务中心	孤独症儿童康复服务、智障儿童康复服务、肢体残疾人康复服务
4	广州市海珠区太阳花儿童潜能开发中心	孤独症儿童康复服务
5	广州市海珠区彩虹康复教育中心	智障儿童康复服务
6	广州市海珠区雨欣潜能开发中心	孤独症康复服务
7	广州市海珠区平安社区康复中心	智障儿童康复服务、孤独症儿童康复服务、肢体残疾人康复服务
8	广州市天韵社会工作服务中心	听力语言残疾儿童康复服务
9	广州市人人社会服务中心	肢体残疾人康复服务
10	广州市阳光乐园社会工作服务中心	听力语言残疾儿童康复服务
11	广州市小天使康复训练中心	孤独症儿童康复服务、智障儿童康复服务
12	天河区康园服务中心	肢体残疾人康复服务
13	广州市太阳船康复教育中心	孤独症儿童康复服务、智障儿童康复服务
14	广州市启明社会工作服务中心	孤独症儿童康复服务
15	广州市天河区小天使康复训练中心	孤独症儿童康复服务、智障儿童康复服务
16	广州市白云区小太阳特殊儿童康复中心	孤独症儿童康复服务、听力语言残疾儿童康复服务、智障儿童康复服务
17	广州市白云区星语儿童素质训练中心	孤独症儿童康复服务
18	广州市青聪康复教育中心	孤独症儿童康复服务
19	广州友好护理院	肢体残疾人康复服务
20	广州市黄埔区爱海慈航社会工作服务中心	智障儿童康复服务、肢体残疾人康复服务
21	广州市黄埔区残疾人康复中心	智障儿童康复服务、肢体残疾人康复服务
22	广州市忻惠自闭症康复训练中心	孤独症儿童康复服务
23	广州市花都区星语儿童素质训练中心	智障儿童康复服务
24	广州市番禺区彩虹桥儿童康复服务中心	孤独症儿童康复服务、智障儿童康复服务
25	广州市从化区残疾人康复养护服务中心	肢体残疾人康复服务、智障儿童康复服务、脑瘫儿童康复服务

2017 年 11 月 6 日《广州市残疾人联合会、广州市民政局、广州市财政局关于印发〈广州市民办残疾人社会服务机构资助办法〉的通知》（穗残联规字〔2017〕1 号）下发。根据该办法，职业康复、职业适应性训练、日间托养服务对象为 14 周岁以上 16 周岁以下的未在校的一、二级重度残疾人和三、四级精神、智力、多重残疾人，以及处在就业年龄段但未就业的一、二级重度残疾人和三、四级精神、智力、多重残疾人。该办法规定的日间训练服务对象不包含已享受康复资助的残疾人。为符合条件的残疾人提供康复训练、适应性训练、日间托养等日间训练服务，按服务残疾人的人数，资助标准为每人每月 600 元。

二 广州残疾人康复事业发展的主要成绩

（一）法规政策提供强有力保障

2007 年 12 月，广州市第十三届人民代表大会常务委员会第七次会议通过《广州市残疾人权益保障条例》，为广州市残疾人康复工作提供了强有力的地方立法保障。包括 2016 年 1 月《广州市残疾人康复资助工作管理办法》、2016 年 5 月《广州市推进残疾人居家康复训练工作实施意见》等在内的法规政策为残疾人康复提供了切实可行的方案。

（二）资助范围大、涉及面广

康复资助对象包括：（1）持第二代中华人民共和国残疾人证的残疾人；（2）持有本市具备相应资质的医疗机构出具的医学诊断证明的精神障碍患者、白内障患者；（3）0～6 岁因未达到评残年龄未能办理残疾人证，但能提供本市具备相应资质的医疗机构出具的医疗诊断证明的残疾障碍者；（4）残疾障碍者首次办理残疾人证。资助范围涉及面广，尤其对儿童康复支持力度更大，对精神残疾病人资助专科门诊用药和必要的常规检查费用。

（三）顶层设计思路明确，具体措施到位、有实效

广州市残疾人康复事业始终坚持依法推进，在法治轨道上推进康复事业健康发展。以立法为基础，以政策为补充，根据广州市社会与经济发展的实际情况逐步推进残疾人康复工作的开展，已经取得切实成效。当前全市共有119家残疾人康复资助定点机构，其中由市级确定的定点机构有107家，由各区级残联招标确定的定点机构有12家。同时，社会参与康复的机构也得到一定发展。

（四）康复人才培养取得一定成绩

1982年6月，广州中山医学院（现为中山医科大学）在全国率先设立了康复医学教研室。随后，南京、上海、武汉、北京等市的高等医学院校也相继成立康复医学教研室。1983年11月，卫生部确定广州中山医学院、南京医学院（现为南京医科大学）为康复医学进修教育基地，20世纪90年代初又增加河北省人民医院康复中心等机构。1985年，广州中山医学院受卫生部委托，在全国率先举办了康复医学师资班，此后，中央有关部门和地方举办了对象、内容、时间和规模不同的康复医学培训班。1986年，卫生部委托广东、山东、吉林、内蒙古开展社区康复试点工作。同年3月，广州中山医学院康复医学教研室在广州荔湾区金花街开展社区康复工作，这也是我国社区康复最早的试点之一。中山大学、暨南大学等高校设置了康复医学硕士和博士点。

三　广州残疾人康复事业面临的机遇与挑战

残疾人康复事业是经济社会事业发展的重要组成部分，能有效提高残疾人适应社会的能力，有助于他们回归主流社会以及创建和谐美丽的社会发展环境。随着广州现代化建设步伐的加快，广州残疾人康复事业的发展正面临着新的机遇和挑战。特别是党的十九大又提出了新的发展要求，广州作为经

济发达地区，要率先实现十九大提出的各项目标，这就对广州残疾人康复事业的发展提出了新的更高的要求。

（一）广州残疾人康复事业面临的发展机遇

党在新的历史时期提出的治国兴邦的重要理念，是真正实现社会良性、持续、健康发展的重要指导思想。残疾人事业是我国社会主义事业的重要组成部分，发展残疾人事业是贯彻落实新发展理念的重要内容。党和政府对残疾人事业的重视，广州经济社会的快速发展，为广州残疾人康复事业在新时代的新发展提供了越来越多的有利条件。

1. 党和政府对残疾人康复事业的高度重视

党的十九大报告强调"发展残疾人事业，加强残疾康复服务"，这是对新时代推进残疾人事业的总体部署，意味着国家层面的顶层设计和快速推进。广州市委、市政府高度重视残疾人康复事业的发展，尤其是近几年出台了不少有力措施与文件，使得广州残疾人康复事业一直平稳有序发展，并取得令人瞩目的成绩。

2. 残疾人康复的社会人文环境良好

关心、支持残疾人康复事业是党和政府全心全意为人民服务宗旨的具体体现，是全社会的共同责任。随着社会的文明进步，各界人士对残疾人的爱心和对公益事业的支持已经表现出极大的热忱，特别是2010年广州成功举办了第一届亚洲残疾人运动会，对广州残疾人康复事业的持续发展产生带动效应。

3. 残疾人康复的现代理念基本形成

康复可以提高残疾人的生命质量。实践证明，绝大多数残疾人通过医疗康复、教育康复、职业康复、社会康复可以较好地恢复或补偿功能，生活状况得到进一步改善，有更多的机会同常人一样平等地参与社会生活和国家建设，共享社会物质文明和精神文明成果。现代的残疾人全面康复理念基本形成。

4. 形成了具有广州特点的康复工作体系

广州坚持残疾人康复事业与经济社会各项事业协调发展，坚持扩大残疾人的受益面。在实施策略上，注重社会化的工作方式、建设社会化的工作体系、形成社会化的服务网络。目前，与卫生、民政、教育等政府相关部门形成合力，联手做强的工作格局已经确立。政府主导、部门配合、社会参与的社会化残疾人康复工作体系基本形成。

5. 综合康复服务实力呈现一定规模

广州残疾人康复领域已经向社区康复转变，居家康复成为新的亮点。康复理论研究不断拓展，康复服务涵盖到各个类别、各个年龄段的残疾人，并开始实施全程性的康复服务，基本构筑了结构适宜、布局合理、规模适度、运转有效的康复服务网络。

（二）广州残疾人康复事业面临的挑战

广州残疾人康复事业已经进入新时代，康复服务能力明显增强，康复服务水平明显提高，残疾人受益面明显扩大。但在残疾人康复事业持续发展过程中还存在着一些制约因素，主要有以下几个方面。

1. 宏观调控有待进一步加强

残疾人康复服务是公共卫生服务的一部分。《残疾人保障法》和残疾人事业的国家计划（规划）中，都明确规定了政府、部门和社会对残疾人康复工作的职责。但是，在具体执行中，有些部门还未能尽职尽责，缺乏组织协调，资金配置短缺，工作力量不足，虽然个别单项康复业务取得了一定的成绩，但总体上缺少宏观调控和合理规划，制约了残疾人康复事业的健康发展。

2. 康复政策有待进一步完善

随着广州经济社会快速发展，残疾人的科学文化素质逐步提高，残疾人对自身的康复要求也随之提高，并提出新的需求。这几年，虽然在康复政策上有了很大突破，但总体上还不能满足残疾人的康复需求，政策与需求存在着不相适应的矛盾。新时代人民对美好生活的康复需求与我国康复事业发展不平衡、不协调之间的矛盾突出。

3. 康复经费投入有待进一步增加

残疾人康复经费投入缺乏稳定的来源，得不到有效的保证。核定的残疾人康复经费标准较低，没有随着残疾人康复工作领域的拓展相应加大投入。残疾人康复服务是一种竞争性的公共产品，社会尚未成为重要提供者。

4. 资源利用有待进一步提高

康复资源不足与资源利用不足的问题同时存在。康复机构分布不合理，服务能力弱，特别是郊区、农村，康复资源少，专业康复机构在残疾人康复领域的作用未得到充分体现。

5. 康复人才有待进一步增加

广州残疾人康复专业人才明显短缺，技术水平参差不齐，特别是社区康复、居家康复人才更是缺乏，还没有建立起比较完备的人才培养和管理机制，康复医学研究、康复知识普及等基础性工作还需要进一步做实。

四 广州市残疾人康复事业发展的建议

（一）完善残疾人康复事业发展的政策措施

各级政府职能部门要进一步制定有利于残疾人康复事业发展的政策、规定，特别是要将残疾人的康复工作纳入社会公共性服务框架体系之中，促进形成有利于残疾人康复的社会、经济、文化等人文环境。由卫生部门负责进一步完善康复医疗的相关政策，以提高残疾人康复服务能力和水平。民政部门负责进一步完善残疾人康复救助的相关政策，将残疾人康复服务纳入社会福利服务体系。劳动保障和医保部门负责将残疾人康复分别纳入工伤保险和医疗保险范围，保障残疾人基本医疗康复的实施。有关部门负责研究制定引导社会资源进入残疾人康复工作领域的政策，鼓励民间力量兴办各类残疾人康复机构。残联组织负责协助有关部门制定残疾人康复工作的相关政策。实践证明，政策环境是推动我国残疾人事业发展的重要动力，对残疾人康复工作的开展起着至关重要的作用。重视残疾人康复就要从重视政策建设开始，从宏观的角度给予残疾人康复一个完善的大环境。

（二）建立残疾人康复经费保障体系

残疾人康复经费包括康复服务经费、康复救助经费、康复管理经费、康复人员培训经费、康复科研经费以及康复设施经费。残疾人康复经费是残疾人康复工作稳定发展的基础，各级政府要将残疾人康复经费列入财政预算，根据本地区经济发展水平和残疾人康复工作的需求提供经费保障。同时，多渠道筹措社会资金，设立贫困残疾人康复救助基金，对因残致贫而无力康复的残疾人给予救助，加大对残疾儿童和农村贫困残疾人康复经费的补助力度，从根本上保障残疾人享有康复的权利。此外，安排一部分残疾人就业保障金用于残疾人康复后职业和生产技能培训，帮助残疾人回归社会，促进本市残疾人康复事业的发展。

（三）利用社会资源开展康复服务

要积极开发、引导社会资源进入残疾人康复服务领域。倡导志愿者在残疾人康复事业中以多种形式提供服务。逐步建立投资主体多元化、运作机制市场化、服务方式多样化的康复工作模式。

（四）做好残疾预防，提高人口素质

各有关部门要相互协调，密切配合，建立信息准确、方法科学、管理完善、监控有效的预防工作机制。普及残疾预防知识和预防措施，使广大市民增强残疾预防意识，减少残疾发生，提高人口素质。建立新生儿筛查机制，健全出生缺陷监测体系，落实残疾儿童首诊报告制度，完善残疾儿童早期诊断、早期干预体系。重点做好学龄前残疾儿童的康复训练与服务，提高残疾儿童的康复率。建立18岁以下残障儿童、青少年康复工作信息库，为制定干预措施和决策提供依据，逐步形成适应各类残障儿童少年康复需求的服务体系。

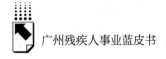

（五）培养高层次康复专业人才

要将康复医学纳入高等医学院校医学专业的教育内容，加大临床康复专业人才的培养力度，将残疾人康复业务培训纳入全科医师培训工程和继续教育内容，提高专业康复工作者业务水平。建立残疾人康复质量评估体系，对残疾人用品用具进行研制开发，对重点康复项目开展科学研究，引进并推广国际先进的康复科研成果，为残疾人康复工作提供专业技术支持。逐步建立一支高素质、相对稳定的专业队伍，提高康复服务质量，满足残疾人康复需求。

（六）进一步推进社区康复、居家康复服务

在各级政府的领导下，卫生、民政、公安、教育、残联等有关部门和组织要共同配合，以社区为工作平台，将残疾人康复纳入公共性服务框架之内，融入社区网络、城乡初级卫生保健网络、综合治安管理网络的建设之中，充分发挥社区服务中心、社区卫生服务中心、社区学校等各类社区机构的作用，加强专业机构对社区、居家康复工作的辐射和指导，使广大残疾人得到便利、有效、实用的康复服务。

（七）加强康复服务机构及设施建设

加强康复服务机构建设，提高康复服务水平。对已有的残疾人康复服务机构进一步明确定位、功能和服务内容。为满足残疾人新的康复需求，应充分利用各类社会资源，建立符合广州城市总体发展规划的层级合理的康复服务网络，要建立街（镇）社区康复机构，为精神残疾人和智力残疾人提供日间照料服务，完善监护网络。逐步推进重残人员寄养机构的建设，减轻家属精神和经济上的负担，建设若干个具有一定规模的寄养机构，以满足残疾人不同的康复需求。全面推进无障碍设施建设，保障残疾人平等参与社会生活。

（八）开展康复宣传教育

各级政府及有关部门要高度重视残疾人康复宣传工作，各相关单位要将

残疾人康复宣传工作纳入年度计划，特别是广播、电视、报纸、杂志等媒介要积极提供公益性宣传服务。要结合"国际残疾人日""全国助残日""爱耳日""爱眼日""世界精神卫生日"等宣传日活动，普及康复知识，宣传残疾预防常识，提高全社会对残疾人康复的认知度和知晓率。残联、卫生、民政、教育等部门网站要设立康复服务网页，介绍残疾预防、康复等知识和信息，提供网上康复指导、康复用品用具介绍。

B.5
广州残疾人社会保障：成就、问题与改进思路

肖世杰*

摘　要：　近年来，广州市在残疾人社会保障方面采取了诸多举措，取得了瞩目的成绩，在全国处于领先地位与水平。具体体现在普惠性的社会保障如社会保险（含养老保险和医疗保险）、社会救助、社会福利和特惠性的社会保障如各种专项补贴（或津贴）、专项资助和托管托养等一系列广泛的制度。不过，其在社会保障方面也存在一些问题，如惠残政策普惠化程度还有待进一步提高，残疾人社会保障功能仍有待进一步加强，惠残政策尚有必要进一步精细化，等等。因此，进一步完善残疾人社会保障制度，保障残疾人基本民生，加大政府购买助残服务力度，建立健全残疾人事业发展保障机制，是完善广州市残疾人社会保障的较好思路。

关键词：　残疾人社会保障　惠残政策　社会保障功能　社会保障机制

一　广州残疾人及残疾人社会保障概况

截至 2016 年 3 月，广州市持二代残疾人证的残疾人约 142000 人，分为

---

* 肖世杰，法学博士、博士后，国家人权研究与教育重点基地广州大学人权研究院教授，主要研究方向为人权法学、法学理论。

肢体、视力、听力、语言、精神和智力六个类别（多重不单独列为类别）和一、二、三、四级四个伤残等级。按中国残疾人联合会颁布的残疾程度评定标准，一、二级残疾人为重度残疾人，三、四级残疾人为轻度残疾人。[①] 按照以上分类标准，广州市共有重度残疾人 77303 人，占残疾人比重约 54.39%；轻度残疾人 64810 人，占残疾人比重约 45.61%。

近年来，广州市将残疾人事业纳入以改善民生为重点的社会建设大局，着力推进残疾人社会保障体系和服务体系建设，构建残疾人事业发展的长效机制，坚持普惠与特惠相结合的基本原则。与国内其他地区相比，广州市残疾人社会保障的内容、项目、标准和覆盖范围均居于全国前列。2009 年 12 月，广州市人民政府与中国残疾人联合会签署《共建残疾人社会保障体系和服务体系建设先行市协议》，标志着广州市作为中国"两个体系"建设先行先试市工作全面启动。广州市政府与中国残疾人联合会双方承诺，通过双方共同建设，力争到 2012 年，建立起一套具有广州特色又在国内具有示范作用的残疾人社会保障、社会服务模式，为推进全国"两个体系"建设探索路子、提供经验。

2014 年 10 月，广州市在全国又率先出台《广州市残疾人社会保障体系和服务体系建设先行市工作方案（2014～2016 年)》，作为全国三个先行市之一，而且是唯一一个综合发展的城市，广州出台该工作方案，将全面促进广州市残疾人生活状况的积极改善，残疾人社会保障体系和服务体系将逐步健全，残疾人工作将全面提升，并为全国的残疾人发展事业提供良好示范。

二 广州残疾人社会保障发展现状

总体来看，广州市残疾人社会保障制度的建立坚持普惠与特惠相结合的基本原则，一方面，通过普惠性的制度安排给予所有残疾人基本待遇，保障

---

① 参见蔡玲《广州残疾人社会保障现状、问题及对策探讨》，载蔡国萱主编《广州社会保障发展报告（2016)》，社会科学文献出版社，2016。

其基本的生活与发展要求；另一方面，则通过特殊性的制度安排给予残疾人特别扶助和优先保障，满足其特殊需求和解决其特殊困难。[①]

从具体内容来看，普惠性的社会保障制度安排包括社会保险（包括养老保险和医疗保险）、社会救助、社会福利等形式；特惠性的社会制度安排包括一系列专门性的制度，如各种专项补贴（或津贴）、专项资助、托管托养，等等。

从具体举措来看，广州残疾人社会保障历来走在全国前列。例如，在2014年10月出台的《广州市残疾人社会保障体系和服务体系建设先行市工作方案（2014～2016年）》中，广州率先将残疾人参加社会保险纳入了政府资助政策范围，资助所有户籍残疾人参加基本医疗保险，以及资助符合条件的残疾人参加社会养老保险。

广州市残疾人的社会保障首先体现在经济保障方面，这些方面具体包括最低生活保障、残疾人生活津贴、重度残疾人护理补贴、社会保险、其他津贴等。据官方统计，到2015年底，城乡残疾人参加社会养老保险的有12.5万人，纳入最低生活保障的有1.9万人，发放困难残疾人生活补贴的有5.6万人，发放残疾人护理补贴的有7.8万人，发放资金共计2.5亿元。[②]

（一）社会保险

1. 养老保险

近年来，广州在全国率先出台了残疾人参加社会保险的资助政策，资助符合条件的残疾人参加社会养老保险，资助所有户籍残疾人参加基本医疗保险。"十二五"期间，广州市政府提出了残障人士"人人享有社会养老保险"的目标。

2014年，广州市颁发《广州市城乡居民基本养老保险实施办法》，对残疾人基本养老保险费进行资助，资助标准如下：

---

① 参见蔡玲《广州残疾人社会保障现状、问题及对策探讨》，载蔡国萱主编《广州社会保障发展报告（2016）》，社会科学文献出版社，2016。
② 参见《广州市残疾人事业发展第十三个五年规划》。

①对于重度残疾人、精神和智力残疾人，由其户籍所在区（县级市）人民政府对其个人缴费部分按每月 10 元进行资助；

②对于城镇的重度残疾人、精神和智力残疾人，按本办法参保缴费并符合领取养老金条件的，如每月领取的养老金低于以下标准的，按对应标准补足，所需资金从地方统筹准备金中支出，即

a. 2012 年 8 月至 2013 年 7 月，符合领取养老金条件的，养老金标准为 400 元；

b. 2013 年 8 月至 2014 年 7 月，符合领取养老金条件的，养老金标准为 350 元；

c. 2014 年 8 月至 2015 年 7 月，符合领取养老金条件的，养老金标准为 300 元；

d. 2015 年 8 月至 2016 年 7 月，符合领取养老金条件的，养老金标准为 250 元。

2015 年，广州在全国率先把残疾人纳入基本养老保险政府资助范围。2015 年 7 月，市政府常务会议研究通过资助残疾人参加基本养老保险的办法，即《广州市残联、人社局、财政局、民政局关于资助残疾人参加基本养老保险有关问题的通知》（穗残联〔2015〕151 号），主要内容是提高残疾人参加城乡居民养老保险的资助标准，资助无法达到社保规定缴费年限、参与城镇职工养老保险的残疾人进行延缴、趸缴。首先，对于城乡居民基本养老保险的参保残疾人，按照相关缴费档次的第六档个人缴费部分每月 110 元予以资助，最高资助可达 180 个月即 1.98 万元。其次，对于已达到国家规定领取企业职工基本养老金年龄、累计缴费年限不足，未能按月领取养老待遇的参保人，按广州市个体工商户、灵活就业人员现行社会保险缴费基数下限和缴费比例，对单位缴费部分给予社会保险资助（个人缴费部分由个人承担）。

据报道，至 2015 年底，广州市城乡残疾人参加社会养老保险共计 12.5 万人，① 相当程度上解决了本市户籍残疾人"老有所养"问题。

① 参见《广州市残疾人事业发展第十三个五年规划》。

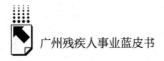

2.医疗保险

关于医疗保险，广州市采取以下形式。

（1）以"医疗救助"等方式资助残疾人参加医疗保险

2012年，广州市残疾人联合会、广州市卫生局和广州市财政局等相关部门制定了《广州市农村残疾人参加新型农村合作医疗缴费和康复资助试行办法》，资助农村残障人士参加新型农村合作医疗缴费。"十二五"期间全市共资助90477名农村残障人士参加医疗保险，市级投入资金406.77万元，并把残障人士纳入重大疾病商业保险医疗救助的重点实施对象。2013年，广州市民政局等八部门颁布《关于印发〈广州市困难群众重大疾病商业保险医疗救助实施办法〉的通知》，把本市持证重度残障人士，持证三、四级精神、智力残障人士纳入重大疾病商业保险医疗救助的重点对象，减轻了残障人士在重大疾病前的沉重医疗费用负担，起到很好的托底作用。2014年10月，广州率先出台了《广州市残疾人社会保障体系和服务体系建设先行市工作方案（2014~2016年）》，全面加强残疾人社会保障和服务工作。2014年下半年，8.9万名残疾人被纳入困难群体基本医疗保险和大病保险保障范围。2015年，受政府资助参加新农合的残疾人全部被纳入城乡基本医疗保险和大病医疗保险保障范围，并且提高了参保的标准。

2016年，广州市又进一步加大了医疗救助力度，颁发了《广州市医疗救助办法》，明确了医疗救助金（包括市医疗救助基金和基本医疗救助金）的资金来源，还规定具有本市户籍的困难户如最低生活保障对象、低收入困难家庭成员、城镇"三无"人员（无劳动能力、无生活来源且无法定赡养、抚养、扶养义务人员或其法定赡养、抚养、扶养义务人无赡养、抚养、扶养能力的年满60周岁的残疾人等）享受以下医保救助待遇，即其参加广州市城乡居民社会医疗保险个人缴纳的费用，由医疗救助金全额资助；参加广州市职工社会医疗保险个人所需缴纳费用，每一医疗救助年度800元以内部分由医疗救助金给予全额资助，超过部分由个人自负。

（2）资助保障经济困难残疾人参加医疗保险

根据2010年的有关政策，广州市医疗保险统筹区域内、具有广州市户籍的下列人员，如最低生活保障对象、低收入困难家庭人员、重度残疾人员和社会福利机构收容的政府供养人员等，其缴费与资助标准见表1。

表1　广州市户籍人员社会医疗救助金及政府资助标准

单位：元/（人·年）

人员类别	社会医疗救助金资助	政府资助
未成年人	80	80
非从业居民	480	100
老年居民	500	500

2015年全年约有4.28万名有民政困难人员标识的重度和三、四级残疾人参加社会医疗保险，该人群全年就医36.5万人次，发生医疗费用51569.98万元，医保基金支出28557.35万元。截至2016年11月底，约有4.39万名有民政困难人员标识的重度和三、四级残疾人参加社会医疗保险，该人群2016年就医约40.04万人次，发生医疗费用54492.40万元，基金支出29674.80万元。

（二）社会救助

广州市残疾人能够享受一系列广泛的社会救助，具体有专项补助金、残疾人生活津贴、重度残疾人护理补贴、医疗救助、康复救助和生活救助等多种形式的经济保障。

1.专项补助金

广州市从1999年起开始建立并实施贫困残疾人专项补助金制度，给予困难残疾人一定资助，以补充和保障残疾人日常基本生活需要。最初的标准较低，覆盖面也较窄，即仅向低保家庭的一级重度残疾人每人每月发放100元的补助金。之后，广州市进行了多次的提标扩面（提高资助标准，扩大资助面），并响应省残联的要求将之与残疾人生活津贴和重度残疾人护理补贴进行了并合，发放对象逐渐覆盖所有低收入残疾人群体。

2001年1月起扩大至二级重度贫困残疾人，2006年1月起扩大至四级

以上贫困残疾人，给一级至四级的贫困残疾人在治疗、康复、购置辅助用具和功能替代品等方面提供了资金支持。

自 2008 年 1 月开始，扩大贫困残疾人专项补助金发放范围，方案主要包括如下三个方面。

①扩大贫困残疾人专项补助金发放范围。

a. 具有本市户籍的城镇、农村低收入困难家庭（以下简称城镇、农村低收入困难家庭）的一级至四级残疾人。

b. 具有本市户籍的城镇、农村中本人无经济收入的一级重度残疾人（以下简称无经济收入的一级重度残疾人）。

②发放标准。

a. 城镇、农村低收入困难家庭的一、二级残疾人专项补助金按每人每月 60 元标准发放；三、四级残疾人专项补助金按每人每月 30 元标准发放。

b. 本人无经济收入的一级重度残疾人按每人每月 120 元标准发放。

贫困残疾人专项补助金不重复计发，亦不纳入低保金中家庭收入的计算范围。

③农村低收入困难家庭和一级重度残疾人的认定标准和程序。

a. 农村低收入困难家庭的认定标准：家庭人均月收入在当地政府确定的农村村民最低生活保障标准基础上上浮 20% 确定。

b. 农村低收入困难家庭的认定程序：申请人向所在村委会提出书面申请，经村委会经办人入户调查核实后报镇民政部门，镇民政部门审查加具意见，报区（县级市）民政部门审批。符合条件的，由民政部门发给广州市低收入困难家庭证。

2010 年，为响应《广州市残疾人事业发展第十一个五年规划的通知》中第五条关于"逐步提高残疾人特殊困难救济补助标准"的要求，广州市颁发了《广州市提高贫困残疾人专项补助金发放标准实施方案》，提高贫困残疾人专项补助金的发放标准。

①扩大了贫困残疾人专项补助金发放的对象范围。

a. 持有第二代中华人民共和国残疾人证且具有本市户籍的低保家庭、

低收入困难家庭的一级至四级残疾人。

b. 持有第二代中华人民共和国残疾人证且具有本市户籍、本人无经济收入的一级重度残疾人。

②提高发放标准。

a. 低保家庭的一、二级重度残疾人按 144 元每人每月的标准发放。

b. 低保家庭的三、四级残疾人按 72 元每人每月的标准发放。

c. 本人无经济收入的一级重度残疾人按 144 元每人每月的标准发放。

d. 低收入家庭的一、二级残疾人按 72 元每人每月的标准发放。

e. 低收入家庭的三、四级残疾人按 36 元每人每月的标准发放。

从 2013 年 1 月 1 日起，广州市又一次扩大了困难残疾人专项补助金发放对象范围，并提高发放标准。

①申领对象。

a. 持广州市残联核发的二代残疾人证，低保或低收入困难家庭的一级至四级残疾人。

b. 持广州市残联核发的二代残疾人证，成年且本人无经济收入的一、二级重度残疾人。

c. 持广州市残联核发的二代残疾人证，成年且本人无经济收入的三、四级精神、智力残疾人。

②申领标准。

a. 低保家庭的或成年且本人无经济收入的一、二级重度残疾人，按每人每月 250 元标准申领。

b. 低保家庭的三、四级残疾人和低收入困难家庭的一级至四级残疾人以及成年且本人无经济收入的三、四级精神、智力残疾人，按每人每月 150 元的标准申领。

申领对象如同时符合上述条件，但享受标准不同，应按就高不就低的原则申领，不得重复计发。

按照该规定，对于残疾人领取的专项补助金，在其家庭申请最低生活保障或低收入困难家庭社会救助时，不计入家庭收入。

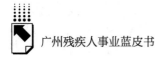

2. 两项津贴

两项津贴即残疾人生活津贴与重度残疾人护理补贴。自《广东省残疾人生活津贴和重度残疾人护理补贴资金管理暂行办法》（2012）实施之后，该津贴制度开始在广东省内执行。鉴于广州已率先在全省部分实施了该制度部分内容（即广州市实施的《广州市扩大困难残疾人专项补助金发放对象提高发放标准实施意见》的政策，已经涵盖了《关于印发〈广东省残疾人生活津贴制度实施办法〉的通知》的全部人群及《关于印发〈广东省重度残疾人护理补贴制度实施办法〉的通知》的部分人群），故广州市决定将残疾人的"专项补助"与广东省残疾人的"生活津贴"和"护理补贴"合并实施。即对广州市残疾人"专项补助"未覆盖到的范围，按省定标准实行"重残护理补贴"。根据广州市残疾人联合会、广州市财政局于2013年3月颁发的《关于执行广东省残疾人生活津贴和重度残疾人护理补贴实施办法的通知》规定，未申领广州市"专项补助"的持二代证的重度残疾人，可以申领"重残护理补贴"。此外，"专项补助"和"重残护理补贴"的申领按就高不就低的原则执行，每人只能申领一项，不得重复。

总的来说，"十二五"期间，广州市即开始全面推行残疾人的两项津贴制度。据统计，符合申领标准并申领了残疾人生活津贴的有72765人，占广州户籍持二代证残疾人的50.25%；申领了重度残疾人护理津贴的有75165人，占广州户籍持二代证残疾人的51.91%。

2015年落实省市政府十件民生实事，提高困难残疾人生活津贴、重残护理补贴标准，困难残疾人生活津贴为每人每年1800元，重残护理补贴为每人每年1800元，高于省定的标准，全年安排资金1.8亿元，受惠残疾人8.3万人次。

3. 医疗救助

从近几年广州市颁布和实施的一系列医疗方面的规范性文件（如《广州市困难群众重大疾病商业保险医疗救助实施办法》《广州市康复资助办法》《广州市医疗救助办法》）来看，广州市已经基本建立了以资助残疾人参保为引领、以政府医疗救助为核心、以临时医疗和慈善医疗救助为辅助、以商业重特大疾病保险为补充、以康复医疗资助为配合的医保救助体系，进而保障残疾人在参保、门诊、特种病和慢性病救治、住院等各个看病和治疗环节得到多层次、多渠道和多途径的医疗保障。[①]

依据《广州市农村残疾人参加新型农村合作医疗缴费和康复资助试行办法》和《关于印发〈广州市困难群众重大疾病商业保险医疗救助实施办法〉的通知》等文件精神，广州市除了通过救助的方式资助农村残障人士参加新型农村合作医疗缴费和参加重大疾病商业保险，还向符合医疗救助条件的一部分重度残疾人发放了医疗救助金，以帮助缓解其医疗费用方面的负担。据统计，2015年广州市享受医疗救助待遇的重度残疾人约有4.34万人，支出医疗救助金达11280.28万元。

2016年，广州市加大了医疗救助力度，专门出台了《广州市医疗救助办法》，明确了医疗救助金（包括市医疗救助基金和基本医疗救助金）的资金来源、救助对象、救助标准与救助方式等具体内容。

①关于医疗救助金的来源，规定每年按以下方式筹集。

a. 市医疗救助基金每年总计筹资1.5亿元，其中市财政安排1亿元，各区财政共安排5000万元。其中，区财政分担的资金以各区低保对象、低收入困难家庭成员、重度残疾人三类困难群众数量和区财力状况为权重因素，按1:1权重比例计算。

b. 基本医疗救助金每年根据本市户籍最低生活保障对象、低收入困难家庭成员、孤儿、城镇"三无"人员、农村"五保"对象、享受抚恤补助的优抚对象的总数，按年低保标准14%的比例筹集。其中，市财政负担城镇基本医疗救助金的40%和农村基本医疗救助金的40%，其余部分由区财政分担。

②本市户籍困难户如最低生活保障对象、低收入困难家庭成员、城镇

---

① 参见蔡玲《广州残疾人社会保障现状、问题及对策探讨》，载蔡国萱主编《广州社会保障发展报告（2016）》，社会科学文献出版社，2016。

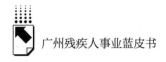

"三无"人员享受以下医保救助待遇。

a. 参加本市城乡居民社会医疗保险个人缴纳的费用，由医疗救助金全额资助。参加本市职工社会医疗保险个人所需缴纳费用，每一医疗救助年度800元以内部分由医疗救助金给予全额资助，超过部分由个人自负。

b. 最低生活保障对象、低收入困难家庭成员、城镇"三无"人员等在本市定点医疗机构发生的普通门诊医疗费用由医疗救助金支付，每人每季度不超过300元，不滚存使用。

c. 困难群众在定点医疗机构治疗社会医疗保险规定的单病种、门慢和门特项目（审批有效期内），其起付标准费用由医疗救助金支付，个人负担的基本医疗费用共付段个人自付部分由医疗救助金支付90%，个人负担10%，其中，孤儿、城镇"三无"人员和农村"五保"供养对象个人负担的基本医疗费用共付段个人自付部分由医疗救助金支付100%。

d. 困难群众在享受以上规定的门慢和门特项目医疗救助后，其个人负担的其他医疗费用（含超限额费用）由医疗救助金支付，门慢每人每月累计不超过300元，每病种不超过100元，门特项目每人每月每病种（项目）不超过1000元，不滚存使用。

e. 困难群众在定点医疗机构住院治疗，其社会医疗保险起付标准费用由医疗救助金支付；城镇"三无"人员等对象个人负担的基本医疗费用的共付段个人自付部分及超过医疗保险报销限额费用由医疗救助金支付100%。

困难群众每一医疗救助年度最高救助金额为15万元（含住院、门诊单病种、门慢、门特项目救助费用），当年累计，不跨年度使用。

③本市户籍最低生活保障对象、低收入困难家庭成员、城镇"三无"人员等按以下标准申请临时医疗救助。

a. 本市户籍城镇"三无"人员等对象在定点医疗机构诊治疾病个人负担的医疗费用由医疗救助金支付100%，个人负担的护工费用每日不超过120元。

b. 本市户籍最低生活保障对象和低收入困难家庭成员在定点医疗机构

诊治疾病个人负担的医疗费用年度累计 2000 元以上的，按以下比例给予救助：1 万元以下（含 1 万元）的，由医疗救助金支付 80%，个人负担 20%；超过 1 万元的，由医疗救助金支付 70%，个人负担 30%。

困难群众每一自然年度最高临时医疗救助金额为 2 万元，临时医疗救助金额不计入救助对象年度医疗救助累计金额。

此外，对于重症精神病人住院救治，广州市卫生局精神病医院在芳村住院部设 50 张床位，对不属低保对象但家庭经济确实困难的重症精神病患者每年提供为期 3 个月减免基本治疗费用的住院治疗。

对于贫困残疾人慢性病医疗救助，广州市残疾人联合会委托中国人寿保险股份有限公司广州分公司设立了广州市贫困残疾人慢性疾病医疗保险基金，为广州市低保家庭中没有享受社保医疗待遇及公医的残疾人提供慢性疾病医疗救助：每次门诊费用由保险公司按 80% 比例给付，每季度给付限额为 200 元。

4. 康复救助

根据《广州市农村残疾人参加新型农村合作医疗缴费和康复资助试行办法》（2006 年 8 月 1 日至 2011 年 7 月 31 实行），规定了以下形式的救助方式与资助内容。

①救助方式。

"合作医疗缴费"——对象为已参加新型农村合作医疗、农村低收入家庭中的残疾人（不含低保户），资助个人应缴费部分。

"康复资助"——对象为已参加新型农村合作医疗、享受所在地农村村民最低生活保障救济的农村残疾人或低收入困难家庭中有康复需要的农村残疾人。

②资助内容。

a. 精神病人门诊专科用药和使用专科药物后的必要的常规检查，资助上限为 50 元/月。

b. 聋童听力检测和购置助听器，资助上限为 2500 元/例，每 5 年一次。

c. 肢体残疾者义肢和矫形辅助用具装配，资助上限为大腿假肢 4800

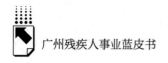

元，每5年1次；小腿假肢500元，每5年1次；矫形辅助用具300元，7岁以前每1年一次，7岁至14岁（含14岁）每2年一次；15岁（含15岁）以上每4年一次。

d. 低视力患者配置助视器，资助上限为100元/例，每3年一次。

5. 生活救助

近年来，广州市采取一系列措施，通过多种形式对生活困难的残疾人或重度残疾人予以生活方面的经济救助。

（1）最低生活保障金

为了保障生活困难的城乡居民的基本生活，在国家《城乡居民最低生活保障条例》（1999年）颁布之前，广州市即开始了城乡居民最低生活保障制度的探索，并于1995年制定颁发了《关于广州市实行最低生活保障线的通知》，确定1995年市区居民最低生活保障线为月人均200元，县级市城镇居民为170元至200元（具体标准由各县级市自行确定）。

随后，随着经济的不断发展，城乡居民生活水平进一步提高，广州市不断提高了最低生活保障标准，先后颁布了一系列规范性文件，如《关于1998年企业下岗职工最低生活费标准的通知》（1998）、《关于做好我市省属单位困难人员最低生活保障救济的通知》（1998）、《广州市人民政府关于对我市特困人员实行分类救济的通知》（2006）、《关于印发〈广州市调整最低生活保障标准试行办法〉的通知》（2011）、《广州市调整最低生活保障标准试行办法实施细则》（2011），等等，逐渐将最低生活保障标准提高到每月650元，视家庭人均经济收入实行差额发放，并建立随着经济发展而逐步增长的机制。根据广州市民政局提供的数据，截至2015年底，广州市被认定为低保、低收入并领取了最低生活保障金的残疾人有19099人，占持二代证残疾人口的13.19%。该年度广州市城乡户籍人口中领取低保的有57161人，残疾人占全部低保人数的比例为33.41%，由此说明，总体上残疾人领低保的比例较高（当然也从侧面反映出残疾人的贫困率较高）。

2016年开始，广州大幅提高低保救助金标准，从原来的每月650元提高至840元，增长29.2%，系低保制度实行十年来提幅最大的一次，标准仅次于当时的上海。

2017 年，广州市又提高了低保标准，从颁发的《广州市民政局广州市财政局关于提高我市低保等社会救助标准的通知》可知，低保标准从每月840 元提高到 900 元。此外，对于无经济来源、无劳动能力、无法定赡养（扶养、抚养）人或其法定赡养（扶养、抚养）人无赡养（扶养、抚养）能力的残疾人（"三无"人员），供养标准每月从 1521 元提高到 1630 元。

（2）分类救济金

分类救济金是指针对困难家庭的不同结构和不同情况，对低保、低收入困难家庭中在读学生、单亲家庭、独生子女家庭、老人家庭、重病患者和重度残疾人困难户等实施分类救济。例如，对于以下三类人员家庭（即低保家庭成员患有重病、低保家庭中有读书的学生、低保家庭中无子女的"双老人员"），家庭救济标准提高 20%，按广州市规定均可享受每月 120 元的救助待遇。根据广州市扶助残疾独生子女父母政策，截至 2015 年 12 月 31 日，广州市有三级以上残疾独生子女的父母共 3150 人，其中男满 60 周岁、女满55 周岁的有 1537 人，当年享受特别扶助金（分类救济金）2005360 元。

此外，根据《广州市人民政府关于对我市特困人员实行分类救济的通知》（2006），对低保家庭中无业、失业的一、二、三、四级残疾人的"重度残疾人困难户专项补助金"，规定在现行标准上提高 20%，即一、二级残疾人提高到每人每月 120 元，三、四级残疾人提高到每人每月 60 元，进行分类救济。

（3）消费性减免

为保障低收入困难对象的日常生活，对于已领取最低生活保障金的救济对象和低收入家庭，酌情减免其一部分公房租金、治安费、清洁费、排污费和水电费等消费性支出。

广州市从 2000 年 1 月 1 日起对低收入居民实施一系列消费性减免政策，一定程度上减轻了低收入居民的生活负担和经济负担。2017 年，广州市颁发了《低收入居民消费性减免和补贴政策的通知》，明显加大了消费性减免和政策补贴的力度。通知规定，持广州市城镇居民最低生活保障金领取证、

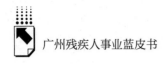
广州市农村村民最低生活保障金领取证的低保家庭及其成员以及持《广州市城镇低收入困难家庭证》或《广州市农村低收入困难家庭证》的低收入困难家庭及其成员，可凭上述证件之一享受以下消费性减免和补贴政策。

a. 租住市直管公房和各单位自管公房（不含宗教房产）的，按每月每平方米1元的标准缴纳住房租金。

b. 免缴由城市垃圾经营服务单位收取的城市生活垃圾处理费。

c. 市自来水公司收取的居民用水费用，每人每月平均用水量在7立方米以下的，按每立方米0.7元计收，超出部分按居民生活用水价格第一阶梯水价计收。

d. 自本市低收入居民不再免征污水处理费之月起，对每人每月发放7元污水处理费补贴。

e. 使用管道天然气，一个年度周期家庭用气量在320立方米以内的，按居民用气第一档价格的60%计收；超出部分按对应居民生活用气各阶梯气价计收。

f. 城镇低保、城镇低收入困难家庭的已建成住宅（拥有住宅所有权或部分产权）需加装管道燃气设施并由广州燃气集团有限公司提供安装服务的，可享受一次安装管道燃气设施优惠，每户按1950元的标准实施减免，实际费用超出该标准的部分由用户自行解决。

g. 低保、"五保"家庭每户每月的用电量，由供电企业抄表收费时直接扣减15千瓦时的免费电量后，再执行阶梯电价政策。对于当月用电不足15千瓦时的，按照实际用量扣减。

h. 使用广州珠江数码集团有限公司有线电视网络的，低保、低收入困难家庭按每户10元/月计收主机有线数字电视基本收视维护费，具体按珠江数码集团有限公司相关规定执行。使用省、市其他有线电视网络的用户，按省、市有关优惠规定执行。

（4）临时性补贴

临时性补贴指为保障低收入困难残疾人的基本生活，根据物价上涨情况，定时不定时向其发放一定数量的慰问金或物价补贴。

广州市在 2014 年 9 月启动低收入居民临时价格补贴与价格上涨联动机制，采取"按月计算、按季发放"的办法，对低收入居民食品消费价格指数月度同比涨幅超过 4%（含 4%）的月份予以补贴。对于本地户籍低收入居民（包括低保、低收入困难家庭成员等），发放标准为每人每月 50 元，3 个月每人一次性发放 150 元。

据统计，2016 年，广州市共发放临时价格补贴约 1856 万元，其中低收入居民补贴资金约 1291 万元。

（5）临时救助

临时救助，是指政府对遭遇突发事件、意外伤害、重大疾病或由于保障其基本生活和基本权益的刚性支出导致基本生活陷入困境，其他社会救助制度暂时无法覆盖、未能及时救助或救助之后基本生活暂时仍有严重困难的个人或家庭给予的应急性、过渡性救助。根据 2016 年颁发的《广州市临时救助暂行办法》（以下简称《办法》），临时救助分为紧急型临时救助和支出型临时救助。

首先，对于救助范围，《办法》规定，对于符合下列情形之一的个人或家庭，可以申请紧急型临时救助。

a. 因火灾、交通事故、人身伤害等意外事件造成家庭财产重大损失或者主要经济来源中断，导致生活暂时出现严重困难的家庭，以及由于上述原因且暂时无法取得家庭支持，导致基本生活陷入困境的个人。

b. 突发重大疾病，符合本市医疗救助条件，并经过本市医疗救助后生活仍然困难的个人或家庭。

c. 遭遇其他紧急特殊困难的个人或家庭。

对于同时符合下列情形的广州市户籍居民及其共同生活和共同居住的家庭成员，可以申请支出型临时救助。

a. 家庭人均年收入低于本市城市常住居民上年度人均可支配收入、家庭财产总额不超过市民政部门依据《广州市最低生活保障办法》所规定标准的。

b. 因教育（含就业及职业技能培训）、医疗、住房、残疾保障等刚性支

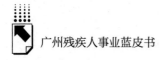

出超出其家庭经济承受能力，经其他社会救助后仍然生活困难的。

其次，对于救助标准与方式。《办法》规定，同一申请对象在 1 个自然年度内临时救助金额每个家庭累计最高不得超过 50000 元。关于紧急型临时救助，具体分为资金救助、实物救助、临时庇护、转办转介。

第一，资金救助。根据事件对申请人家庭造成的经济损失向救助对象提供一次性资金救助。每人的救助标准原则上不低于本市 2 个月最低生活保障标准。救助资金原则上应通过银行转账形式发放到申请人提供的账户，情况紧急的，可直接发放现金。

第二，实物救助。根据救助对象的基本生活需要，可通过发放慈善超市购物券或实物的形式，向救助对象提供食品、衣物和生活日用品等物资。

第三，临时庇护。申请人居住场所严重损毁，失去基本居住条件的，可通过提供临时庇护场所、救助站、临时性公共住房等方式，满足申请人的临时居住需求，并为其提供保障基本生活的食品、衣物、生活用品。

第四，转办转介。对符合最低生活保障或医疗、教育、住房、就业等专项救助条件的，要协助其申请专项救助；对需要公益慈善组织、社会工作服务机构等给予帮扶的，要及时转介。对符合条件的社区矫正人员，在给予救助的同时，应当协调联系有关单位或社会组织做好跟进服务和心理辅导等工作。

关于支出型临时救助，主要提供资金救助，并按以下公式确定救助金额：

$$救助金额 =（家庭月均刚性支出 - 家庭月均收入 +$$
$$低收入困难家庭认定标准 × 家庭人数）× 救助月（次）数$$

（6）慈善应急救助

2009 年，广州市政府举办了首个"广州慈善日"活动，为困难家庭重大疾病医疗、因病致贫及突发灾害应急救助筹集善款 1.0451 亿元。为规范这些捐款的管理和使用，切实做好慈善医疗和应急救助工作，充分发挥慈善事业在社会保障体系中的补充作用，广州市制定了《慈善医疗和应急救助试行办法》（2010）。依照该办法，对于相关患重大疾病，自负医疗费用较大，经社会医疗保险、新型农村合作医疗和政府医疗救助以及其他专项救助帮助后仍然困难的人员（本市户籍人员甚至外籍人员），可以申请慈善医疗救助。关于慈善医疗救助标准，原则上为每一救助对象在一个慈善医疗救助年度内不超过30000元。

（7）其他救助

除以上救助外，相关政府部门对生活特别困难的群众包括残疾人还给予其他各种形式的救助。例如2015年春节期间，广州市总工会对所有登记在册的特困、低困、困难职工1327户家庭，每户家庭发放700元慰问金和100元慰问品，总计发放106.16万元。

2017年，广州市总工会通过各种形式共救助困难职工（包括残疾职工）54005户次，涵盖人数62394人次，发放救助金5596.68万元。

（三）残疾人托养托管的现状与问题

（1）残疾人生活照顾责任主要落在残疾人的父母身上，"老养残"家庭结构面临严峻社会风险

相对而言，智力残疾成人的生活自理能力较弱，据相关调查显示，智力残疾成人家庭中，吃饭、穿衣、冲凉、如厕等能自理的智力残疾人占52%，能部分自理的（需要辅助）占34%，不能自理的占14%。接近一半的智力残疾人日常的吃饭、穿衣、洗澡、如厕等都需要家人照顾和护理。此外，在精神残疾人中，据其亲友反映，80%~90%精神残疾人可以独自吃饭、穿衣、洗澡、大小便、做简单家务、洗衣服，90%以上存在程度不同的沟通障碍，约10%的人不能与别人沟通。

"老养残"家庭中，主要的生活照顾责任落在母亲身上。当父母年老或故去，依赖家庭照顾的残疾人的生活将处于绝对困境。因此，98%以上的智力、精神残疾人亲友希望通过低保、托养服务机构、提高残疾人补助标准、增加社会活动场所、提供喘息驿站等方式，解决"老养残"困难。

（2）智力、精神残疾人家庭普遍需要经济支持和心理关怀

智力残疾人的亲友与精神残疾人的亲友对惠残政策比较关注，三分之二以上的家庭对惠残政策有一定了解。明确获得补助（含残疾人是独生子女，父母获得过计划生育补助）5000元以下的家庭占一半以上，获得补助10000元以上的家庭占一成多，认为各种政府补助对残疾人生活改善明显的占两成半左右，认为对残疾人生活改善不明显的不足两成。2015年曾经获得医疗费用优惠的家庭有两成多。精神残疾人有的通过单位挂靠形式解决生活问题，6%由单位购买城镇职工社会保险，补助300～1000元生活费；获得低保的仅占4%；其他（90%）全部无单位、无收入、靠父母供养。

精神残疾人医疗费用开支多。因为长期服用精神科药物，副作用很大，会损伤肝、肾，而改善肝肾功能的药比较贵，全部要自费，一些没有经济能力的家庭只好放弃用药，特别是父母都不在世的患者，更是没有钱自费买药。很多精神残疾人有糖尿病、肾病、高血压等疾病。康复治疗费每个家庭自付费比例不等，最低要500元，最高要1万元～2万元。精神残疾人需要经常参加文体活动帮助康复，这是非常重要的康复手段。但是，他们没有钱或是无人陪同到社会上的文体场馆参加活动。多数时间都待在家里，结果越来越胖，很多人患上脂肪肝等疾病。

（3）协助分担残疾人生活照顾与托养任务的社会服务组织不足，公办残疾人托养机构久候无位

智力残疾成人可选择的社会服务机构不多，其中能够常年接受工疗站服务的约为40%，不定期接受培训机构服务的为30%，还有约30%的智力残疾人常年待在家中。接受托养机构服务的和实现就业的智力残疾人只是极少数，前者受制于家庭经济承受力（民办托养机构月均收费数千元），后者受制于智力残疾人自身的能力、岗位开发和支持性就业服务问题。

年纪较大的智力残疾人的家庭多数认为智力残疾人不能就业，希望能得到政府和社会更多的关怀和关爱，提高生存能力和生活质量。精神残疾人家庭反映社会歧视严重，负面报道太多，一些媒体仍然使用"疯子"等歧视性语言报道他们。甚少企业肯接纳精神残疾人，社区管理限制多帮扶少。有

部分残疾人亲友了解寄宿托养资助办法，但目前还未考虑让残疾孩子去寄宿，一方面是由于亲情不忍，另一方面是比较实际的是费用问题，如果家庭需要承担的托养费占托养机构成本收费的50%以上，96%的残疾人家庭都表示无法承受。家长们认为自己承担托养机构成本收费的30%以内是可以接受的（目前民办托养机构的收费多在每月3000元）。

（4）家庭照料服务需要进一步精细化

2014年下半年，广州市残联委托扬爱特殊孩子家长俱乐部及区教育局、区残联开展0～18岁持证残疾儿童服务情况调查。截至2015年1月，5620名持证残疾儿童中，在机构（含康复机构、幼儿园、学校、文化补习机构）的有3925名，确认在家的有914名，已去世的有35名，无法联系的有746名。促进残疾儿童服务精细化，提高残疾人照顾的质量，需要家庭和社会共同努力。家庭照料负担最重的是一户多残家庭，例如有的家庭的双胞胎儿童都是重度残疾，父母的经济负担和照顾责任特别沉重，而政府资助托养服务仅限于就业年龄段残疾人。

2011年，广州市残联开展残疾人托养需求调查，20867名残疾人填写申请，其中要求寄宿托养的有2470人。2014年，据各区残联汇报，接受居家托养服务的残疾人有3383人、接受日间托养服务的残疾人有4843人、接受寄宿托养服务的残疾人有613人，残疾人居家托养和寄宿托养服务需求迫切，各区发展残疾人托养服务目前主要采取购买民办机构服务的方式，建议提高民办服务机构资助标准、增强投入残疾人事业的社会力量。

目前，广州市残疾人安养院托养残疾人480人（床位已满），2015年下半年经市政府批准筹建面向自闭症及智力残疾人的广州市残疾人托养中心（星安居）。2015年民办托养服务量比2014年增长10%，资助民办机构提供居家托养、寄宿托养、日间训练等服务，全年共资助352名残疾人寄宿托养、272张寄宿托养床位、1068名残疾人居家托养、228名残疾人日间训练。全市按民办公助的方式已开办179个街镇康园工疗站，在站服务残疾人4951人。

（五）住房保障

目前，广州残疾人住房以自有住房和与他人合住为主，符合条件的残疾人享受住房保障政策。

1. 以自有住房和与他人合住为主

据有关调查，约有一半的成年残疾人住在自有住房中，约有 20% 的成年残疾人需要住在父母或他人的房子中。在成年肢体残疾人中，有 51.95% 的人有自己的房子，25.98% 住在公租房中，22.07% 住在父母或他人的房子里。视力残疾人有 76% 有自己的房子，10% 住在公租房里，14% 住在父母或他人的房子里。40.45% 的听力残疾人有自己的房子，8.3% 住在公租房，41.47% 租住他人房子，9.78% 住在亲友房子（见表 2）。

表 2　不同类型残疾人住房情况

单位：%

项目	自有住房	公租房	租房	其他（与父母或他人合住）
肢体残疾	51.95	25.98		22.07
视力残疾	76	10		14
听力残疾	40.45	8.3	41.47	9.78

在女性多重障碍人士的受访者中，约 53.30% 有自有住房，26.67% 与父母或与子女同住，6.7% 租房，13.33% 住养老院或公租房。

调查结果显示，视力残疾人拥有住房的比例较高，比例是 76%，他们大部分接受父母帮助购买住房。但也有相当部分寄居即寄住在亲戚朋友家里的，比例为 14%。许多盲人朋友反映，之所以选择寄居，一来是需要被照顾，二来主要是申请不到政府的廉租房，所以他们在受访的同时也强烈表达了希望政府可以放宽廉租房申请条件的愿望。而有一部分盲人朋友则表示，相比寄居及廉租房，更希望住在自己家，与自己的父母一起，一来方便照顾家属，二来或许源于中国人顾家念家的传统观念。另有 10 位受访者皆表达了希望政府可以提供相关补助津贴，多照顾残疾人的住房需要。

至于智力、精神残疾人，则多是与父母同住，以方便接受家人的照料。

2. 符合条件的残疾人享受保障住房政策

根据市住房和城乡建设委员会提供的数据，广州市自 2007 年底实施廉租住房保障、经济适用住房保障，2013 年 5 月实施公共租赁住房保障（廉租住房并入公共租赁住房管理）以来，符合住房保障条件的残疾人家庭均可申请保障房，其中对重度残疾、三级及三级以上的残疾人家庭按规定予以优先提供保障房。自 2007 年底至今，享受住房保障的三级及三级以上残疾人家庭累计有 6978 户，其中入住公租房（廉租房）的有 3197 户、领取住房租赁补贴的有 2470 户、购买经适房的有 1311 户。

2016 年《广州市公共租赁住房保障办法》的颁行，标志着广州市公共租赁住房保障体系进一步完善。公共租赁住房保障是指按照规定的条件通过发放住房租赁补贴、提供公共租赁住房等方式，以解决城镇户籍中等偏下收入家庭住房困难为主的住房保障制度。根据该办法，家庭自有产权住房人均建筑面积不超过 9 平方米的，可以选择领取住房租赁补贴或承租公共租赁住房两种方式解决住房困难问题；家庭自有产权住房人均建筑面积超过 9 平方米不足 15 平方米的，则可以申请领取住房租赁补贴。

关于租赁补贴，根据《广州市人民政府办公厅关于加强户籍家庭住房保障工作的实施意见》，计算公式为：住房租赁补贴 =（人均保障建筑面积标准 – 人均自有产权住房建筑面积）×家庭人口×补贴标准×收入补贴系数×区域补贴系数（见表 3、表 4）。其中人均保障建筑面积标准为 15 平方米，补贴标准为每平方米建筑面积 25 元。

表 3　收入补贴系数

家庭年人均可支配收入（元）	补贴系数
双特困家庭	1.3
低于或等于 15600	0.9
高于 15600，低于或等于 24795	0.7
高于 24795，低于或等于 35321	0.5

表4　区域补贴系数

户籍地	补贴系数
越秀区、海珠区、荔湾区、天河区	1.1
白云区	1.0
黄埔区、南沙区、番禺区、花都区	0.9

（从化区、增城区的区域补贴系数该书出版时尚未公布）

此外，根据《广州市人民政府办公厅关于加强户籍家庭住房保障工作的实施意见》，对承租政府建设筹集的公共租赁住房的户籍中等偏下收入家庭，按照家庭收入情况，实行差别化租金，采取租金减免方式分档计租，详见表5。

表5　政府公共租赁住房分档租金标准

家庭年人均可支配收入（元）	租金缴交标准
低于或等于10800	公布的公共租赁住房租金标准×0.2
高于10800,低于或等于15600	公布的公共租赁住房租金标准×0.3
高于15600,低于或等于20663	公布的公共租赁住房租金标准×0.4
高于20663,低于或等于24795	公布的公共租赁住房租金标准×0.5
高于24795,低于或等于29434	公布的公共租赁住房租金标准×0.6
高于29434,低于或等于35321	公布的公共租赁住房租金标准×0.7

（六）其他社会保障

实施公交优惠政策，累计组织6.6万余人次申办残疾人乘车卡，其中免费卡3.4万张，半价优惠卡3.2万张。

二　广州市残疾人社会保障存在的若干问题

近年来，广州市在残疾人社会保障方面采取了不少有效措施，保障水平大有提高，与全国其他地区相比，无论在保障项目还是在保障标准以及保障范围等方面，均居于全国前列。但是，由于广州市残疾人总量较大，社会经济发展不均衡，残疾人仍然是当前最困难的社会群体之一，残疾人整体生活状况离全面小康还有一定距离。习近平总书记指示："全面建成小康社会，残疾人一个也不能少"。"十三五"时期是我国全面建成小康社会的决胜阶段，实现残疾人就业增收，加强残疾预防，给予残疾人群体更多的社会保障和发展机会，提供更加完备的公共服务，深化残疾人服务机制的改革，将是"十三五"时期广州市残疾人事业发展的方向和主要着力点。我们应当牢牢把握历史机遇，开拓创新，着力解决广大残疾人的现实问题，创建具有广州特色的残疾人社会保障发展模式，引领残疾人与全市人民一道共建共享全面小康社会。基于此，广州市在残疾人社会保障工作上，既有历史发展给予的机会与机遇，又存在一些问题与挑战，值得我们重视、把握与面对。

（一）惠残政策普惠化程度还有待进一步加强，政策受益面有待扩大

从广州市现有的惠残政策来看，总体上带有"补缺型"社会福利的特征，即社会保障和政策支持的受益者还更多地停留在仅是残疾人中最不幸、最边缘的那部分人的阶段，能够让全体残疾人都享受的优惠政策还不多，优惠项目也多集中在公交车优惠、节日慰问补助等方面，而在更加迫切需要的经济保障、康复援助、社会保险、社会托养、保障性住房等方面，大多政策只惠及低保、低收入及中等偏下收入户残疾人或重度（一、二级）残疾人。然而，必须指出，尽管程度不一样，其他残疾人也同样面临需要救助的问题和困难。因此，有必要将惠残政策受益面进一步予以扩展，逐渐面向所有残疾人，让更广泛的残疾人得到实惠与救助。

一是最低生活保障制度的托底功能较弱。目前，由于困难残疾人家庭的准入门槛较高，许多困难残疾人家庭未能纳入城乡居民最低生活保障范围。对于低收入困难家庭中无法单独立户的成年且无业的重度残疾人，亦难以单

独申请低保。

二是残疾人参加社会保险的资助政策有待落实。尽管广州市颁行了残疾人参加基本社会养老保险和基本社会医疗保险的一系列政策，但全市残疾人还未能全面纳入基本社会保险体系。此外，现行制度也未能为失业或面临失业的残疾人全面提供失业救济，并在失业期间给予社会保险补贴。

三是残疾人保险制度形式还有待进一步拓宽。目前，残疾人保险制度形式主要限于人身意外伤害等险种，对于其他综合保险，形式还不多。因此，很有必要探索和鼓励保险公司创建康复商业保险制度，拓展其他商业保险项目，以及探索建立失能老年残疾人、重度残疾人护理保险制度，完善长期护理保险的相关配套政策，等等。

（二）残疾人社会保障功能仍有待进一步加强

1. 残疾人的基本住房需求难以得到有效解决

残疾人的基本住房需求，是残疾人社会保障工作中挑战性最大的一项。目前，广州市能够申请到政府公租房的残疾人只是少数，农村残疾人则更少有机会获得保障性住房，部分残疾人无房子居住或者住房非常破旧。

处于困难边缘的残疾人，则更是难以申请到公租房，他们甚至可能无资格申请保障性住房，因为一旦残疾人出去工作或者他们的孩子出去工作，家庭人均收入超过了住房保障收入线准入标准，他们就可能失去了申请保障房的资格。

2. 残疾人托养服务体系亟须完善

残疾人托养服务工作既是残疾人社会保障工作中的重点，又是社会保障工作中的难点。对智力、精神残疾人及重度残疾人，需要开展居家服务、日间照料和寄宿制等多种形式的托养服务，特别是对盲、聋、智障等残疾老人，还必须提供全方位、多功能的托养和养老服务；对于重度残疾人特别是生活不能自理的残疾人，必须提供专业化的托养服务。鉴于广州市目前重度残疾人的数量上的压力，光是依靠政府部门的资助与扶植，或者仅仅依靠残疾人安养院的建设和服务，显然难以满足社会的需求。因此，必须积极探索和扶持社会力量开展智力、精神残疾人及重度残疾人的居家安养、日间照料和集中托养等服务，尝试采取"民办公助"模式，与符合相关资质和服务条件的民办养老服务机构合作开展残疾人托养服务，以逐步满足残疾人托养服务工作的需求。

（三）惠残政策尚有必要进一步精细化

不同类型的残疾人因其自身伤残情况的不同，在享受经济保障方面存在不同特征与要求。譬如，关于残疾人补贴种类，对于肢体残疾人来说，除了需要获得重度残疾人护理补贴之外，他们更需要获得残疾人机动轮椅车燃油方面的补贴。关于补贴方式，对于视力残疾人与听力残疾人来说，尽管他们通过各级政府提供的保障，获得了相关方面的残疾人补助，但是由于其残疾障碍，他们基本不能或很难区分各种补助的种类或确切名称，也许以获取的金额总数进行补贴更加妥当，等等。

此外，在诸如保险、医疗、培训等社会保障项目上，残疾人的种类特征和需要都存在多样性，因而非常有必要通过更精细化的政策设计，使支持的项目能够贴合残疾人的真实需要，给予他们一定的选择权，更好地使社会保障制度发挥应有作用。

三 广州残疾人社会保障的改进思路

总的来说，近年来广州市在残疾人社会保障方面所取得的成就是巨大的，其思路是正确的，其成果是显著的。为使广州残疾人社会保障工作更上一层楼，加快推进残疾人的小康进程，我们应当严格按照《国务院关于加快推进残疾人小康进程的意见》（国发〔2015〕7号）、《国务院关于印发"十三五"加快残疾人小康进程规划纲要的通知》（国发〔2016〕47号）、《广东省残疾人事业发展"十三五"规划》（粤残联〔2017〕28号）、《广州市残疾人社会保障体系和服务体系建设先行市工作方案（2014～2016年）》

和《广州市残疾人事业发展第十三个五年规划》（2017）等重要文件精神，锐意进取、开拓创新，健全残疾人权益保障制度，完善残疾人基本公共服务体系，为残疾人平等参与社会发展创造更便利的条件和更友好的环境，让改革发展成果更多、更公平、更实在地惠及广大残疾人，不断缩小残疾人生活水平与社会平均水平之间的差距，残疾人生活的各项指标达到小康水平，使残疾人的住房、养老、医疗、康复等基本需求得到制度性保障，让残疾人安居乐业、衣食无忧，出行更加便利，文化体育活动更加丰富，共享社会文明进步成果。

（一）进一步完善残疾人社会保障制度，保障残疾人基本民生

1. 完善最低生活保障制度的托底功能

将符合条件的困难残疾人家庭100%纳入城乡居民最低生活保障范围（以下简称低保）；本市低收入困难家庭中无法单独立户的成年且无业的重度残疾人，可以单独申请低保。

2. 进一步完善残疾人基本福利制度

根据实际情况，逐步提高困难残疾人生活补贴和重度残疾人护理补贴的发放标准。有条件的地区试行逐步扩大残疾人护理补贴发放范围。

3. 推进落实残疾人参加社会保险资助政策

推进落实残疾人参加基本社会养老保险和基本社会医疗保险的政策，确保将残疾人全面纳入基本社会保险体系。为登记失业的残疾人提供失业救济，并在失业期间给予社会保险补贴。

4. 完善精神残疾人医疗救助补贴机制

对由基本医疗保险支付医疗费用后仍有困难的精神残疾人，给予医疗救助。酌情提高精神残疾人医疗救助的标准和封顶线，对本市户籍精神残疾人实施免费门诊和服药补贴制度。

5. 探索建立多种形式的残疾人保险制度

在残疾人人身意外伤害综合保险的基础上，拓展其他商业保险项目。全面实施国家关于将部分康复项目纳入基本医疗保障范畴的有关规

定，采取措施鼓励保险公司创建康复商业保险制度。探索建立失能老年残疾人、重度残疾人护理保险制度。加快完善长期护理保险的相关配套政策。

6. 优先保障残疾人的基本住房需求

对符合住房保障条件的城镇三级以上（含三级）残疾人家庭，应尽量给予优先分配保障性住房、优先发放住房租赁补贴等政策；继续实施"按需改造"的残疾人居家无障碍环境改造，对新增需求应改尽改。对于早期建设的楼梯楼，行动不便的残疾人提出请求调换至有空置房源的小区带电梯房屋或请求优先选低楼层住房、无障碍改造等住房的，应尽量予以优先考虑。

7. 适应社会老龄化的发展趋势，建立完善残疾人托养服务体系

全面摸清重度残疾人的托养需求，为生活不能自理的重度残疾人提供专业化的托养服务。逐步提高生活不能自理的智力、精神残疾人及重度残疾人居家托养补贴标准。以家庭为载体，为符合托养条件的残疾人提供个性化的居家安养服务。出台优惠政策，扶持社会力量开展智力、精神残疾人及重度残疾人居家安养、日间照料和集中托养服务；通过"民办公助"模式，与符合相关资质和服务条件的民办养老服务机构合作开展残疾人托养服务。在已有残疾人安养院的基础上继续加强建设和服务，条件成熟时，再规划建设第二家或多家残疾人托养服务中心。完善残疾人服务机构管理制度，定期督查监管，及时纠正出现的问题，维护残疾人合法权益。

（二）加大政府购买助残服务力度，建立健全残疾人事业发展资金保障机制

1. 加大政府购买助残服务力度，提高服务质量和服务效益

将残疾人基本公共服务和社会保障作为政府购买服务的重点领域，以残疾人康复护理、托养照料、生活服务、扶贫解困、职业培训、就业创业服务、专业社会工作服务、家庭无障碍环境改造等为重点，推动实施统一规范

的政府购买助残服务政策和标准，逐步完善政府购买助残服务指导性目录，扩大政府购买规模。逐步推行对残疾人社会保障、社会福利等方面的个案管理。大力发展助残类的社会服务，加大政府服务购买力度，优化和细化相关服务类别，开展更多家属支持服务。

此外，要强化事前、事中和事后监管，加强对政府购买助残服务的质量监控和绩效考评，实现政府购买服务促进专业服务组织发展、扩大服务供给、提高服务质量效益的综合效应。

2. 建立与完善残疾人事业发展的资金保障机制

各级财政加大对残疾人事业的投入。鼓励社会各界以多种形式捐助残疾人事业，建立多元化的筹资机制。加大彩票公益金对残疾人事业发展的支持力度。完善残疾人就业保障金征收使用管理办法。

3. 增强基层综合服务能力

统筹规划市、区、街道、社区、家庭残疾人服务设施网络建设，推广网格化服务，充分发挥网格员为残疾人服务的基础性作用，逐步实现残疾人服务网络化、便利化。大力提升基层残疾人服务机构的服务能力和水平，建立健全区级残疾人康复、托养、职业培训、辅助器具适配、文化体育等基本公共服务平台，辐射带动街道（镇）、居（村）委会残疾人工作全面开展。加强残疾人社会工作和残疾人家庭支持服务。支持社会工作服务机构、志愿服务组织等各类社会组织到城乡社区开展助残服务。

（三）整合现有碎片化政策，扩大社会保障服务面

1. 普惠和特惠相结合

坚持一般性制度安排与专项制度安排相结合，充分依靠现有公共服务体系和保障制度，整合现有碎片化政策，扩大服务面。同时基于残疾人需求的特殊性，出台特惠型政策措施。

2. 突出重点、分类指导

加强对贫困、重度残疾人的重点扶持，统筹推进不同类别残疾人小康进

程；提高残疾人福利水平，促进残疾人充分就业和融合发展；稳定保障残疾人基本民生，扩大残疾人基本公共服务覆盖面。

（四）建立以家庭为基础、以社区为依托、以机构为支撑的托养服务模式

形成多元化的残疾人服务供给模式，满足残疾人特殊性、多样化、多层次的需求。

（五）加大政策宣传力度，通过不同方式不同途径不同媒介多方面宣传相关政策，提升社会公众和残疾人对政策的知晓度和理解力

在基层，相关政策的落实要通知到位、及时，做好政策宣传、宣导工作，提升残疾人及家属对相关政策的了解度。对于政策的落实，残疾人及家属希望残联、街道等相关部门之间的沟通更加密切。残疾人社会保障政策出台后，各级政府和机构应及时向居民发出通知，并进行政策解读，主动告诉残疾人及家属补贴申请等相关事项。做好居委会、街道工作人员的培训，能够及时回应残疾人和家属对政策的咨询。

（六）条件成熟时设立独立的、覆盖全体残疾人的综合津贴

为有效消除残疾人社会保障政策的"碎片化"和"部门化"，以及社会保障体系门类繁多、交叉重复且残疾人难于理解与申请的弊端，建议在条件成熟时设立独立的、覆盖全体残疾人的综合津贴，将各种津贴合并打包，形成综合津贴与民政部门低保制度相叠加的经费保障制度，降低申请成本（如残疾人不知申请什么、如何申请，等等）。通过建立"政府主导，部门参与"的残疾人社会保障决策机构，协调、整合和落实各项保障政策。综合津贴可以涵盖生活津贴、护理照料津贴、医疗康复津贴、辅助器具津贴、交通通信津贴、住房和无障碍津贴、教育培训津贴、保险参保津贴等社会保障门类，涉及残疾人方方面面的生活需求。

附件一：

《广东省残疾人事业发展"十三五"规划》中
残疾人社会保障事业发展相关指标

专栏1 "十三五"残疾人事业发展主要指标

指　标	目标值	属性
1. 残疾人家庭人均可支配收入年均增速	>6.8%	预期性
2. 困难残疾人生活补贴目标人群覆盖率	>95%	约束性
3. 重度残疾人护理补贴目标人群覆盖率	>95%	约束性
4. 残疾人城乡居民基本养老保险参保率	90%	预期性
5. 残疾人基本医疗保险参保率	95%	预期性
6. 农村建档立卡贫困残疾人脱贫率	100%	约束性
7. 农村贫困残疾人家庭存量危房改造率	100%	约束性
8. 残疾人基本康复服务覆盖率	80%	约束性
9. 残疾人辅助器具适配率	80%	约束性
10. 残疾儿童少年接受义务教育比例	95%	约束性
11. 社区康园中心镇、街建设覆盖率	100%	约束性

专栏2 残疾人民生兜底保障重点政策

1. 最低生活保障制度

将符合条件的残疾人家庭及时纳入最低生活保障范围。生活困难、靠家庭供养且无法单独立户的成年无业重度残疾人，经个人申请，可按照单人户纳入最低生活保障范围。

2. 困难残疾人生活补贴制度和重度残疾人护理补贴制度

为低保家庭中的残疾人提供生活补贴，有条件的地方可逐步扩大到低收入残疾人及其他困难残疾人。重度残疾人护理补贴范围逐步扩大到非重度智力、精神残疾人或其他残疾人。

3. 贫困残疾人家庭无障碍补贴

有条件的地方对贫困残疾人家庭无障碍改造给予补贴。

4. 困难残疾人社会保险个人缴费资助

对符合条件的贫困和重度残疾人参加城乡居民基本养老保险、基本医疗保险个人缴费予以资助。

5. 重度残疾人医疗保障制度

积极做好符合条件的重度残疾人医疗救助工作，鼓励地方探索提高重度残疾人大病保障水平，完善残疾人医保结算、救助流程。

6. 残疾人托养服务补贴制度

对符合条件的贫困和重度残疾人给予托养服务补贴。

附件二：

《广州市残疾人事业发展"十三五"规划》中
残疾人社会保障事业发展相关指标

专栏1 "十三五"残疾人事业发展主要指标

指标	目标值	属性
1. 残疾人家庭人均可支配收入年均增速	>6.8%	预期性
2. 困难残疾人生活补贴目标人群覆盖率	>95%	约束性
3. 重度残疾人护理补贴目标人群覆盖率	>95%	约束性
4. 残疾人城乡居民基本养老保险参保率	90%	预期性
5. 残疾人基本医疗保险参保率	95%	预期性
6. 农村建档立卡贫困残疾人脱贫率	100%	约束性
7. 残疾人基本康复服务覆盖率	80%	约束性
8. 残疾人辅助器具适配率	80%	约束性
9. 残疾儿童少年接受义务教育比例	95%	约束性
10. 社区康园中心镇、街建设覆盖率	100%	约束性
11. 有需求的残疾人就业服务率	100%	约束性

专栏2 残疾人民生保障重点政策

1. 最低生活保障制度

将符合条件的残疾人家庭及时纳入最低生活保障范围。本市低收入困难家庭中无法单独立户的成年且无业的重度残疾人，可以单独申请低保。

2. 困难残疾人生活补贴制度和重度残疾人护理补贴制度

为低保家庭中的残疾人提供生活补贴，有条件的地方可逐步扩大到低收入残疾人及其他困难残疾人。重度残疾人护理补贴范围可逐步扩大到非重度智力、精神残疾人或其他残疾人。

3. 残疾人社会保险个人缴费资助

资助残疾人参加基本社会保险，包括基本养老保险和基本医疗保险。

4. 提高残疾人医疗保障和救助待遇

积极做好符合条件的残疾人医疗救助工作，鼓励和提高残疾人尤其是重度残疾人和精神智力残疾人的大病保障水平，完善残疾人医保结算、救助流程。

5. 残疾儿童康复救助制度

逐步实现0~6岁视力、听力、言语、智力、肢体残疾儿童和孤独症儿童免费得到手术、辅助器具适配和康复训练等服务。

6. 残疾人基本型辅助器具补贴

对残疾人适配基本型辅助器具给予补贴。

7. 针对残疾人特点的特定信息消费支持

对残疾人有线（数字）电视费用、宽带和手机上网流量费用等给予优惠照顾。

8. 残疾人托养服务补贴制度

对符合条件的贫困和重度残疾人给予托养服务补贴。

B.6
广州残疾人扶贫事业发展与权利保障*

宋尧玺**

摘　要： 贫困问题既是经济问题和社会问题，也是发展问题与权利问题。中国的贫困人群绝大多数生活在农村，但仍有相当一部分是生活在城市中的残疾贫困人群。救助城市中生活困难的残疾人，一方面是帮助残疾人脱贫和不断筑牢残疾人基本生活民生安全网是国家推进残疾人小康进程的主要工作和重要任务，另一方面也是保障公民共享国家改革发展成果，保障公民权利，构建人类命运共同体的重要路径。相较于农村残疾人扶贫工作，城市残疾人的扶贫工作有着独特的工作对象和方式方法。城市残疾人的脱贫是人权学与城市社会学的交叉研究领域，涉及深刻的国家伦理、社会伦理、城市伦理和权利伦理。广州市的残疾人扶贫工作在理论上和实践中积累了较多经验，但同时也存在一些制约因素和亟待解决的问题。本文提出通过大力促进残疾人家庭就业增收，发挥残疾人服务社会组织的作用，开展多种形式的助残扶贫专项行动，加大金融扶持力度，保障贫困残疾人优先获得资产收益等途径助力城市残疾人脱贫，保障城市残疾人权利。如此，使残疾人能够跟上经济社会发展的总体步伐，不被排斥在社会结构

---

　* 本报告系国家社会科学基金青年项目"公民权与社会团结的关系研究"（13CFX023）的阶段性研究成果。
** 宋尧玺，法学博士，广州大学人权研究院（国家人权教育与培训基地）助理研究员，广州残疾人事业发展研究中心研究人员，剑桥大学访问研究员，主要研究方向为法理学、人权法学、公民权社会学。

之外，我们的社会也因此具有了普遍的包容正义基础，广州也会因此彰显新时代的城市文明和包容气质。

关键词： 广州　城市残疾人　扶贫　权利保障

贫困问题既是经济问题和社会问题，也是发展问题与权利问题。联合国 2015 年通过的大会决议《变革我们的世界：2030 年可持续发展议程》在开篇即指出："我们认识到，消除一切形式和表现的贫困，包括消除极端贫困，是世界最大的挑战，也是实现可持续发展必不可少的要求"。该议程将"无贫穷"作为 17 个可持续发展目标中的第一个予以强调："我们决心消除一切形式和表现的贫困与饥饿，让所有人平等和有尊严地在一个健康的环境中充分发挥自己的潜能"，意义不可谓不重大。世界史在某种意义上就是一部脱贫史，这里面蕴含着深刻的国家伦理与权利伦理，中国的扶贫减贫行动志在消除贫困，赋予人民追求富足生活的权利和能力，可以说是世界史上最大的人权工程。2018 年 12 月 10 日，习近平同志在纪念《世界人权宣言》发表 70 周年座谈会的致信中指出："人民幸福生活是最大的人权"。[①] 2018 年 12 月 12 日，国务院新闻办公室发表的《改革开放 40 年中国人权事业的发展进步》白皮书中载明："过去 40 年中国共减少贫困人口 8.5 亿多人，对全球减贫贡献率超过 70%。中国是世界上减贫人口最多的国家，也是率先完成联合国千年发展目标减贫目标的发展中国家。中国的减贫成就是中国人权事业发展的最显著标志。"[②]

上述联合国的议程将 2030 年实现在世界各地消除极端贫穷作为愿景，而中国将消除国内极端贫困状况的期限定在了 2020 年，比联合国的期限提

---

① 习近平致信纪念《世界人权宣言》发表 70 周年座谈会，http：//www. gov. cn/xinwen/2018 – 12/10/content_ 5347429. htm，中国政府网，2018 年 12 月 10 日。

② 国务院新闻办公室：《改革开放 40 年中国人权事业的发展进步》，http：//www. gov. cn/xinwen/2018 – 12/12/content_ 5347961. htm，中国政府网，2018 年 12 月 12 日。

前了10年。目前，从物质和经济标准衡量，国际贫困线标准是每人每天生活费为1.9美元，而中国已经将扶贫标准提高至2.2美元。① 尽管如此，中国的脱贫任务仍然相当艰巨。中国的贫困人群虽然绝大多数生活在农村，但仍有相当一部分是生活在城市中的残疾人。② 习近平同志指出："中国有几千万残疾人，2020年全面建成小康社会，残疾人一个也不能少。为残疾人事业做更多事情，也是全面建成小康社会的一个重要方面。"③ 中国残联等多部门印发的《贫困残疾人脱贫攻坚行动计划（2016～2020年)》也要求，到2020年，稳定实现贫困残疾人及其家庭不愁吃、不愁穿，义务教育、基本医疗、住房安全有保障，基本康复服务、家庭无障碍改造覆盖面有效扩大，确保现行标准下建档立卡贫困残疾人如期实现脱贫。④ 救助生活困难残疾人，一方面是帮助残疾人脱贫和不断筑牢残疾人基本生活民生安全网是国家推进残疾人小康进程的主要工作和重要任务，另一方面也是保障公民共享国家改革发展成果，保障公民权利，构建人类命运共同体的重要路径。据中国残联最新统计：五年来，全国有超过500万贫困残疾人摆脱贫困，残疾人"两项补贴"制度在全国范围内实现全覆盖，2100万人次残疾人从中受益。截至2017年底，为900多万城乡贫困残疾人提供了最低生活保障，城乡残疾居民参加社会养老保险人数达到2614.7万人，60岁以下参保重度残疾人中，政府代缴养老保险费比例达到96.8%。五年来，共为400多万残疾人（次）提供了各种形式的托养照料服务。⑤

---

① 《国务院扶贫办：我国现行贫困标准已高于世行标准》，http：//www. xinhuanet. com/gongyi/
2015 - 12/16/c_ 128535730. htm，新华网，2015年12月16日。
② 笔者同意"残障人士"（Disability）这一称谓，但鉴于我国法律与地方规范性文件、国际条约译名中仍使用"残疾人"这一称谓，为保持行文统一，本文仍使用"残疾人"这一称谓。
③ 《深改这五年：关于推进残疾人事业发展，习近平这样说》，http：//xj. cnr. cn/2014xjfw/
2014xjfwgj/20170825/t20170825_ 523918551. shtml，央广网，2017年8月25日。
④ 《官方：到2020年实现贫困残疾人及家庭不愁吃不愁穿》，http：//news. cctv. com/2017/03/
01/ARTIMX9dW6ZzGYQ7rwW2egdw170301. shtml，央视网，2017年03月01日。
⑤ 《加大保障力度 拓宽就业渠道 五年来超五百万贫困残疾人脱贫》，http：//rmfp. people.
com. cn/n1/2018/0511/c406725 - 29978751. html，人民网，2018年5月11日。

一 广州市残疾人扶贫事业近年来的发展成就

在广州市委、市政府的正确领导和高度关怀下，在广州市残疾人联合会的辛勤工作下，广州残疾人事业的各项工作走在全国前列，获得了"创建全国残疾人社会保障和服务体系建设先行市"、"全国残疾人工作先进单位"、"全国无障碍建设示范市"和中国残联授予的全国唯一的一个"爱心城市"等殊荣。当前，广州市残疾人工作的主要目标是"要当好'走在全国前列的排头兵'，为残疾人营造一个公平、公正、舒适、放心的托养环境"。①

诺贝尔经济学奖获得者、被称为"穷人的经济学家"的阿玛蒂亚·森教授曾指出："贫困概念首先要回答的一个问题是谁应该成为我们关注的焦点"。② 也就是说，我们得首先对需要扶持的贫困残疾人群做出识别。根据我国签署的《残疾人权利公约》中的规定："残疾人包括肢体、精神、智力或感官有长期损伤的人，这些损伤与各种障碍相互作用，可能阻碍残疾人在与他人平等的基础上充分和切实地参与社会。"我国《残疾人保障法》第2条规定："残疾人是指在心理、生理、人体结构上，某种组织、功能丧失或者不正常，全部或者部分丧失以正常方式从事某种活动能力的人。残疾人包括视力残疾、听力残疾、言语残疾、肢体残疾、智力残疾、精神残疾、多重残疾和其他残疾的人。"根据2006年全国第二次残疾人抽样调查推算，广州共有残疾人52.12万人，占常住人口的5.26%。至2016年3月31日，全市领取第二代残疾人证的残疾人有142790名，分视力、听力、言语、肢体、智力、精神和多重残疾7个类别和4个残疾等级。

我国作为社会主义法治国家，倡导尊重和保障人权，因此需要在社会保

---

① 《市残联党组书记、理事长陈学军为安养院讲授"广州的残疾人工作要当好'走在全国前列的排头兵'"专题党课》，http://www.gzdpf.org.cn/Article/news1/20419.html，广州市残疾人联合会网站，2018年12月28日。

② 阿玛蒂亚·森：《贫困与饥荒——论权利与剥夺》，王宇、王文玉译，商务印书馆，2001，第17页。

障方面对贫困残疾人进行帮助和扶持。《残疾人权利公约》中规定："确保残疾人，尤其是残疾妇女、女孩和老年人，可以利用社会保护方案和减贫方案；确保生活贫困的残疾人及其家属，在与残疾有关的费用支出，包括适足的培训、辅导、经济援助和临时护理方面，可以获得国家援助"。我国《残疾人保障法》专辟一章规定残疾人的社会保障问题，将残疾人的社会保障问题作为一项重要的国家义务。其中包括："国家保障残疾人享有各项社会保障的权利。政府和社会采取措施，完善对残疾人的社会保障，保障和改善残疾人的生活。残疾人及其所在单位应当按照国家有关规定参加社会保险。残疾人所在城乡基层群众性自治组织、残疾人家庭，应当鼓励、帮助残疾人参加社会保险。对生活确有困难的残疾人，按照国家有关规定给予社会保险补贴。各级人民政府对生活确有困难的残疾人，通过多种渠道给予生活、教育、住房和其他社会救助。县级以上地方人民政府对享受最低生活保障待遇后生活仍有特别困难的残疾人家庭，应当采取其他措施保障其基本生活。各级人民政府对贫困残疾人的基本医疗、康复服务、必要的辅助器具的配置和更换，应当按照规定给予救助。对生活不能自理的残疾人，地方各级人民政府应当根据情况给予护理补贴。地方各级人民政府对无劳动能力、无扶养人或者扶养人不具有扶养能力、无生活来源的残疾人，按照规定予以供养。国家鼓励和扶持社会力量举办残疾人供养、托养机构。残疾人供养、托养机构及其工作人员不得侮辱、虐待、遗弃残疾人。县级以上人民政府对残疾人搭乘公共交通工具，应当根据实际情况给予便利和优惠。残疾人可以免费携带随身必备的辅助器具。盲人持有效证件免费乘坐市内公共汽车、电车、地铁、渡船等公共交通工具。盲人读物邮件免费寄递。国家鼓励和支持提供电信、广播电视服务的单位对盲人、听力残疾人、言语残疾人给予优惠。各级人民政府应当逐步增加对残疾人的其他照顾和扶助。政府有关部门和残疾人组织应当建立和完善社会各界为残疾人捐助和服务的渠道，鼓励和支持发展残疾人慈善事业，开展志愿者助残等公益活动。"也有学者指出："社会保障在残疾人扶贫中的作用都不可小觑，社会保障体系与残疾人扶贫体系的结合，能够更有效地配置资源，在残疾人扶贫中起到了兜底作用，为贫困残疾人建筑了生活安全网。"①

相较于农村残疾人扶贫工作，城市残疾人的扶贫工作有着独特的工作对象和方式方法。这是人权学与城市社会学的交叉研究领域，涉及深刻的国家伦理、社会伦理、城市伦理和权利伦理。广州市的残疾人扶贫工作在理论上和实践中积累了较多经验，随着广州残疾人扶贫事业的发展，逐年在社会保障方面取得了新的成就。据广州市残疾人联合会统计，2013 年以来，广州市实施了补助金发放对象扩大至全市持证残疾人中的约 1.8 万低保残疾人和低收入困难家庭的一、二、三、四级约 4600 名残疾人的政策，最高标准由每人每月 100 元升至可同时申领困难残疾人生活补贴或重度残疾人护理补贴每人每月 150 元。实施公交优惠政策，累计组织 6.6 万余人次申办残疾人乘车卡，其中免费卡的 3.4 万张，半价优惠卡的 3.2 万张。2015 年以来，严格落实市政府常务会议通过的资助残疾人参加基本养老保险的办法，每年安排资金约 1.8 亿元，提高残疾人参加城乡居民养老保险的资助标准，资助无法达到社保规定缴费年限参与城镇职工养老保险的残疾人进行延缴、趸缴，受惠残疾人近 8.3 万人次。仅 2016 年一年就投入 8270 万元，资助约 2.4 万残疾人参加基本养老保险，在全国第一个实现残疾人基本养老保险全覆盖。2016 年后，资助全部残疾人参加基本医疗保险，近 8.9 万名残疾人受惠。在全国副省级城市中率先启动"助残安居工程"，5 年内按每户 50 平方米标准，为 3321 户农村双特困残疾人家庭修建安居房。据统计，仅 2017 年的前三个季度，全市共 7.6 万余人申领生活津贴、8.4 万余人申领重残护理津贴，涉及资金 2.57 亿元。继续开展残疾人参加城乡居民养老保险和城镇职工养老保险资助，2017年共对 3.2 万名残疾人进行资助。此外，有关部门还开展了残疾人医疗救助、医疗保险的资助参保工作，协调民政局、医保局办理符合条件的残疾人个人参保缴费资助金的核发和拨付，协助出台民政分类救济的政策和低保实施文件，开展农村残疾人转移就业基地和长期护理保险等调研，开展

---

① 吴敏：《中国残疾人扶贫的发展历程与政策变迁》，《西部论坛》2016 年第 6 期。

广州市残疾人托养服务情况抽样调查，等等。

除此之外，广州市还开展各种形式的帮扶贫困残疾人的活动。例如，2018 年 1 月 31 日上午，由广州市残疾人体育运动中心副主任、广州市残疾人福利基金会秘书长伍智敏带队的慰问组冒雨抵达从化区，在从化区残联李记平理事长和陈文勇理事的陪同下，到鳌头镇和城郊镇的贫困残疾人家庭进行慰问，在冰冷的冬天，广州市残联为从化区的贫困残疾人送去春节慰问品和慰问金，为他们送温暖。① 又如，广州市残疾人福利基金会设立"扶助贫困残疾人"的项目，该项目以提高残疾人基本素质和生存发展能力为重点，以提升广州市及农村贫困残疾人生活质量为目标，全面改善残疾人生产生活状况。项目从四方面进行帮扶：一是就业扶贫，为残疾人提供职业技能、种养殖业技术培训的资助，扶持农村贫困残疾人家庭开办种养殖业；二是康复扶贫，为市区及农村贫困残疾人实施康复训练、辅助器具配送等康复救助；三是教育扶贫，对市区及农村贫困残疾人家庭学生给予学习、生活补贴；四是应急救助，残疾人家庭因重大疾病、就学负担过重、自然灾害或突发性事件，出现较大的经济困难时，帮助他们渡过难关。对社会捐赠者，均给予不同形式的回馈：其一，随缘乐助，对于捐赠者，不论数额巨细，接受捐赠，并致一封感谢信；其二，凡捐赠 1 万元以上的单位或个人，均颁发捐赠证书并在广州市残疾人福利基金会官网及微信公众号和订阅号、《广州 D 视角》杂志予以鸣谢；其三，凡捐赠 10 万元以上的单位或个人，除上述鸣谢方式外，根据捐赠者意愿举办捐赠仪式或在相关助残活动中颁发纪念牌予以鸣谢；其四，广州市残疾人福利基金会在 2009 年已成为广东省第一批具备公益性捐赠税前扣除资格的单位（可参见粤财法〔2009〕87 号文），根据《慈善法》第 80 条规定，自然人、法人和其他组织捐赠财产用于慈善活动的，依法享受税收优惠。企业慈善捐赠支出超过法律规定的准予在计算企业所得税应纳税所得额时当年

---

① 《寒冬送温暖：广州市残联到从化区慰问贫困残疾人》，http：//www. gzffdp. org/a/gongzuodongtai/2018/0201/824. html，广州市残疾人福利基金会网站，2018 年 2 月 1 日。

扣除的部分,允许结转以后三年内在计算应纳税所得额时扣除。各单位可自行到有关部门办理扣税手续。①

二 广州市残疾人扶贫工作中存在的问题

在为已取得的成绩和经验感到欣慰的同时,要清醒地看到广州市残疾人扶贫事业发展中仍然存在诸多不足,而且也面临着不少困难与挑战。党的十九大报告中指出:"中国特色社会主义进入新时代,我国社会主要矛盾已经转化为人民日益增长的美好生活需要和不平衡不充分的发展之间的矛盾。我国稳定解决了十几亿人的温饱问题,总体上实现小康,不久将全面建成小康社会,人民美好生活需要日益广泛,不仅对物质文化生活提出了更高要求,而且在民主、法治、公平、正义、安全、环境等方面的要求日益增长。同时,我国社会生产力水平总体上显著提高,社会生产能力在很多方面进入世界前列,更加突出的问题是发展不平衡不充分,这已经成为满足人民日益增长的美好生活需要的主要制约因素。""发展残疾人事业,加强残疾康复服务"。这为残疾人扶贫事业的相关部门做好残疾人工作指明了方向。对标新时代目标任务,残疾人事业在社会建设发展中与其他事业相比较,残疾人群众社会保障、生存质量与其他社会群体相比较,广州市残疾人扶贫工作仍然存在发展不平衡不充分问题,需要进一步加强和改进。

在贫困的治理方面,残疾人事业的发展仍没有赶上广州市发展的总体水平,还有为数不少的残疾人没有脱贫、生活相当困难。目前,广州已经被国家定位为国家中心城市、国际商贸中心、枢纽型网络城市和国家历史文化名城,广州在经济、社会、文化等各项事业上飞速发展并取得了重要成果,人均生活水平和消费水平位居全国前列。广州的残疾人扶贫事业虽然也取得了重大成就,但是与广州的整体城市发展水平之间仍然存在不小的差距。

---

① "扶助贫困残疾人"项目,http://www.gzffdp.org/a/gongyixiangmu/2017/0518/789.html,广州市残疾人福利基金会网站,2018 年 5 月 19 日。

在贫困残疾人就业方面，残疾人由于肢体、精神、智力或感官等方面的长期损伤或障碍在就业方面相对处于弱势地位，进而影响其收入，使其陷入贫困的境地。残疾人就业的思路还有待拓宽，方法手段也需进一步拓展，残疾人跟不上社会数字化、信息化、智能化、智慧化发展的步伐，给解决就业难这个问题带来了巨大的挑战。当前，世界正进入人工智能时代，一道隐隐横亘在贫困残疾人面前的巨大数字鸿沟正慢慢浮现出来，给残疾人就业带来了巨大挑战。

在残疾人康复服务方面，离人人享有、人人满意的有质量、有效果的标准仍然存在不小的差距。贫困残疾人群往往没有能力获得有质量、有效果的康复服务，但是基于权利的需求，即使是处于贫困状况中的残疾人也应当享有优质、有效的康复服务。

三 广州市残疾人扶贫工作的改进措施

贫困不仅仅是经济上和物质上的缺乏，同时也意味着权利和能力需要得到加强，扶贫的目的是扶人，使人得到全面的发展和获得应有的尊严。正如赫拉尔多·卡埃塔诺和古斯塔沃·德·阿玛斯所言："克服贫困不仅意味着需要一笔可以——在市场上——获得最低限度的生活必需品的收入，而且需要获得公共资产和优质服务以发展积极参与社会的经济、政治和文化生活所需的能力……重视消除一切贫困的表现或象征，努力确保健康生活和促进福祉，其目的是赋予人们以全面发展的权利和能力。显然，这种福祉包含着一个物质层面，以及终身获得优质的健康和教育服务、体面的就业和社会保障，以及文化的资产。"① 这里面当然包括残疾人的扶贫事业，而且保障对象由于其特殊性，更加需要特殊的倾斜、保护和对待。本文根据国家《贫困残疾人脱贫攻坚行动计划（2016～2020 年)》《广东省残疾人事业发展

---

① 赫拉尔多·卡埃塔诺、古斯塔沃·德·阿玛斯：《拉丁美洲的贫穷与不平等——从最近的趋势到新的发展议程》，《国际社会科学杂志》2017 年第 4 期。

"十三五"规划》《广州市残疾人事业发展第十三个五年规划》等文件的相关规定，结合广州市残疾人扶贫事业的实际状况，提出了除继续推进作为民生兜底的残疾人社会保障工作以外，以促进就业为主要抓手摆脱贫困的广州残疾人扶贫工作改进措施。

（一）全面落实党的十八大、十九大会议精神，深入贯彻习近平总书记系列重要讲话精神，加快推进残疾人小康进程

党的十八大报告中指出："健全残疾人社会保障和服务体系，切实保障残疾人权益"。党的十九大报告中指出："发展残疾人事业，加强残疾康复服务"。2018年6月，习近平总书记主持召开的中共中央政治局会议审议了《乡村振兴战略规划（2018~2022年)》和《关于打赢脱贫攻坚战三年行动的指导意见》。会议指出："着力激发贫困人口内生动力，着力夯实贫困人口稳定脱贫基础，着力加强扶贫领域作风建设，切实提高贫困人口获得感，确保到2020年贫困地区和贫困群众同全国一道进入全面小康社会。"① 这其中，当然也包括了城市残疾人扶贫事业发展所面临的挑战和解决的路径。

城市残疾人扶贫事业建设是社会建设的重要组成部分。《广州市残疾人事业发展第十三个五年规划》中指出，加快推进残疾人小康进程，瞄准贫困残疾人、重度残疾人等重点人群，着力补短板，健全残疾人权益保障制度，完善残疾人基本公共服务体系，为残疾人平等参与社会发展创造便利条件和友好型环境，让改革发展成果更多、更公平、更实在地惠及广大残疾人。也就是说，应该加强对贫困、重度残疾人的重点扶持，统筹推进不同类别残疾人的小康进程；提高残疾人福利水平，促进残疾人充分就业和融合发展；稳定保障残疾人基本民生，扩大残疾人基本公共服务覆盖面。不断缩小残疾人生活水平与社会平均水平之间的差距，让残疾人安居乐业、衣食无忧，残疾人生活的各项指标达到小康水平。有学者认为，"排斥和贫困有相

---

① 《习近平明确当前脱贫攻坚战的三个"着力点"》，中国新闻网，http://www.chinanews.com/gn/2018/06-03/8529127.shtml，2018年6月3日。

交的一面，它是由一系列不同的、相互关联的劣势产生的，既导致经济上被剥夺，也导致社会上被剥夺"①。因此，必须认真对待残疾人的脱贫问题，残疾人才能够跟上广州市经济社会发展的总体水平，不被排斥在社会结构之外，我们的社会也因此具有了普遍的包容正义基础。

（二）大力促进残疾人家庭就业增收，达到脱贫目标

促进就业是实现脱贫的主要途径。各级政府部门应当积极推动残疾人就业，并对促进残疾人就业工作成效显著的单位和个人进行表彰奖励。扶持残疾人集中就业基地建设；积极与社会热心企业合作，以公司（企业）为载体创建残疾人集中就业基地。结合精准扶贫工作，通过辐射带动，示范引导，扶持农村残疾人种养殖业。同时通过支持性就业、辅助性就业、庇护性就业、职业适应性训练等形式，稳定残疾人就业率。

建立广州市机关、人民团体、事业单位、国有企业带头安排残疾人就业的工作制度，制定和完善相应的工作流程、评估办法。建立和完善按比例就业奖励制度，对长期坚持按比例安排残疾人就业、超比例安排残疾人就业、积极推进就业困难残疾人上岗就业的各用人单位给予表彰、奖励。敦促既不安排残疾人就业又不按时办理残疾人就业年审的用人单位及时履行社会责任。对不按比例安排残疾人就业、拒不缴纳残疾人就业保障金的用人单位追究法律责任。例如，2015 年度，有广州市番禺区北片教育指导中心、广州市东升医院、广州市番禺区祈福英语实验学校、广州市从化区吕田镇人民政府、广州市海珠区社会治安视频监控中心等广州市 1152 家用人单位超比例安排残疾人就业，有广州市海珠区人才服务管理办公室、广州市花都区城市环境卫生管理所、广州市南沙区大岗镇教育指导中心、广州市越秀区城市管理局车队、广州市黄埔区红十字会医院等 4864 家用人单位按比例安排残疾

---

① 社会转型管理项目包容政策实验室：《包容政策设计的分析框架：内容、缘由和方法》，《国际社会科学杂志》2017 年第 3 期。

人就业。① 同时，实践中也要加强对负责按比例残疾人就业年审、就业失业登记工作的相关负责人、工作人员进行培训，提高为城市残疾人就业服务的水平。例如，广州市残疾人就业培训服务中心于 2018 年 12 月 25 日举办了"2018 年市区残疾人就业年审、就业失业登记工作培训班"，明确了各级残联就业服务机构工作人员要加强自身业务学习，进一步积极推动残疾人就业工作。②

加大就业服务力度。对大量招用残疾人的用人单位建立上门服务制度，及时疏导用人单位与残疾员工的矛盾，指导用人单位开发适合残疾人就业的岗位。协助残疾人就业基地进行无障碍设施改造，帮助企业对在岗残疾人开展技能提升培训。继续为小微企业减负，对 30 人以下的小微企业，自工商登记之日起免征 3 年残疾人就业保障金。大力扶持自主创业，促进创业带动就业，继续实施积极就业创业政策。完善创业担保贷款管理机制，落实各项政府创业扶持补贴和就业创业政策。2018 年 1 月 12 日，中国残联联合 15 个部门印发《关于扶持残疾人自主就业创业的意见》，意见明确了多项促进残疾人自主就业创业、脱贫解困的扶持政策。这些政策包括为残疾人自主就业创业提供合理便利和优先照顾、落实税收优惠和收费减免、提供金融扶持和资金补贴、支持重点对象和"互联网＋"创业、提供支持保障和就业服务等多个方面。根据意见，残疾人自主就业创业包括残疾人自主创业和灵活就业。其中规定，残疾人在登记个体工商户、各类企业、农民专业合作社等经济实体时，或登记各类社会团体、民办非企业单位等社会组织时，相关部门应提供合理便利，优先办理登记注册手续。政府和街道兴办贸易市场，设立商铺、摊位，以及新增建设彩票投注站、新增建设邮政报刊零售亭等便民服务网点时，应预留不低于 10% 给残疾人，并适当减免摊位费、租赁费，有

① 《广州市用人单位 2015 年度按比例安排残疾人就业情况公示》，http：//www.gzdpf.org.cn/Article/k1/18025.html，广州市残疾人联合会网站，2017 年 7 月 18 日。
② 《广州市残疾人就业培训服务中心举办 2018 年市区按比例安排残疾人就业年审、就业失业登记工作培训班》，http：//www.gzdpf.org.cn/Article/news1/20417.html，广州市残疾人联合会网站，2018 年 12 月 26 日。

条件的地方应免费提供店面。意见明确，残疾人本人为社会提供的服务和加工、修理修配劳务，按照有关规定免征增值税。残疾人个体就业或创办的企业，可按规定享受增值税优惠政策。对残疾人个人取得的劳动所得，根据《中华人民共和国个人所得税法》和《中华人民共和国个人所得税法实施条例》有关规定，按照省、自治区、直辖市人民政府规定的减征幅度和期限减征个人所得税。对残疾人自主就业创业的，按照有关规定免收管理类、登记类和证照类等有关行政事业性收费和具有强制垄断性的经营性收费。征得行业协会商会同意，适当减免或降低会费及其他服务收费。生产经营困难的，可依法申请降低住房公积金缴存比例或缓缴，待效益好转后再提高缴存比例或补缴。残疾人创办具有公益性、福利性且在民政部门登记为民办非企业单位的经营场所用电、用水、用气、用热按照民用标准收费。此外，残疾人自主创业、灵活就业的经营场所租赁、启动资金、设施设备购置符合规定条件的，可由各地给予补贴和小额贷款贴息。建档立卡贫困残疾人可申请扶贫小额信贷，具体贴息标准参考各地贴息管理办法执行。政府支持的融资性担保机构和再担保机构应加大对残疾人自主就业创业的融资服务力度。有条件的地区可多渠道筹资设立残疾人小额贷款风险补偿基金。对信用良好的残疾人创业者经综合评估后可取消反担保。残疾人首次创办小微企业或从事个体经营，且所创办企业或个体工商户自工商登记注册之日起正常运营1年以上的，鼓励地方开展一次性补贴试点。符合就业困难人员条件的残疾人实现灵活就业的，按规定给予社会保险补贴，由就业补助资金支出。享受城乡低保的残疾人首次自主就业创业的，在核算其家庭收入时，扣减必要的就业成本，鼓励残疾人通过自身努力就业增收、摆脱贫困。特殊教育院校教育类、残疾人高校的毕业生按规定享受求职创业补贴。意见对支持重点对象和互联网＋创业作出了具体规定，重点扶持残疾人自主就业创业致富带头人和非遗继承人。残疾人自主创业并带动其他残疾人稳定就业的、获得有关部门认定的残疾人非遗继承人自主创业的，给予贴息贷款扶持。残疾人利用网络就业创业的，给予设施设备和网络资费补助。意见还要求，通过政府购买服务，加大各类孵化基地、众创空间、创新工场、创业园等对残疾人创业培训、开业指导、项目推介、融资咨询、法律援助等孵化服务力度。鼓励建立残疾人就业创业孵化基地。①

加强残疾人就业培训服务。优化现有的公共就业服务机制，残疾人就业失业登记工作逐步下移到街道、社区的服务窗口，并由人社部门按残疾类别在数据库中加以标识。加强残疾人职业能力评估建设，完善残疾人职业能力测评，为开展残疾人个性化培训和职业素质培养工作提供重要参考依据。加大电子商务、创业等培训力度，积极跟进国家推行的"互联网＋"和"双创"工作，重点加强互联网创业培训。例如，2015 年 11 月 18 日，由广东省残联、广东省精协、深圳市圈圈电子商务有限公司联合主办的《云众商互联网＋微创业公益培训》在广州市残疾人综合服务中心举行，此次残疾人互联网＋公益培训是《云众商互联网＋微创业公益培训》工程总第七场。在当前互联网＋的大好形势下，残疾人应该利用好互联网知识实现创业。②又如，2018 年 11 月 14 日，广州市残疾人就业培训服务中心（简称"就培中心"）举办了"2018 年度广州市残疾人用工单位业务培训班"。安排残疾人就业的汇丰环球客户服务（广东）有限公司、广州丽柏酒店有限公司、广州润宝信息科技有限公司、广州白云广附实验幼儿园等用工单位参加了本次培训活动。培训班上，就业指导部就残疾人就业政策、保障金政策、困难群体就业扶助政策等进行了解读，并与用工单位面对面进行了残疾人用工需求、培训需求方向的讨论和交流。该培训班提供了用工单位与中心业务部门的交流机会，让各用工企业更直观地了解残疾人的就业需求及各项政策，也让就培中心更好地掌握用工单位的岗位及培训需求，有利于今后残疾人就业工作的开展。③要努力开发社区就业岗位，采取切实有效的措施，扶持残疾

---

① 《政策"红包"扶持残疾人就业创业——中国残联联合 15 部门印发〈关于扶持残疾人自主就业创业的意见〉》，http：//www. xinhuanet. com/gongyi/2018 – 02/01/c_ 129800853. htm，新华网，2018 年 2 月 1 日。

② 《云众商互联网＋微创业公益培训工程广州 01 班圆满结束》，http：//www. gzdpf. org. cn/Article/k1/14737. html，广州市残疾人联合会网站，2015 年 11 月 23 日。

③ 《广州市残疾人就业培训服务中心举行 2018 年度广州市残疾人用工单位业务培训班》，http：//www. gzdpf. org. cn/Article/k1/20230. html，广州市残疾人联合会网站，2018 年 11 月 16 日。

人个体创业、自谋职业。对无法培训就业的残疾人要做好社会保障工作，落实最低生活保障制度，完善医疗保险，继续实行、推广专项补助，解决特困户住房问题。

（三）发挥残疾人服务社会组织的作用和社会力量，解决贫困问题

广州残疾人服务组织起步早、较为活跃，积极参与残疾人公共服务，有效拓展了公共服务的能力和容量。但普遍存在场地租金高、承接项目定额低、人员队伍不稳定的情况，生存状况堪忧。广州残疾人联合会已编制完成《广州市残疾人公共服务目录（2016版）》，制订定额标准和规范流程，并探索助残社会组织孵化基地项目建设，为社会组织提供过渡期间的场地支持，帮助助残社会组织稳定发展。

积极动员企业、社会组织和爱心人士参与贫困残疾人脱贫攻坚行动。充分发挥各民主党派、无党派人士在人才智力扶贫上的优势和作用。通过政府购买服务等方式，积极引导各类社会组织和专业社会工作者参与残疾人脱贫攻坚行动。鼓励有条件的企业成立公益基金会，设立慈善信托或者以其他方式履行社会责任，参与支持残疾人脱贫。例如，2017年12月12日，在广州"助残服务周"期间，《新快报》携手安利（中国）日用品有限公司、广州市残疾人联合会、广州市残疾人福利基金会，为广州百户贫困残障家庭送上贴心大礼——2018年度《新快报》报刊。自2018年元旦起，这份报刊将陪伴受赠群体，为他们送上最新、最快、最正能量的社会资讯，丰富了贫困残疾人的文化生活，为出行不便的贫困残疾人做了好事、实事。①

（四）开展各种形式的助残扶贫专项行动

实施阳光助残扶贫基地项目。光伏扶贫要确保贫困残疾人家庭优先获得光伏扶贫收益。在建档立卡贫困人口转化为生态护林员的工作中，优先吸纳

---

① 《安利公司捐赠　百名贫困残疾人明年有得睇〈新快报〉》，http://www.gzffdp.org/a/meitibaodao/2017/1214/814.html，广州市残疾人联合会网站，2018年12月14日。

有管护能力的残疾人参加。加大对贫困残疾人从事电商创业的扶持，开发和推广适合残疾人从事电商产业的技术支持和服务平台，加强贫困残疾人从事电商和电商咨询服务的培训。例如，2018 年 12 月 16～22 日，为充分利用广州市互联网科技资源优势，帮助残疾人家庭摆脱贫困，加强残疾人经济赋权，推动残疾人参与互联网经济，利用新技术、新机遇消除障碍，拓宽残疾人就业渠道，帮助他们融入社会，实现自身价值，中国残联在广州残疾人体育运动中心举办"国际残疾人及培训师'互联网＋'培训班"，来自亚太地区 13 个国家和地区的 36 名外籍学员和 20 名中国学员参加了此次培训。中国已将电子商务纳入扶贫开发体系，很多残疾人通过互联网实现了就业。[①]

（五）加大金融扶持力度

鼓励金融机构创新金融产品和服务方式，开发符合残疾人需求的金融产品。完善扶贫小额信贷和残疾人康复扶贫贷款政策，并抓好相关优惠政策的贯彻落实，进一步加大对建档立卡残疾人贫困户的信贷支持。村镇银行、农村信用社等金融机构开展的扶贫小额信贷优先面向符合条件的建档立卡残疾人贫困户。积极发展扶贫小额贷款保证保险，优先对残疾人贫困户保证保险费予以补助，并提高补助标准。鼓励有条件的地方利用多种方式筹措资金建立贫困残疾人小额贷款风险担保金制度。

（六）保障贫困残疾人优先获得资产收益

鼓励残疾人贫困户将农村承包土地的经营权、住房财产权折价入股，用于参与集体经济的收益分配。集体所有的经营性资产分配集体收益时，优先保障残疾人贫困户受益。在不改变用途的情况下，财政专项扶贫资金和涉农资金投入农业设施、养殖、光伏、水电、乡村旅游等项目形成的资产，具备条件的可折股量化给残疾人贫困户，尤其是丧失劳动能力的残疾人贫困户。

---

① 《中国残联国际残疾人及培训师"互联网＋"培训班在广州成功举办》，http://www.gzdpf.org.cn/Article/news1/20411.html，广州市残疾人联合会网站，2018 年 12 月 24 日。

（七）残疾人贫困治理需要多部门共同协调努力

贫困残疾人治理问题的理论基础源于包容和权利保障的社会正义理论。由于正义与包容问题涉及社会生活的方方面面，颇为复杂纷繁，因此实践这一理论也需要多个部门科学协调、分工配合。正如有学者指出，"包容政策不是某一个部门的干预。任何政策都不可能独自达到包容。只有通过政策体系或组合拳，各种政策干预同时发力，在社会、经济、政治、公民和文化轴线上形成整合，才能实现包容"。[①] 广州市政府各部门已经对残疾人扶贫事业进行了任务规划和重点分工，明确了职责范围。例如在贫困残疾人基本生活保障方面，市民政局、市财政局、市残联负责完善困难残疾人生活补贴和重度残疾人护理补贴制度；在贫困残疾人就业方面，市残联、市财政局、市民政局、市扶贫办负责确保贫困残疾人如期脱贫，做好巩固扶贫成果工作。市残联、市人社局、市科技创新委、市商务委、市民政局负责扶持残疾人创业孵化示范基地，鼓励残疾人利用网络就业创业，扶持残疾人社区就业、居家就业。在贫困残疾人康复与教育方面，市发改委、市重点办、市财政局、市国规委、市民政局、市残联、各区政府负责加快推进残疾人康复、托养、教育等服务基地和设施建设，等等。

四　结语

联合国发展议程报告中指出：消除贫困一直被认为是可持续发展必不可少的要求，而且是"基本正义和人权问题"。[②] 对于贫困的残疾人来说，更是如此。贫困残疾人脱贫攻坚是中央打赢脱贫攻坚战的重要组成部分，习近

---

① 社会转型管理项目包容政策实验室：《包容政策设计的分析框架：内容、缘由和方法》，《国际社会科学杂志》2017年第3期。

② 佩德罗·蒙雷亚尔·冈萨雷斯：《全球正义与2030年国际发展议程》，《国际社会科学杂志》2017年第4期。

平总书记多次强调要把贫困残疾人作为脱贫攻坚群体攻坚的重点。① 人类社会是一个命运共同体，不能让贫困的残疾人群被社会边缘化而失掉了基本的权利和尊严。因此，我们应当构建包容、共享型社会，保障残疾人的权利。

目前，广东正在践行"四个走在全国前列"工作，广州残疾人扶贫事业也要跟上改革和发展的步伐，参与共建共治共享社会治理工作，维护好和发展好广大残疾人的权利，使残疾人群能够安居乐业、增强获得感，确保残疾人能够共享全面建成小康社会的新成果。广州也会因此塑造城市伦理，凝聚城市精神和发展潜力，彰显新时代的城市文明和包容气质。

---

① 《中国残联召开贫困残疾人脱贫攻坚领导小组全体会议》，http：//www.cdpf.org.cn/yw/201809/t20180926_ 638114.shtml，中国残疾人联合会网站，2018 年 9 月 26 日。

B.7
广州残疾人社会组织发展报告

周露露*

摘　要： 残障社会组织是致力于残疾人事业的非政府组织，其服务领域涉及残疾人救助、就业、教育、文化体育和社会交往各个方面，是促进残疾人社会参与的重要推动力量。在提供公共物品时，政府和市场都存在失灵的状况，从而证明社会组织存在的必要性。政府和社会组织之间不是相互冲突或矛盾的，而是相互依赖的关系。广州市残联各专门协会，通过法人独立登记，面貌焕然一新，更能履行代表、服务和维权职能，发挥桥梁纽带作用。法人独立登记后，由于协会运作更规范、工作目的性更强、工作更深入，而更贴近残疾人事业的发展；各协会由于有了资金支持，所开展的活动丰富多彩，广泛团结，引导了残疾人树立生活信心，找到归属感、认同感。目前，广州市残疾人社会组织仅占广大形形色色社会组织的一个微小部分，仍然需要充分调动和发挥广大社会组织力量，通过捐款捐物、扶贫开发、助学助医等方式，为残疾人提供慈善帮扶。

关键词： 残障社会组织　残联专门协会　慈善组织

---

* 周露露，法学博士，广州大学人权研究院（国家人权教育与培训基地）助理研究员，主要研究方向为消费者权利、残障研究、劳动与社会保障。

一 残疾人社会参与和残疾人社会组织的概述

（一）残疾人社会参与

残疾人是指由于先天性或者后天的身体或精神缺陷，独自无法取得正常生活必需品的人，这里的残疾人正常生活包括残疾人个人生活和残疾人社会生活。按照残疾对于人的生理和社会功能所产生的不同影响，把残疾人划分为三类：一是形态和功能上的残疾，例如意外伤害造成的下肢残疾；二是功能丧失的残疾，是指身体结构或者功能处于异常状态，丧失了应有的能力，智障人士属于功能丧失的残疾；三是社会功能的残疾，指由于身体存在缺陷造成自身无法参加正常的社会活动。《中华人民共和国残疾人保障法》对残疾的概念也有相应的规定，其中将残疾的类型具体划分为：听力残疾、视力残疾、肢体残疾、语言残疾、智力和精神残疾、多重残疾以及其他残疾。我们可以看出，由于身体或精神上的缺陷，无论个人生活还是社会生活，残疾人都处于弱势地位。他们是社会群体中典型的弱势群体。因此，残疾人的社会参与需要更多的社会支持。我国学术界还没有对残疾人的社会参与进行明确的界定。通常情况下，我们把残疾人社会参与同残疾人社会融合相等同，或者与残疾人参加社会交往相等同。《残疾人权利公约》是一部保护残疾人权利的国际公约，对改变全世界所有国家残疾人在社会上的不利处境有很大影响，能够促进世界范围内的残疾人平等地参与公民政治、经济、社会和文化生活。《中华人民共和国残疾人保障法》中指出：残疾人充分平等地参与社会生活，共享社会物质文化成果是残疾人的合法权益。残疾人保障法中详细介绍了残疾人康复、教育和就业、文化生活和社会保障等合法权益的具体内容。

通过对残疾人社会参与的阐述，我们将残疾人参加或从事社会发展的活动视为残疾人社会参与，残疾人社会参与主要包括残疾人的政治参与、经济参与和文化参与等。残疾人政治参与是指残疾人参加政治生活的行为，残疾人政治参与是残疾人社会参与的重要内容，体现着残疾人在政治生活中的作用和地位。残疾人的政治参与行为影响政治决策，残疾群体通过政治参与，可以表达自身的需求并且保护自己的权益。残疾人经济参与是指残疾人参与经济生活的行为，残疾人经济参与是残疾人社会参与的关键。在残疾人经济参与中，残疾人就业是残疾人社会参与最重要的表现方式。就业是残疾人维持生计的手段，也是残疾人融入社会的重要内容。《中华人民共和国残疾人保障法》规定：国家保障残疾人劳动与就业的权利，各级人民政府应当统筹规划残疾人劳动与就业，为残疾人创造良好的劳动就业环境与条件。与此同时，我们也将残疾人的扶贫开发视为残疾人社会经济参与的一种方式。残疾人文化参与是指残疾人参与文化生活的行为，残疾人文化参与是残疾人社会参与的重要组成部分，它与残疾人政治参与、经济参与一起构成了残疾人的社会参与。残疾人文化参与主要包括残疾人的教育、体育和文艺活动等内容。随着社会经济的发展，残疾人的生活水平逐渐提高，残疾人群体的精神文化需求也越来越强烈。残疾群体积极参与社会文化生活，是残疾人社会参与的重要途径，也是构成社会主义和谐社会的重要内容。

（二）残疾人社会组织

从广义上说，社会组织主要是动物进行共同活动的所有群体特征及形式，如部落、部族、政府、军队和学校等；从狭义上说，它是由人们组成的一个社会群体为了实现共同的组织目标，相互协作、彼此配合。而社会组织，作为非政府组织中带有公益性、非营利性的组织，是由我国国情孕育而生的。一般我们还可以将社会组织称为民间组织或非营利性组织，是相对于国外的非营利性组织（NPO）、非政府组织（NGO）、第三部门、志愿者组织、独立组织、免税组织等概念来说的。在我国，社会组织是独立于政府之外的第三方组织，主要包括社会团体、民办非企业单位、基金会及部分中介组织和社区活动组织等。

残疾人社会组织则是指主要从事残疾人社会服务的非政府组织的第三方组织，通常具有民间性、自愿性、自治性、非营利性、公益性特征。非营利

性是社会组织的第一个基本属性，是区别于商业或企业组织的根本属性。民
间性、自愿性、自治性即非政府性，是社会组织的第二基本属性。公益性或
互益性是社会组织的第三个基本属性。而残疾人社会组织在具备以上属性的
基础上为残疾人群体提供专业的助残服务，既能敏锐地发现残疾人的需求和
困难并予以解决，又能够整合社会资源，解决社会问题。

助残社会组织是促进我国残疾事业发展和提供残疾服务的社会组织。我
国助残社会组织的发展可追溯到 20 世纪 90 年代。这些组织一部分是由残障
人士及其家属组织发起成立的，另一部分则是由非残障人士成立的服务性机
构。前者主要依靠残疾人及其家属之间的互助交流，给予残障人士支持与帮
助，具有极大的救助性质。后者倡导提供专业化的服务与帮助。随着我国经
济体制改革的深入和政府职能的转变，助残非政府组织发展出两类不同性质
的组织。一类是中国残疾人联合会及依托残联注册成立的残联各专门协会，
依靠体制内的资源维持运作。另一类是通过工商注册登记获得合法身份的组
织，这类组织得不到政府的资金支持和税收的减免优惠，还会产生营业税和
企业所得税，加重了社会组织的负担。NPO 信息咨询中心 2007 年的调查数
据显示，有七成左右的助残社会组织需要"技术与师资培训"和"资金支
持"。

为保障残疾人的权利，我国先后根据残疾的不同类型成立了盲人、聋哑
人等福利会，争取在更大范围内满足残障群体的不同需求。1988 年中国残
疾人联合会成立（简称中国残联）。中国残联的成立标志着以政府为主导，
由中国残联直接领导、协会协同的助残组织体系建立起来，也称为 GONGO。
GONGO 的特点是政府组建、政府参与、政府主要拨款。GONGO 的服务路
径是自上而下的，致力于覆盖全面的残疾人社会服务范围，是推动残疾人事
业发展的主力军。与 GONGO 相对应的自主性更强的民间社会组织，例如残
疾人自发形成的组织以及由残疾人亲属或健康人士成立的助残社会组织，此
类社会组织的特点是更加了解残疾人的需求，能够为残疾人提供多样化的社
会服务。民间社会组织的服务路径是自下而上的，是自发组成的 NGO 通过
吸纳一定的社会资源，瞄准社会问题积极开展社会活动。残障社会组织是致

力于残疾人事业的非政府组织，其服务领域涉及残疾人救助、就业、教育、文化体育和社会交往各个方面，是促进残疾人社会参与的重要推动力量。

二　社会组织介入残疾人社会参与的理论基础

（一）政府失灵与市场失灵理论

美国学者博特·韦斯布雷德在"需求—供给"的分析范式下利用政府失灵和市场失灵理论解释社会组织存在的必要性。他认为满足个人需求（包括对个人物品和公共物品的需求）的手段有政府、市场、社会组织三种。在满足个人需求方面，政府、市场和社会组织具有相互替代性。于是他将社会组织存在的原因归结于政府、市场在提供公共物品上具有一定程度的局限性。正是这种局限性和相互替代性导致了公众对社会组织的需求。首先，每个人的需求是不同的，即便是提供公共物品，政府同样要通过严格的政府决策过程来决定，而政府决策通常是要满足大部分人的偏好，忽略小部分人的需求，因此政府在提供公共物品时不具有灵活性，无法满足所有人的需求，这就为社会组织的出现创造了机会。他还提出社会组织与政府部门在提供公共物品上是相互补充的关系而非竞争关系。其次，公共物品具有不可分割性、非排他性、非营利性和非竞争性四种属性，其结果导致了花钱购买的人和不花钱购买的人在公共物品上的权利是相同的，并且任何人无法阻止其享有同样的权利。因此得出市场机制无法提供公共物品的结论。韦斯布雷德通过论证在提供公共物品时，政府和市场都存在失灵的状况，从而证明社会组织存在的必要性。

（二）志愿失灵理论

志愿失灵理论是美国社会组织研究专家萨拉蒙提出的。这一理论指出了社会组织主要存在服务供给不足、服务的特殊义务、决策过程专制以及组织业余这四个方面的缺陷。志愿失灵理论的主要内容包括：组织接受捐款额与实际支出之间有很大差距，导致了社会组织供给不足；组织资源无法全部为服务对象所使用，造成了资源浪费；组织内部的决策过程不民主，不透明；组织服务的提供主要来源于志愿者和社区，而这些服务人员不具有专业性和专职化。但是志愿失灵理论并不是要削弱社会组织存在的必要性，而是证明了政府和社会组织之间不是相互冲突或矛盾的，而是相互依赖的关系。

（三）治理理论

治理理论的基本内容包括多元化的治理主体，主体间责任模糊性和权利依赖性、建立自主自治的网络体系。治理理论认为，政府、私营部门和社会组织构成了多元化的治理主体，私营部门和社会组织逐渐承担政府移交的责任，而且多元化治理主体之间是合作伙伴和权利依赖的关系。政府与市场、政府与社会之间的责任界限难以分割，治理主体之间必然形成一种自主自治的网络，最终建成一种公共事物的管理联合体。治理理论重新探索了国家和社会公共事物的管理模式，强调人类政治过程最终会走向治理，国家权力必然向社会回归，治理主体间必然形成自主自治的网络。

（四）公民社会理论

沃尔泽对公民社会的分析内容主要包括：公民社会强调公众自主、自由、志愿组织社团的权利，并且这些社团构成的关系网遍布在公民社会中。公民社会理论不仅强调了社团组织的权利和公民性格的培养，还指出公民社会是由国家、市场、非政府部门共同组成。公民社会理论阐述了公众美好生活的愿望可以通过社团充分融入国家、市场和民族的方式实现。也就是说，社团生活的方式应充实到国家、市场、民族中，使其多元化和多样性。

通过残疾人概念的界定，我们了解到残疾人是身心有所欠缺而无法独自生活的群体，正因为如此，残疾人群体才需要更多的社会支持。我们的政府、非政府组织、企业以及家庭等社会支持主体应该给予更多的关心和帮助。残疾人社会参与是残疾人的基本权利，无论是政治参与、经济参与或文化参与都是法律赋予并予以规定残疾人应当均等享有的公民权利，社会主体应当帮助残疾人享有自身权利。社会组织与残障社会组织随着社会经济、政治和精神文化的发展逐渐壮大，与政府、企业同为社会支持主体，推动社会服务发展。残障社会组织的发展壮大，为残疾人社会参与的发展奠定了基础。实现残疾群体全面的社会融合，是残障社会组织的工作目标和宗旨。政府失灵与市场失灵从理论的角度确定了社会组织存在的必要性以及优势。志愿失灵理论并没有削弱社会组织存在的必要性，而是证明了政府与社会组织之间不是相互冲突和矛盾的，而是相互依赖的关系。治理理论则从社会治理的角度强调社会组织多元化治理的重要性。公民权利理论强调残疾人社会参与是残疾群体一项基本的公民权利，因此，社会组织涉入残疾人社会参与具有坚实的理论依据。

三　广州市残疾人及其主要社会组织概况

经查市残联政务平台，截至 2018 年 2 月 5 日，全市持有第一、二代残疾人证人数为 167715 人。按持有残疾人证残疾类别统计，情况如下：视力残疾 13292 人、听力残疾 21222 人、言语类残疾 1475 人、肢体残疾 76504 人、智力残疾 19974 人、精神残疾 29107 人、多重残疾 6141 人。按年龄与性别统计，当前持有残疾人证的 0～6 岁残疾儿童有 1344 人，占全市持残疾人证人数的 0.80%；18 岁以上残疾妇女有 66057 人，占全市持残疾人证人数的 39.39%。

根据新形势下残疾人事业对残联各专门协会的要求，广州市残联的各专门协会于 2015 年 5 月全部通过了广州市社会组织管理局的审核，进行了法人独立登记，成为具有法人独立资格的社会组织。经过近一年半的运作，我们认为法人独立登记后，残联各专门协会的面貌焕然一新，更能履行代表、服务和维权职能，发挥了桥梁纽带作用。

（一）加强了组织建设，组织更加完善和严密

按照有关规定，广州市残联各专门协会法人独立登记后都要成立相

应的理事会和监事会。理事会召开会议必须有监事出席，决议才有效。这充分体现了法人治理的原则。各协会均举办了骨干业务培训班，提高了政治业务水平和为本类残疾人服务的能力。盲协、聋协也充分发挥了这种治理模式的作用，选举主席、副主席和秘书长的时候采取差额选举的方式进行，让协会领导班子更具有代表性和广泛性。盲协为分门别类开展工作，让工作更有针对性，成立了体育运动委员会、科技委员会，组织盲人长期进行体育锻炼，与科研单位长期合作，让盲用科技更适合盲人使用。

广州市残联为让协会更规范运作，举办了法人独立登记后协会运作培训班，各协会也根据各自特点纷纷召开了理事会，进行具体落实。

（二）制度更加规范

各协会除制定了经残联同意、广州市社会组织管理局审核通过的章程外，还按照要求建立了会员大会制度、理事会制度、监事会制度、财务制度、用章制度等一系列规章制度，使协会运作在规章制度的框架下健康、有序进行，充分贯彻了法人治理原则、制衡原则，充分发扬了民主。例如盲协召开理事会，监事会所有监事参加，监事在听取工作报告、财务报告后，提出了不同意见，经理事会讨论后作出了修改方案，使决议充分代表了理事会的意愿，坚决杜绝了一言堂的局面。

（三）残疾人社会组织的资金状况

在协会法人独立登记前，大家都会担心财政的资金不能直接划拨用作协会经费，协会运作会很困难。广州市残联各专门协会法人独立登记后的实践证明，随着协会工作的深入，协会运作不但不困难，反而财源更宽广了。目前，广州市残联各协会的经费主要有以下来源。

1. 残联向财政申请的残联联系残疾人经费

协会作为残联的内设机构的时候，广州是唯一向残联各专门协会划拨专用经费的城市。按照规定，协会法人独立登记后，财政不能设立专门协会的

资金，只能设立联系残疾人经费，按照残联的财务规定开支，原则上每一个协会5万元。

2. 基金会捐赠

广州市残联理事会高度重视各专门协会的工作，要求广州市残疾人基金会按照各协会制定的工作方案择优资助各专门协会开展工作，原则上每个协会5万元。

3. 政府和残联向各协会购买的服务

由于各协会是各类残疾人的代表，所以最了解同类残疾人的需求，工作也更能接近本类残疾人。所以有的工作向各专门协会购买服务，会做得更好，更接近同类残疾人。2016年，五个协会均接受维权处的委托开展惠残政策满意度调查，工作扎实，反映了最基层残疾人对惠残政策的落实状况。许多协会通过调研发现了很多以前没有发现的问题。又例如，盲协接受了残联的盲人按摩班、电脑培训班等培训任务，邀请了富有理论和实践经验的盲人老师来授课，效果十分明显；肢协接受了中途之家的建设任务，任务完成得非常踏实，受到了残疾人的欢迎。

4. 财政的扶持资金

省、市、区为扶持新成立的社会组织，均会安排专门资金给予扶持。只要协会按照有关规定正常运作，组织健全，制度落实，财务清晰，审核通过后财政均会给予扶持。盲协2016年度就获得了省财政的扶持资金30万元，用于盲协的能力建设，为盲人群众提供服务、购置专用设备和开展符合盲人特点的活动。

5. 社会的爱心捐助

协会开展的活动，只要找到契合点，往往能产生良好的社会效益，社会爱心人士会伸出爱心之手协力捐助。盲协在广州图书馆的帮助下举办了诗歌散文朗诵比赛，在星畅电子科技有限公司的帮助下举办了运用公交导盲系统软件的乘车比赛；肢协在社会力量的帮助下建立了脱氧机构；精协在爱心人士的帮助下举办了歌唱汇演。

四　广州市残疾人社会组织的工作现状与发展

（一）五大协会的工作情况

法人独立登记后，由于协会运作更规范、工作目的性更强，所以工作更深入，更贴近残疾人事业发展的初衷。各协会由于有了资金支持，所开展的活动丰富多彩，广泛团结。引导残疾人树立生活信心，同时，残疾人也把协会当成了自己的家。

1. 盲人协会的工作情况

盲协举办了盲人按摩培训班，通过手把手的教学方式让盲人学员真正掌握了按摩技术；举办了盲人电脑培训班和 Windows 10 盲人骨干电脑培训班，根据盲人的认知特点进行教学，让盲人在每个环节知道自己所处的界面、知道所处界面可以和应该进行哪些操作，让盲人在日新月异的科技发展中不掉队。盲人需要个性化阅读，盲协为其制作的电子图书深受盲人群众的欢迎。这也是全国盲协中唯一为盲人制作电子图书的协会联合。广州市就业培训中心召开了盲人就业培训需求调研会，开展了盲人就业扶持工作；为全市有需要的盲人按摩店发放了管理软件，并组织按摩店的经营者到中山学习管理经验；参加了国家通用盲文的试点工作，按照国家要求推广普及了通用盲文；为参加公交导盲软件培训的所有盲人发放了免费体检卡。

盲协联合广州图书馆举办了一年一度的盲人诗歌散文朗诵比赛，让世界读书日、全民阅读月等活动中有了盲人的身影；举办了盲人歌唱比赛，发挥了盲人善于歌唱的特点；在国际盲人节期间，举办了开拓盲人就业新渠道的典型事例报告，鼓励盲人努力提高自己，提高学历层次，为就业打下良好基础。配合省十大民生工程，盲协举办了运用公交导盲系统的乘车比赛；为全市各区配置了盲人乒乓球台和盲人乒乓球和球拍，为广州市开展盲人乒乓球运动奠定了坚实基础；组织符合条件的盲人参加了广州马拉松跑，体现了盲人自强不息的精神风貌和平等、参与、共享的良好社会氛围；联合社会机构

启动了在高校电梯张贴盲人数字行动，对促进高校无障碍设施建设发挥了推动作用；继续举办好盲人有声杂志《启明星》《广州按摩协会通讯》，录音效果好，内容丰富，受到了盲人群众的欢迎；举办了盲人按摩讲座十多场，为有需要的广州市盲人按摩协会会员免费开通了"环球电话医生残疾人健康关爱服务"。

2. 聋人协会的工作情况

聋协也启动了"环球电话医生残疾人健康关爱服务"，联合广州市手语研究会拍摄了手语词汇，给广大聋人提供帮助和学习；联合广州市残疾人就业培训服务中心召开了聋人培训就业需求专题调研会；参加了省立中山图书馆举行的广东省聋人协会信息无障碍服务项目交流分享会——广州站分享交流活动；举办了听障人信息无障碍技术推广活动，介绍了听障人士专用视频电话机的功能特点，并得到一致肯定；举办了广州市听力残疾人汽车驾照考试座谈会。广州聋协和广通驾校联合启动了聋人驾驶培训，开始招收聋人学员，学员来自广州、深圳、佛山、东莞、湛江等地，到目前为止，共有聋人学员100多人，其中已拿到驾驶证的有50多人。

聋协在康富来国医馆举办了"安全用耳、保护听力"广州市听障人士义诊体检公益活动；举办聋人助残健身体育比赛，设立项目有乒乓球、羽毛球、保龄球、飞镖、老年趣味运动等。

3. 肢残人协会的工作情况

肢协争取社会资源创办了肢残人协会康养院。康养院占地面积20000多平方米，建筑面积10000多平方米，具备标准的无障碍设施及通道。同时可容纳300多名残疾人托养、康复、学习和生活。为进一步提升残疾人自身素质，普及非机动轮椅车驾驶、无障碍环境建设法律法规等知识，在8月11日至9月30日，对相关残疾人及志愿者进行非机动车和摩托车管理法律法规、无障碍环境建设法律法规、儿麻后预防再度致残保健康复知识、志愿服务4个项目培训，培训人数360多人；关爱重度肢体残疾人做好骨质疏松的防治，2016年在广州市基金会的大力支持下，分期组织肢体残疾人400人参与骨质疏松健康讲座，取得了良好的效果；积极参与无障碍建设，广州市残疾人无障碍平台微信出行助手建设初具规模；积极做好康复工作，进一步加强脊髓损伤者"中途之家""云朵家园"工作，9 月及 10 月共举办两期"脊髓损伤者生活重建训练营"。肢协还发挥自身特点，做好桥梁工作。结合自身的特点，传达市残联及上级部门的各政策法规，反馈残疾人所需，向有关部门反映肢残人在生活保障、就业、医疗、康复、教育等方面迫切需要解决的问题。此外，肢协积极推广轮椅太极拳、乒乓球、坐式排球等群众性体育运动；举办"爱心满花城、帮扶肢残人"活动。

4. 智力残疾人及亲友协会的工作情况

智协开展了智力残疾人脱氧问题调研，到新开办的脱氧机构寻求脱氧问题解决方案。智协推动社区特奥、促进融合发展，举办了全市由 500 名智力残疾人及亲友参加的特奥会，这是全国省会城市举办的规模最大的特奥会之一；举办了主题为"迎中秋贺国庆、联欢会传关爱"的联欢会，让广大智力残疾人及亲友感受到了祖国的富强和社会的温暖；努力凝心聚力、坚持幸福行，市智协组织了部分智力残疾人及亲友参观了广州增城小楼镇；为解决智力残疾人青春期的问题，举办了青春期性教育讲座，让广大智力残疾人家长、老师和残疾人工作者充分认识智力残疾人的青春期问题和解决方案。

5. 精神残疾人及亲友协会的工作情况

精协组织精神残疾人及亲友参加云众商培训学习班，许多精神残疾人参加了电商开办和经营的培训，为就业开辟了新渠道；积极开展走访慰问活动，把协会温暖送给基层精神残疾人，让他们感受社会温暖，增强生活信心。

精协在天河体育中心西门举办了广场文体表演活动，一方面让广大精神残疾人陶冶了身心，另一方面展现了精神残疾人自强不息的精神风貌，消除了社会对精神残疾人的误解；举办了广州市首届"复元杯"乒乓球友谊赛；为进行心理疏导，促进心理健康，精协举办了心理健康培训活动；成功举办了"祖国好、家乡美"合唱表演活动；为寻根溯源、追踪三千年文明古城广州的发展史，精协组织了精神残疾人及亲友前往番禺进行文化教育活动。

广州市残疾人社会组织五大协会开展的群众体育活动追求数量和普及

率，竞技性相对较弱，更注重娱乐性。2017年推出残疾人轮椅太极剑，2018年计划推广太极扇，同时计划每年推广一个群体项目。2017年参与人次达5500多，带动全市8个区同时进行推广，每次880名种子选手参加培训。此外，五大协会组织的群众体育活动还以活动季的形式开展。例如，2017年租用农庄，组织钓鱼钓虾活动，有70人参加。智力残疾者的特奥日活动，共有560人参加。年末还通过比赛的形式来检验成绩。2017年上半年推广棋牌飞镖活动，共有160多人参加活动，而在年末的比赛中，有200多名选手参加。2008年北京残奥会，广州市赛艇项目获金牌，2016年残奥会上广州籍选手斩获两枚金牌，广州市出了两个奥运冠军。广州市从2012年开始启动残疾人文化活动，各类培训班包括书法、美术、声乐、器乐等均免费提供培训。2017年到海南参加"海上丝绸合唱节"，广州市荣获银奖，轮椅舞蹈队的拉丁舞也获奖。广州市残疾人社会组织每年组织残疾人书画展，开展全市巡展活动，最后还组织认购。广州市残疾人社会组织组织肢残人和聋哑人开展的文化创作活动成果丰硕，2017年共有5人加入了广东省作家协会。

（二）广州市其他残疾人社会组织的工作情况

经查中国残疾人精准康复服务管理系统，2017年，广州市户籍残疾人有康复需求者有22042人，0~6岁抢救性康复者有1344人，其中持残疾证者占0.8%，6~18岁的康复者中持残疾证者占39.39%，卫计委和相关部门确定，共有54家残疾人康复训练机构在广州市各区均得到认可，其中通过招标确定的有35家，目前正在服务各区的残疾人。此外，广州市目前还有119家残疾人康复定点机构，18家精神病院，10家辅助器械提供机构。广州市的188个康复机构，年均服务4800多位智力和精神残疾人。广州市有一些力度很大的资助扶持政策，例如2016年《广州康复资助管理办法》《广州社区社工服务机构管理办法》等。广州市很多医院设有示范单位，如残疾人康复中心、肢体和脑瘫康复中心等。

由此可见，广州市不仅残疾人人数不少，对康复服务需求也较大，因此，为了更好地为残疾人提供服务，发展残疾人社会组织具有十分突出的意义。目前我国其他城市主要以抢救性康复为主，广州市的康复服务比较全面，大龄儿童和成年人均被覆盖。广州市 1994 年开始开设康复门诊，国内其他城市最早 2000 年以后才开始开设。广州市对残疾人康复辅助器具和医疗方面都有资助。从 1999 年开始与香港精神康复会合作开展精神康复，并于 2013 年出台《广州市社区精神康复中心建设方案》，每个社区每年 80 万经费，服务 200 人。中残联最早介入的就是儿童康复，广州市儿童康复的定点机构有 20 多家。康复经费全部由市财政投入，仅 2017 年市财政就拨款 5000 多万，13044 名残疾人获得康复资助，3771 人获得机构康复资助，7000 多人获得器具资助。我国"十二五"以来残疾人事业发展主要围绕两大体系，即残疾人服务体系和残疾人保障体系。目前全国开展的残疾人居家康复，广州和深圳做得最好。广州市通过《康复资助办法》开展盲人导向训练等活动，从 1995 年开始到"十三五"，每五年的项目都取得良好效果。

"医教结合"创造残疾儿童康复与教育新方式。2015 年 11 月 19 日，广州市越秀区培智学校拉开"医教结合"的帷幕。学校结合随班就读工作的推进，根据学校和学生的特点，迎合中重度残疾学生康复需求不断扩大的契机，主动探索出医教结合新途径，形成了"越秀区医教结合实践点"。一方面，培智学校先甄选出特教教师，这些教师会前往儿童医院学习残疾儿童的训练技巧等专业的医学知识与技能。另一方面，学校也会开设医务室，儿童医院的医生定期在医务室驻点，对残疾儿童的康复状况进行评估讲解。"医教结合"的新方式惠及了更多的残疾儿童，进一步提升了广州市特殊教育发展水平。

广州市在特殊教育发展过程中，基本形成了以特殊教育学校为骨干，以普通教育学校和随班就读为主体，以"送教上门为补充"，残疾人学前教育、义务教育、高中阶段教育、高等教育协调发展的格局。广州市拥有 22 所特殊教育学校，接受特殊教育的学生有 5247 人，特殊教育学校教职工有 993 人。广州市有 581 所接收特殊教育学生随班就读的学校，这些学校共有 19 个特殊教育班，在普通学校参与融合教育的学生有 1827 名，占广州市义务教育阶段特殊教育学生的 52%。为进一步

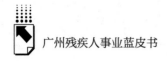

提升随班就读和特教班的发展水平，广州市设立了大量的随班就读指导中心和资源室。

广州市有 16 所大中专招收残疾人学生，每年新增培训 1500 人，2017年有 1867 人完成培训。广州市展能中心共推荐 132 名学员就业，其签署的劳动合同期限最长的达 10 年，主要集中在餐饮、超市、清洁三大行业。其平均收入为 300～400 元/月，每天 15 元补贴，每月最低能有 600 元收入，最高达到 1000 元/月。广州市残疾人联合会就业培训服务中心与企业合作，创立"天使餐厅"，拓宽残疾人就业途径。"天使餐厅"是广州第一家非政府组织和企业合作为残疾人提供就业的工作场所，它的特点是打破了传统的工疗机构残疾人无法和普通人一起工作生活的局面，是残疾人就业模式的创新。在"天使餐厅"，残疾人占全体员工人数的 50%，无论是工作环境还是顾客构成，都能够满足残疾人诉求。2012 年开始实施实名制，广州市残疾人就业人数达 24000 多人，就业率为 30%，然而数据不完善，仅包括规范就业、按比例就业人数。近两年，数据逐步被录入和完善，预计广州市残疾人就业率应该超过 60%。

五　广州市残疾人社会组织的对外交流、
管理与面临的问题

随着残疾人社会组织工作的开展，各组织对外交流十分频繁。北京、四川等地纷纷前来交流。盲协接待了香港失明人协进会，举办了盲人就业工作中如何引入社会工作理念的研讨会。聋协派三名骨干成员赴京学习国家手语通用培训，应邀到湛江市残联参加为期三天的交流活动。出席了澳门举行的摄影展活动，与俄罗斯朋友进行会谈，构建中俄友谊桥梁。聋协保龄球代表队一行赴澳门参加德深港澳聋人保龄球友谊赛。精协与澳门民康促进会举办了两地精神康复者如何融入社会的电影交流会。

广州残联各专门协会及其他残疾人社会组织在法人治理模式下，在残联党组、理事会的领导和社会各有关部门支持下开展工作。残疾人社会组织制度健全、政治上坚决维护党的领导、社会组织领导班子有大局意识，社会组织法人独立登记后能更好地履行代表、服务和维权职能，财源也更广，更能当好政府和残联的助手，能更好地为同类残疾人服务。残疾人社会组织的运作将得到进一步规范，其内部治理将得到加强。按照广州市社会组织管理局的要求，残疾人社会组织参加等级评估，内强素质、外树形象，争取为政府、残联提供更多服务，争取更多资源，为残疾人共同奔小康作出应有的贡献。

广州市助残社会组织发展仍然面临社会服务内容比较单一、缺乏个性化、助残社会组织发育不成熟等问题。"十三五"时期需要完善相关政策和制定重点工作规划，以期有针对性地应对上述挑战，从而实现"十三五"规划残疾人奔小康的目标。

广州市助残社会组织发展较为活跃，积极参与残疾人公共服务，有效拓展了公共服务的能力和容量，但普遍存在场地租金高、承接项目定额低、人员队伍不稳定的情况，生存状况堪忧。广州市残联拟通过贯彻落实中国残联、民政部关于《关于促进助残社会组织发展的指导意见》（残联发〔2014〕66号），已编制完成《广州市残疾人公共服务目录（2016年版）》，制定定额标准和规范流程，探索助残社会组织孵化基地项目建设，为社会组织提供过渡期间的场地支持，帮助助残社会组织稳定发展。此前引起社会关注的各残疾人专门协会、残疾人福利基金会使用我会公房作为办公用房问题，按照《市领导关于〈广州市残联关于豁免残疾人专门协会和残疾人福利基金会办公用房房租的请示〉的批示》（政保〔2015〕433号）的要求，可以暂时使用到2017年前，如无新的政策文件出台，广州市残联拟在到期前再专题请示市政府。为提升广州市残疾人社会组织为残疾人服务的能力和容量。广州市将加快市属残疾人服务设施建设，协调市重点办加快推进代建项目进度。贯彻落实中国残联、民政部《关于促进助残社会组织发展的指导意见》，编制《广州市残疾人公共服务目录》，推动社会组织承接残疾人服务项目，完善政府购买服务项目的程序，启动助残社会组织孵化基地工作。

六 促进广州市残疾人社会组织发展的对策与思考

（一）加大资金扶持力度

相关研究显示，资金短缺是绝大多数社会组织发展所遇到的问题，而残疾人社会组织在发展的过程中也面临同样的问题。国外社会组织资金的主要来源并非民间捐赠，私人付费和政府或公共部门的支持才是资金的主要来源。众所周知，场地租金和人力成本等已成为制约残疾人社会组织发展的重要因素，因此，地方政府相关部门和残疾人联合会应该充分发挥其作用，加大扶持残疾人社会组织发展的力度，多渠道促进残疾人社会组织的发展。

高额的租金限制了残疾人社会服务项目的拓展，一旦增加服务项目或内容，必然提高对场地的需求，给机构发展带来巨大压力。因此可以考虑通过以下两种方式来解决残疾人社会组织的场地问题。第一，广州市政府及残疾人联合会，以辖区不同地区的平均租金为标准，给予辖区内的残疾人社会组织一定比例的租金补贴，该补贴可以分为多种层级、不同档次，例如，给予新建机构一次性场地补贴、老机构5年内逐年递减型补贴、成熟机构常规性补贴等。第二，随着广州市辖区建设的发展，以政府租用、残疾人联合会或社会组织管理、民间使用的形式，为辖区内的残疾人社会组织提供免费、共用的场地。这个模式已经在外地、区外等多处实行。

人力成本对于残疾人社会组织来说是一笔很大的费用支出，也是一家机构是否有吸引力的重要标志之一。随着城市生活成本逐步提高，广州市最低工资也在逐年提高，根据《劳动法》等相关法律的规定和保障，残疾人社会组织的用工成本也在逐年提高。招到人才却留不住人才，服务质量的降低与人员流动频繁也有一定关系，而这些都和工资低有直接的因果关系。所以，政府相关部门和残疾人联合会可以采用保险补贴的办法，减轻残疾人社会组织的人力成本压力，给予每家残疾人社会组织一定人数的单位部分的社会保险补贴，以每家机构为员工缴纳的社会保险凭证为补贴基础，并规定上限。

（二）提高从业人员素质

人才缺乏是社会组织发展面临的重大挑战，首先是缺少从事社会工作的专职人员，其次是缺少年轻人才和高学历人才。据统计，截至 2008 年底，全国社会组织从业人员中，大学本科及以上学历的人员所占比例不足 9%，35 岁以下从业人员所占比例仅为 31%，达到社会工作师执业资格水平的，全国仅有 225 人。而残疾人社会组织则面临着更为严重的人才缺乏问题。由于工资待遇等多种因素的影响，残疾人社会组织从业人员的专业水平和工作能力较低。因此，提高残疾人社会组织从业人员的技能和素质已成为促进残疾人社会组织发展的重要方面。所以，政府相关部门和残疾人联合会应当加大力度，通过以下多种方式帮助残疾人社会组织提高从业人员的工作能力和基本素养。

一是建立残疾人社会组织从业人员培训专项基金，由残疾人联合会等牵头，每年拿出一定比例的资金，集体组织或由各残疾人社会组织分散开展有关从业人员的培训，针对残疾人服务的先进理念、基本方式、操作手法等内容进行专业化培训，提高从业人员的水平，从而有效地提升各个残疾人社会组织的服务能力、服务质量、专业化水准等。

二是以委托或建立社会组织发展支持中心（或联盟、网络）的方法，定期开展主题培训和交流，增进本辖区组织之间，与本市相关机构、外地及国际组织之间的交流与合作，拓展残疾人社会组织从业人员的视野，提高其职业能力等。

（三）建立服务信息网络

招收服务对象的渠道较窄和比较单一等也一定程度上成了残疾人社会组织发展面临的障碍。显然，在信息化时代的今天，传统的个人联系等招收服务对象的方式已经无法满足残疾人社会组织的发展需要。所以，政府相关部门和残疾人联合会等应该建立残疾人服务信息网络，拓宽残疾人社会组织招收服务对象的渠道，从而促进残疾人社会组织的发展。一方面，残疾人联合会可以考虑在原有的网络上开辟专门为残疾人社会组织发布招募服务对象的专栏，充分发挥残疾人联合会作为枢纽机构牵线搭桥的作用，帮助残疾人社会组织发布和扩散相关服务信息，提高残疾人社会组织招收服务对象的效率等。另一方面，也可以投入一定的资金，专门建立残疾人社会组织、服务对象的交流平台等，例如建立网络论坛、微信平台等，以增加残疾人社会组织之间、残疾人社会组织与服务对象之间、残疾人之间的信息交流渠道，提高服务信息的可获得性，从而促进残疾人社会组织的蓬勃发展。

（四）完善政府购买残疾人服务机制

从技术支持的角度来看，完善广州市政府购买残疾人服务机制需要进一步加大对残疾人社会组织的扶持力度，从而提高社会组织在残疾人供给服务中的竞争力，使得政府购买到更好的残疾人服务。残疾人社会组织作为政府购买残疾人服务的合作对象，其优势在于多元化主体可以提供更多更贴近残疾人需求的服务。引导残疾人社会组织健康发展，提升残疾人社会组织的数量和服务质量，是发展政府购买残疾人服务中不容忽视的一环。

政府应当提升残疾人社会组织的规范化，残疾人社会组织作为非营利组织，公信力是其生存的根本。政府应对非营利组织进行规范，特别是在残疾人社会组织的资金使用透明度方面，从而保障其社会公信力，促使残疾人社会组织健康发展。

政府对残疾人社会组织在资金筹集方面应加大引导。社会组织的发展离不开健康的资金运转。当前我国残疾人社会组织资金规模较小，难以得到长期稳定的资金来源，多数依靠政府财政支持和民间捐助。但民间捐助存在不固定性、临时性的风险，无法作为社会组织长期维持运转的资金来源。当前我国大部分残疾人社会组织主要依靠政府对社会组织的资金扶持，但可以预见的是，随着我国政府职能的转变、公共管理的改进，政府对于民间组织的支持将会逐渐减少，残疾人组织的自我造血、自我筹集资金的能力将成为其发展的重点。政府应引导残疾人社会组织逐步建立自我营销、自我造血的意识，主动向政府机构、企业推销自身的服务，拓展资金渠道。另外，政府可以增加面向残疾人社会组织的购买范围，增加购买残疾人服务的数量和种类，将更多的残疾人社会组织纳入残疾人服务购买合作对象范围，帮助残疾人社会组织赢得自身发展的资金和扩大规模的机会，形成良好的竞争机制，促进残疾人社会组织的良性发展。

政府应当引导残疾人组织向专业化、技术化发展。政府购买的残疾人服务中的康复、教育、培训等方面都包含大量专业性很强的服务项目。引导残疾人组织提升专业化，提高其服务项目的专业水平，对政府购买残疾人服务有着重要意义。提升残疾人社会组织专业化水平离不开相关的专业人才，为吸引和留住人才，政府要给予更多的指导和帮助。在吸引人才方面，除社会组织本身不断地完善外，政府也要适当地给予事业编制，同时参考各地区平均工资水平，制定残疾人服务机构的基本薪酬政策，指导残疾人社会组织建立适合自身发展、科学合理、具有竞争力的薪酬体系，从而吸引高素质人才加入残疾人服务建设的队伍之中。政府和社会组织还应重视和培养专业人才。社会组织应定期组织从业人员开展专业化的培训，提高其业务水平和服务质量；加强对专业知识的学习，鼓励员工获取专业资格证书。政府则应重视高水平人才的培养，鼓励各大高校开设相关专业，满足残疾人社会组织对专业化人才的需求。

最后，还需残疾人社会组织提高福利待遇，争取留住人才。可以先行推出岗位补贴制度，切实提高残疾人社会组织工作人员的待遇和福利，解除他们的后顾之忧，从而减少残疾人社会组织中专业人才的流失。通过这些措施，加强对残疾人社会组织中人才队伍的建设，从而更好地提升残疾人社会组织的服务水平和专业化能力，使其在提供残疾人服务时有更强大的竞争力。

（五）发挥其他社会组织的力量

残疾人社会组织仅占形形色色社会组织的一个微小部分，应该充分调动

和发挥广大社会组织的力量，通过捐款捐物、扶贫开发、助学助医等方式，为残疾人提供慈善帮扶。其他社会组织可支持兴办医疗、康复、特殊教育、托养照料、社会工作等残疾人社会组织服务机构，积极培育扶持残疾人社会组织健康发展，支持引导其开展助残活动。培育壮大残疾人慈善事业品牌，建立调动社会力量帮扶残疾人的机制和平台。此外还应该进一步鼓励和规范网络助残慈善活动。

B.8
广州残疾人基础设施和
无障碍设施发展报告

李　思*

摘　要： 残疾人基础设施和无障碍设施发展水平是衡量城市文明发展程度和人权保障水平的重要参数，也是保障残疾人权利、提升残疾人社会融入、促进社会和谐发展的重要前提。二者是两个联系密切但又存在差异和区别的概念。考察广州市2013年至2017年这五年来的发展情况，可以发现残疾人基础设施和无障碍设施建设已经取得了较大成绩和明显进步，但仍存在一些问题需要改进和完善：一是农村残疾人口比例高，残障人士老龄化形势严峻，对残疾人基础设施和无障碍设施建设提出新要求；二是残疾人专用机动车辆管理难、无障碍公共交通工具数量少，无障碍与出行便利设施建设有待进一步加强；三是残疾人服务社会组织发展面临瓶颈，专业服务人才培养有待加强；四是残疾人康复机构设施和托养服务缺口大，仍需加大公共财政投入，拓展民间托养服务市场。这需要建立和完善法治保障机制，运用法治思维、法治理念，采取法治举措，推进广州市残疾人基础设施和无障碍设施发展在法治轨道上运行和前进。

关键词： 广州残疾人　基础设施　无障碍设施　法治　人权

---

* 李思，法学博士，广州大学人权研究院（国家人权教育与培训基地）助理研究员，主要研究方向为人权法学、法学理论。

一 近五年广州市残疾人基础设施和无障碍设施发展基本情况

（一）残疾人基础设施和无障碍设施的基本概念及其主要内容

残疾人基础设施和无障碍设施是两个联系密切但又存在差异和区别的概念。残疾人基础设施，是指为了满足残疾人生产生活需要、促进残疾人身体精神健康发展以及培育一定的职业技能等，用于残疾人用品用具供应、康复训练、盲人按摩指导、培训、文体活动的综合服务设施。无障碍设施，是指残疾人、老年人及儿童等行动不便者，在日常社会活动中能够自主、方便、安全通行和使用的各种物理环境及配套设施。无障碍设施建设的提出最早可以追溯至 20 世纪 30 年代初。当时由于战争遗留下来的伤残者在工作和生活中遇到很多生存问题，有些国家提出"残疾人有接受社会保障的权利"，强调住宅的新建和改造要实施"无障碍化"。受这些国家人道主义精神的感召，建筑学界开始出现一种新的建筑设计方法——无障碍设计。它是指运用现代技术改造环境，为残疾人、老年人、儿童等社会特殊群体提供行动方便和安全的空间，使他们能够和正常人一样共享生活用品到生产设备的使用、从外部建筑到室内空间的设施，共享学习、工作等各种社会活动的权利。①世界上最先进行无障碍环境建设的国家是丹麦、瑞典等北欧国家，这些国家在 20 世纪 30 年代就建有专供残疾人使用的公共服务设施。1945 年联合国成立，先后发布《残疾人权利宣言》《关于残疾人的世界行动纲领》等国际文书，当中均涉及、强调残疾人无障碍设施问题，无障碍设施建设开始进入国际视野并受到重视。1961 年美国率先制定了世界上首个《无障碍标准》，英国、加拿大、日本等多国也紧随其后出台了相关法律法规。

我国无障碍建设起步时间相对较晚，20 世纪 80 年代后随着残疾人事业

---

① 宛丽：《残疾人无障碍环境建设研究》，硕士学位论文，苏州大学，2015。

的快速发展而逐步发展。1984 年，由建设部、民政部、中国残疾人福利基金会联合发布的《方便残疾人使用的城市道路和建筑物设计规范》是我国第一个关于无障碍方面的法律规范。1990 年，我国出台《中华人民共和国残疾人保障法》，对无障碍建设作出明确规定："国家和社会逐步实行方便残疾人的城市道路和建筑物设计规范，采取无障碍措施。"1996 年，政府颁布《中华人民共和国老年人权益保障法》，对无障碍建设进一步强调："新建或改造城镇公共设施、居民区和住宅，应当考虑老年人的特殊需要，建设适合老年人生活和活动的配套设施。"[①] 2001 年，建设部、民政部、中国残疾人福利基金会三部门在总结无障碍设施建设经验的基础上对 1984 年出台的《方便残疾人使用的城市道路和建筑物设计规范》进行了修订，颁布了《城市道路和建筑物无障碍设计规范》。2012 年，为进一步规范无障碍环境建设，国务院颁布行政法规《无障碍环境建设条例》，自 2012 年 8 月 1 日起开始施行。近年来，随着残疾人权利保障意识的发展和残疾人事业的向前推进，残疾人基础设施和无障碍设施建设日益受到我国政府的高度重视。

一般来说，传统无障碍设施主要是指物质环境与信息交流的无障碍这两个方面。无障碍的物质环境规定，城市道路（包括道路、天桥、地下通道、公交站台、人行横道、人行道等公共场所）和建筑物（公共建筑、居住建筑）等的规划、设计、建设和改造都必须以方便残疾人等行动不便的社会弱势群体出入为宗旨。具体设施包括坡道、盲道、警示信号、地面防滑处理、安全扶手、残疾人专用厕位、残疾人停车位和残疾人轮椅席位等。信息和交流无障碍设施要求公共传媒必须满足有障碍者便利地获取和利用信息、进行沟通交流的要求。具体设施包括各网站、有声读物、手持机等。

残疾人基础设施和无障碍设施发展水平是衡量城市文明发展程度和人权保障水平的重要参数，也是保障残疾人权利、提升残疾人社会融入和促进社会和谐发展的重要前提。根据国际劳工组织有关报告：目前全世界残疾人总数已达 6 亿人，占总人口的 10%，现在每年平均增加残疾人 1500 万人。在

---

① 朱光远：《谈城市无障碍设施的建设》，《现代城市研究》2005 年第 10 期。

多数国家，每10人中至少有1人因生理、心理和感官的缺陷而致残，他们是人类社会中一个特殊困难的群体。据统计，在中国范围内，各类残疾人的人数及各占残疾人总人数的比重分别是：视力残疾1233万人，占14.86%；听力残疾2004万人，占24.16%；言语残疾127万人，占1.53%；肢体残疾2412万人，占29.07%；智力残疾554万人，占6.68%；精神残疾614万人，占7.40%；多重残疾1352万人，占16.30%。各类残疾人口中，肢体残疾人数占比最大。而有关调查显示，肢体残疾人出行方式多样，主要以残疾人机动轮椅车出行方式为主。使用机动轮椅车出行的比例为65.26%，使用公共交通出行的占比27.37%。就广州市范围来看，经查市残联政务平台，截至2018年2月5日，全市持有第一、二代残疾人证的人数为167715人。按持有残疾人证残疾类别统计，情况如下：视力残疾13292人、听力残疾21222人、言语残疾1475人、肢体残疾76504人、智力残疾19974人、精神残疾29107人、多重残疾6141人。按年龄与性别统计，当前持有残疾人证的0~6岁残疾儿童有1344人，占全市持残疾人证人数的0.80%；18岁以上残疾妇女有66057人，占全市持残疾人证人数的39.39%。经查中国残疾人精准康复服务管理系统，2017年，广州市户籍残疾人有康复需求者有22042人。数量庞大的各类残疾人要生活自理、走出家门、平等教育与就业、融入社会生活，其首要前提和必要客观条件就是安全方便的无障碍环境。截至2004年底，全国887万盲人已经拥有总长度3980千米的盲道。从无到有的转变，着实让他们感受到了"有爱无碍"的人文关怀。关爱弱势人群，构筑现代化、文明化、人性化的新无障碍城市，构建平等、友爱、相互尊重的和谐社会氛围，已经成为目前我国城市建设的重要目标。

（二）近五年广州市残疾人基础设施和无障碍设施建设基本情况

为进一步推进无障碍环境建设，深入贯彻落实中央7号、省委9号、国办19号、市委10号文件精神，广州市委、市政府及相关残疾人事业关涉部门、单位等依据《无障碍环境建设条例》、国务院印发的《"十三五"加快残疾人小康进程规划纲要（2016~2020年）》和2016年中国残联、住房和城乡建设部、教育部、公安部、民政部等联合发布的《无障碍环境建设"十三五"实施方案》，突出重点、整体推进，进一步健全和完善残疾人"两个体系"建设。为了更直观地了解和把握广州市残疾人基础设施和无障碍设施建设的发展水平，下面以2013年至2017年这五年来的发展数据和信息统计①为分析依据，对广州市在基础设施和无障碍设施建设方面的基本情况进行考察和梳理。

1. 2013年广州残疾人基础设施和无障碍设施建设情况

2013年，广州市残联围绕广州市新型城市化发展"1+15"政策文件提出的"加强残疾人公共服务"的民生工程任务目标，实践并顺利完成了"家庭无障碍改造""建成3个区域性精神综合服务中心""启动广州爱心公园建设""启动3项服务设施工程建设""50个社区康复站建设"等在内的7项基础设施和无障碍设施建设年度任务。同时顺利推进自2011年开始的广州市全面启动免费改造残疾人家庭无障碍设施项目，项目内容包括：为肢体残疾人家庭免费建造轮椅坡道和停留平台；为听力残疾人家庭免费安装聋人家庭来访设备、闪光开水报警壶、振动闹铃等生活辅助器具；为视力残疾人家庭免费铺设盲道，配备一些生活辅助器具等。这一改造项目给广州市的52万残疾人带来便利，其中，首期残疾人家庭无障碍设施改造项目涉及

---

① 下文中的数据和相关信息系在调研走访、座谈以及查阅官方统计报告的基础上搜集、整理获得。官方统计报告参阅：《2013年广州残联简报》、《2014年广州残联简报》、《2015年广州残联简报》、《2016年广州残联简报》、《2017年广州残联简报》、《广州市残疾人联合会政府信息公开年度报告》（2013~2017年）、《广州市残联2012年工作总结和2013年工作计划》、《广州市残联2013年工作总结和2014年工作计划》、《广州市残联2014年工作总结和2015年工作计划》、《广州市残联2015年工作总结和2016年工作计划》、《广州市残联2016年工作总结和2017年工作计划》、《广州市残联2017年工作总结和2018年工作计划》、《中国残疾人事业发展规划配套实施方案之一、二、三、四、五、六》、《中国残疾人事业"十二五"发展纲要》、《广州市残疾人事业发展第十三个五年规划》、《关于印发〈"十三五"残疾青壮年文盲扫盲行动方案〉的通知》、《无障碍环境建设"十三五"实施方案》、《残疾人就业促进"十三五"实施方案》、《残疾人康复服务"十三五"实施方案》、《残疾人事业信息化建设"十三五"实施方案》、《辅助器具推广和服务"十三五"实施方案》、广州市残疾人联合会官网（http://www.gzdpf.org.cn/Article/Index.html）等。

1000 户残疾人家庭。首期改造项目的资金已经到位，由社会募集和政府财政共同承担，今后该项目的资金来源将以社会募集为主。

基础设施方面，在市委、市政府领导的关心和市直相关部门的支持下，增资建设的广州市康复实验学校、市农村特教学校、市康宁果园场 3 个项目于 2013 年通过评审、立项，列入市政府重点工作督办落实，由市重点办组织工程建设任务，完成第二次设计及勘察公开招标工作，设计工作同步展开，工程建设正在积极展开。选址天河公园建设的广州爱心公园，是全国第一家以"残健共融"理念建设的残疾人主题公园，2013 年被列入市政府重点督办工作，已完成部分基础设施的无障碍改造，经市政府协调已明确申报立项事宜，市园林建筑规划设计院已完成设计方案和项目建议书，计划 2014 年全面开工建设。由中国残联、省残联支持的中国残疾人辅具中心华南基地建设正处于积极推进之中。

全市配套设有残疾人安养院、康纳学校、康复实验学校、康宁农场等公办、民办机构，2013 年这些机构的床位、学位基本处于满负荷状态，向全市残疾人提供稳定的服务。全市建有康园工疗站服务中心 174 个，街（镇）覆盖率为 100%，中心以政府购买服务的形式实行行业管理，为精神、智力残疾人提供日间托管、康复训练和辅助性就业服务，2013 年进站接受康复工疗、日间托养的学员达 4978 人次，中心资助"民非企"和社会组织为 1562 名残疾人提供了家政、日间训练、托养等社会服务。越秀区、荔湾区、天河区、白云区社区精神康复综合服务中心建成并投入使用，中心旨在为社区内有精神康复需要的对象提供社区康复训练、心理疏导、事前预防、危机介入以及实时支援、个案跟进服务，填补社区精神康复服务的空白。此外，市残联和市卫生局联合举办了 2013 年广州社区精防医师培训班，培训 12 个区、县级市卫生系统精防专干以及各社区的精防医师 271 人，以进一步加强社区康复中心的服务人员队伍建设。2013 年全市新建社区康复站共 61 个，截至当年 12 月底，全市共有 125 个残疾人社区康复站投入使用。

无障碍设施方面，完善公共无障碍设施建设及配套设施建设、重点推进家居无障碍建设以及探索信息无障碍建设，被列入市政府年度重点督办工作。截至 2013 年底，全市接受居家康复服务的残疾人共有 1032 人，超过省下达广州市的年度任务 800 人，任务指标完成率达 129%。完成广州市 4102 户肢体残疾人家庭改造工作，超额完成省下达的任务目标 900 户。全市统一配发视力、听力残疾人无障碍信息终端（手持机）3000 户。荔湾、海珠、天河、从化等区、县级市将残疾人家庭无障碍改造列入政府十件民生实事并稳步推进落实。

2. 2014年广州市残疾人基础设施和无障碍设施建设情况

基础设施方面，2014 年，列入民生幸福工程的广州康复实验学校、市农村特殊教育学校、市康宁果园场 3 个基础设施建设项目交由市重点办代建，工程建设积极展开。爱心公园建设由天河区政府列入十件民生工程，将分三期工期建设，首期工程已开工并将在当年年底前完成。该项工程将包括整个公园的无障碍建设改造，除在公园内新规划一条专门的指引性盲道外，还将加设一整套无线引路发射装置，每位残疾人入园后凭免费派发的一套信号接收装置，在公园范围内即可接收发射系统根据残疾人定位提供的一系列公园景点介绍、路线规划等提示服务。公园内还将设置爱心餐厅，餐厅内所有服务人员均由残疾人担当。残疾人不但可以享受贴心亲切的用餐服务，还可以在公园餐厅上岗就业。根据规划，"爱心公园"整体建设工程可望在 2014 年底完成，计划定于 2014 年 12 月 12 日开园。市康纳学校迁建，并落实了新址。广州市残联出台《广州市残联关于加快推进广州市社区精神康复综合服务中心建设工作进度的通知》，继续推进落实社区精神康复综合服务中心建设工作。

无障碍设施方面，2014 年全市共完成 5000 户肢体残疾人、6500 户视力残疾人和 5500 户听力残疾人家庭无障碍改造任务。至 2014 年 11 月 15 日，为残疾人士办理免费或半价优惠乘坐市内公共交通工具羊城通卡共 68208 张，同时办理乘车意外保险。2014 年，着眼为视力残疾人出行提供精准"点对点"服务，在相关部门的大力支持下，以广州智能公交平台为支撑，创新应用互联网、物联网和云服务等前沿技术，为市内 7000 个站点、12000 台公交车安装电子标签，为 3000 台公交车安装车载导盲终端，免费推送专为视力残疾人研发的"听听巴士"智能手机应用，这个项目现已建成国内首创、全球规模最大、世界领先的广州市公交导盲智能系统。

3. 2015年广州市残疾人基础设施和无障碍设施建设情况

基础设施方面，康复实验学校、农村特殊教育学校、康宁果园场3个基础设施建设项目列入广州市社会民生基础设施，已完成施工前的相关准备工作。广州爱心公园由市园林局、市残联、天河区政府共同建设。市司法局、市残联在各区建立残疾人法律援助站，开辟法援绿色通道，为残疾人权益提供法制保障。此外，拟筹建广州市残疾人托养服务中心，进一步增加公办残疾人托养机构床位。据统计，2015年民办托养服务量比2014年增长10%，为3126名残疾人提供了托养服务（寄宿471人，居家托养2655人）。全市建成12个社区精神康复综合服务中心、181个残疾人社区康复站。截至11月9日，有8435名精神残疾人和577名重度精神病人分别获得免费精神病门诊资助和住院资助，有62名残疾人获得残疾矫治手术资助，有70名、121名、440名和352名0~14岁残疾儿童分别获得聋儿语言训练、脑瘫康复训练、智力残疾康复训练、孤独症康复训练资助，有1750名残疾人获得肢体残疾康复训练，配置辅助器具8211件。国家贫困残疾儿童抢救性康复、"七彩梦"和国家福彩救助项目累计救助智力残疾儿童120人次、孤独症30人次、人工耳蜗手术筛查13例、助视器适配200人。番禺、南沙、从化按标准配备了社区（村居）残疾人事务员或联络员。全市建成康园工疗站184个，为4987名残疾人提供日间训练服务。另外，为了安置残疾人就业，与百胜餐饮有限公司合作，将东峻广场肯德基餐厅建设成"天使餐厅"，主要招录残疾人员工（占比50%以上），同时让听障群体在餐厅内实现岗位无障碍轮换，将餐厅打造成名副其实的"残疾人就业体验基地"。此外，为开展残疾人潜能开发项目，积极推进基层共建点建设，残疾人士培训、文体等公共服务设施建设进一步完善。市残疾人体育运动中心（国际残障人文化交流中心）每周面向全市残疾人免费组织开展合唱、舞蹈、书法等潜能开发项目，累计开展培训313课时2353人次参加。广州市追梦天使艺术团等9个单位或团体开展残疾人文化进社区活动，免费开展残疾人舞蹈、肢体律动、乐器指导、曲艺指导、小乐队排练、中国手语艺术、轮椅舞蹈和轮椅国标等培训课程，累计开展培训 280 课时 2248 人次参加。

无障碍设施方面，2015 年市交委、市残联联合为残疾人士安装公交导盲系统，实现了市区公交线路全覆盖，在国内处于领先地位。2015 年以来，100 辆英伦 TX4 无障碍出租车营运期满陆续退出营运，市交委从保障特殊群体无障碍出行角度出发，要求白云集团、交通集团两家国有出租车企业，履行社会职责，克服困难，继续做好无障碍出租车服务保障，并由上述两家企业选用日产 NV200 专用无障碍车辆作为更新车型，目前已全部更新并投入营运，无障碍出租车运力基本能够满足大部分无障碍用车需求。

4. 2016年广州市残疾人基础设施和无障碍设施建设情况

2016 年是实施"十三五"规划的开局之年，为了全面贯彻党的十八大和十八届三中、四中、五中、六中全会精神，围绕市委、市政府中心工作和建设国家重要的中心城市的总目标，广州市继续加大力度推动无障碍环境建设。2016 年，广州市被住建部等 5 部门确定为"全国无障碍建设示范市县"。完成残疾人乘车优惠卡卡片升级和年审系统升级，使 6 万多名残疾人享受该项优惠政策。建成公共交通智能导盲系统，开发全国首创的可提供实时服务的智能导盲系统，实现城区智能导盲全覆盖。残疾人机动轮椅车综合治理取得实效，越秀区利用电子政务平台形成"越秀精准管理模式"，荔湾区成立了残疾人车主互助队。推进全民助残健身工程示范点创建工作，黄埔区投入 50 万元用于建设残疾人专用示范点。

5. 2017年广州市残疾人基础设施和无障碍设施建设情况

2017 年，康宁果园场项目实体工程全部完成。广州康复实验学校和广州市康宁农场正在办理项目用地结案手续。市农村特殊教育学校正由从化区牵头办理规划调整及城市总体性规划调整。市残疾人托养中心（星安居）已委托办理城规、土规调整及相关专业的编制规划工作。广州市本级基建项目立项项目 4 项，争取立项项目 1 项（康纳学校迁建），康纳学校迁建立项问题按市政府议定事项协调推进，等待审批。全市建成康园工疗站共计 188 个，遍布广州各个社区。

无障碍设施方面，2017年继续推进和完善"百项政府服务网上办理工程"，积极推进信息无障碍建设，推动广州市公共机构提供语音、文字提示，盲文，手语等无障碍服务。积极与社会各界合作开展互联网和手机、电脑、可视设备等信息无障碍实用技术、产品研发和推广，推动广州市互联网网站无障碍建设。2017年全市康复服务率达92.04%。辅助器具适配率达99.40%。同时为企业提供无障碍环境改造服务，激励企业招用残疾人。

（三）广州市残疾人基础设施和无障碍设施建设取得的成绩

1. 以残疾人权利诉求为导向，基础设施和无障碍设施建设保持平稳、创新推进

广州市历来重视残疾人无障碍设施建设。五年来，残疾人基础设施和无障碍设施建设始终被列为市委市政府民生工程的重点督办项目。坚持以残疾人的权利诉求为导向，根据残疾人士生理和心理的特殊发展需求，重点开发实施的家居无障碍改造、康园工疗站建设、社区康复站建设、社区精神康复综合服务中心建设、残疾人法律援助站建设、城市公交导盲系统建设、无障碍出租车辆和无障碍信息系统建设，以及特殊学校、果园农场和爱心公园建设等基础设施和无障碍设施项目，始终保持平稳、创新、有效地向前推进，逐步实现了深入满足残疾人士从生理需求到社会需求再到精神需求的全覆盖。这些项目不仅为残疾人士居家康复和家庭照料提供切实便利，为残疾人士享受社会公共服务提供创新平台，而且通过点到点的精准服务为残疾人士能力建设提供实质性支持，共同有效地促进了残疾人士身心健康的全面发展，有效提升了残疾人士的社会融入感，推动和谐社会不断向前发展。

2. 以康保为中心，建成有广州特色的新型社区精神康复服务体系

五年来，广州市基础设施和无障碍设施建设始终围绕残疾人身体、心智、能力等方面的综合需求，坚持以加强家居无障碍改造、加大残疾人康复服务供给、为残疾人康复训练打造良好的设施环境为工作重点，坚持推行"社会化、综合性、开放式"的精神病防治康复工作模式，坚持打造社区工作阵地，推行残疾人居家康复与社区康复工作并形成长效机制，最终建成具

有广州特色的以康保为中心的新型社区精神康复服务体系，使"康复进社区，服务到家庭"真正成为现实。五年来，广州在全国率先建立区域性社区精神康复综合服务中心，形成社区精神康复综合服务模式，在全市12个中心为社区精神障碍者及其家属提供支援性服务，与广州市康宁农场的农疗及住宿训练服务、广州康纳学校的孤独症康复训练和指导服务、广州市残疾人职业培训中心春晖庇护工场的庇护和支援性就业服务以及遍布社区的188个康园工疗站，共同构成有广州特色的社区精神康复服务体系，形成了门类齐全、覆盖全面，涵盖民办和公办康复服务机构、医疗机构、基层卫生服务机构等在内的综合性残疾人康复服务和保障体系。广州电视台以此为蓝本拍摄的《精神障碍患者的摆渡人》新闻纪录片，充分展示了广州社区精神康复服务"社会化""品牌化""精细化""专业化"的特色。

3. 强化教育培训设施建设，推进残疾人特殊教育，促进残疾人就业

教育培训是康复的重要环节。五年来，加强残疾人特殊教育培训机构建设和改造始终是推进广州市残疾人事业发展的重要组成部分。广州市重点督办的广州康复实验学校积极探索脑瘫儿童特殊教育模式，实施"康教一体"，进一步完善脑瘫儿童学前教育、九年义务教育、职业高中教育等特殊教育系统，为学龄前脑性瘫痪儿童和肢体残疾儿童提供"康教结合"的学前训练；为18个九年义务教学班开设以"生活适应能力""潜能拓展""社会适应能力"为主题的校本课程训练；开办智障学生职业高中班和脑瘫学生职业高中班，并根据社会需求不断完善专业设置及课程设置，有针对性地进行教育培训。2014年，这所教育机构的首届智障学生职业高中毕业后，实现了百分百就业。广州康纳学校，经多年发展，现已拥有全国特殊教育领域的三个第一（第一所孤独症儿童专门教育学校，第一所孤独症儿童教育与康复结合的研究机构，第一所推进融合教育理念的孤独症儿童随班就读指导机构），是全国第一批孤独症服务自强自律达标机构。先后与美国北卡中央大学、香港理工大学、华南师范大学、岭南师范学院、广州体育学院等12所国内（外）高校建立科研和教学实习基地。

此外，广州市注重典型示范，将广州维高集团有限公司树为市残疾人就

业示范基地。该公司员工1300余人，其中有残疾人近400人，安残就业比例高达28%。五年来，依托这些教育培训机构的平台建设，广州市积极开展职业培训工作，每年举办培训班约40期，培训满意度平均达到98%以上。并不断创新残疾人培训的类型，尝试了速录员、心智障碍残疾人支持性就业、心理咨询师、公共营养师、小儿推拿、催乳师、创业培训及孵化等培训，让残疾人培训及就业不局限于固定的少数专业，使残疾人更好地融入社会。全市稳定就业残疾人3.18万人，其中按比例分散就业就达2.56万人。

4. 物理环境和信息无障碍建设同步推进，残疾人综合服务不断优化

五年来，完善公共无障碍设施建设及配套设施建设、重点推进家居无障碍建设以及探索信息无障碍建设，被列入市政府每年年度重点督办工作。在市委、市政府的关心和努力下，广州市物理环境和信息无障碍建设成效显著，如以广州智能公交平台为支撑，创新应用互联网、物联网和云服务等前沿科技，为市内绝大部分公交站点和公交车安装电子标签，为相当数量公交车安装车载导盲终端，同时免费推送专为视力残疾人研发的"听听巴士"智能手机应用。借助高新科技的普遍运用，目前广州市在公共交通智能导盲系统方面已经实现了城区公交线路智能导盲全覆盖，取得国内外领先地位。此外，广州市积极探索和大力推进信息沟通交流无障碍一体化建设，着力推动广州市公共机构提供语音、文字提示，盲文与手语等无障碍服务，积极与社会各界特别是企业界、科技界合作开展联结互联网和手机、电视、电脑、可视设备等信息无障碍沟通交流技术、产品的研发和推广，保障和提升广州市在物理环境和公共信息网络环境下，服务残疾人日常生活、工作、交通出行以实现无障碍沟通交流的层次和水平。

5. 注重完善基础设施和无障碍设施建设的法治保障机制，全面提高残疾人事业发展管理的规范化水平

五年来，在全面依法治国的背景下，在党的坚强领导下，为深入贯彻党中央的指示精神，加强残疾人权利服务保障体系建设，促进残疾人各项事业平稳发展，广州市委市政府始终坚持依法推进广州市残疾人基础设施和无障

碍设施建设发展的各项工作，将基础设施和无障碍设施的建设、维护、改造和发展全面纳入法制化的轨道，坚持用制度建设推进标准化服务开展，涵盖惠残政策、资助政策、机构建设、准入标准、监管评价、人员队伍培育等康复政策体系，有力保障残疾人康复服务规范化开展。五年来，残疾人基础设施和无障碍设施项目被纳入市委市政府民生工程的任务清单，并经过严格的立项、招标、施工、监督、结项等法定程序向前推进，有力地保障了残疾人基础设施和无障碍设施建设的法制化。在多年来的努力下，广州市残疾人基础设施和无障碍设施建设的法治保障水平显著提高，不仅体现在市委市政府领导人员所具备的法治思维、法治理念，以及广州市所出台实施的一系列无障碍出行惠残政策和相关法律法规上，还体现在保障无障碍设施建设顺利开展的各项具体法治措施上。

二 广州市残疾人基础设施和无障碍设施发展的法治保障机制

（一）法治思维、法治理念

党的十九大报告提出，坚持以人民为中心，坚持在发展中保障和改善民生。作为社会民生发展不可或缺的组成部分，以及衡量民生保障水平高低的重要参数，残疾人权利保障这一课题始终受到我国高层领导的关注和重视。在全面依法治国背景下，为了充分保障残疾人权利，推动残疾人各项事业顺利开展，促进残疾人平等发展，党和国家领导人提出了一系列深刻的观点认识和制度化的发展举措，充分肯定了残疾人的社会地位和残疾人权利保障在新时代的重要意义，并要求通过专门的法律法规和惠残政策切实践行残疾人权利保障的惠民目标，以完善的法律制度促进残疾人发展。这充分体现了我国领导层的法治思维。

2017 年 11 月 27 日至 12 月 1 日，由中国首倡、在北京发起的 2013～2022 年亚太残疾人十年中期审查高级别政府间会议在北京举行。国家主席习近平发来贺信，向会议的召开表示热烈祝贺。习近平在贺信中指出，残疾人是人类大家庭的平等成员。在全球范围内推进可持续发展，实现"一个都不能少"的目标，对残疾人要格外关心、格外关注。随着联合国《残疾人权利公约》和《2030年可持续发展议程》实施，保障残疾人平等权益、促进残疾人融合发展越来越成为国际社会和各国的普遍共识和共同行动。中国将进一步发展残疾人事业，促进残疾人全面发展和共同富裕。2014年5月16日，习近平主席在北京会见第五次全国自强模范暨助残先进集体和个人表彰大会受表彰代表、发表重要讲话时强调：残疾人是社会大家庭的平等成员，是人类文明发展的一支重要力量，是坚持和发展中国特色社会主义的一支重要力量；各级党委和政府要高度重视残疾人事业，把推进残疾人事业当作分内的责任，各项建设事业都要把残疾人事业纳入其中，不断健全残疾人权益保障制度。① 2016年8月19日至20日在北京召开的全国卫生与健康大会的讲话中，习近平总书记进一步指出，没有全民健康，就没有全面小康。要把人民健康放在优先发展的战略地位，以普及健康生活、优化健康服务、完善健康保障、建设健康环境、发展健康产业为重点，加快推进健康中国建设，努力全方位、全周期保障人民健康，为实现"两个一百年"奋斗目标、实现中华民族伟大复兴的中国梦打下坚实健康基础。要重视重点人群健康，努力实现残疾人"人人享有康复服务"的目标。②

2015年10月29日，国务院总理李克强同德国总理默克尔在人民大会堂共同出席亚欧会议框架下残疾人合作暨全球辅助器具产业发展大会的开幕式，并来到无障碍体验中心辅具展区进行了参观。李克强总理指出，残疾人事业的发展是一国人民生活水平提高、人权事业进步和社会文明程度的重要体现。为此，中国政府高度重视残疾人事务，正与各国共同努力，落实2030年可持续发展议程中有关残疾人事业发展的内容。要在2020年全面建

---

① 《习近平：不断健全残疾人权益保障制度》，http：//www.cdpf.org.cn/gcgz/201405/t20140516_335396.shtml，2014年5月16日。

② 《习近平总书记强调努力实现残疾人"人人享有康复服务"的目标》，中国残疾人联合会网站，http：//www.cdpf.org.cn/gcgz/201608/t20160822_564121.shtml，2016年8月22日。

成小康社会，需要进一步健全残疾人权益保障制度，完善残疾人公共服务体系，大幅增加公共产品和公共服务供给，帮助残疾人共享经济社会发展成果，决不让残疾人"掉队"。大会上，李克强总理表示，希望德国企业充分发挥自身优势，同中国企业拓展合作，推动"中国制造"携手"德国制造"提质升级，增进亚欧国家残疾人事业合作，为实现更加公平、包容、惠及每一个人的可持续发展作出更大贡献。辅助器具产业是横跨制造业、服务业的新型业态，市场前景广阔，深化亚欧各国辅助器具产业交流合作，有利于推动亚欧各国辅助器具产业加快发展，改善残疾人民生，促进经济增长和形成新的发展动能。

五年来，广州市委市政府和市残联等部门围绕深入贯彻落实党中央各项助残惠残文件精神的指示，突出重点、整体推进、狠抓落实，努力健全和完善残疾人"两个体系"建设，不断完善法律法规，将广州市基础设施和无障碍设施建设列入年度民生工程项目并予以重点督办，完善残疾人士基础设施服务，按照国务院颁布的、自2012年8月1日起施行的《无障碍环境建设条例》规定，理顺职责，明确任务，进一步完善公共无障碍设施建设及配套设施建设、重点推进家居无障碍建设、探索信息无障碍建设，积极打造广州市残疾人士无障碍居住、出行环境。同时通过修法和建章立制，积极完善残疾人权益保障的法治体系和法治能力。制定实施一系列的惠残政策，采取制度化规范化的管理举措，推动和保障残疾人基础设施和无障碍设施建设从规划、立项、招标、管理到具体实施、监督评价等各环节全面纳入法制化的轨道，从而构建起较为完善的广州市残疾人士权益保障的法制体系。

（二）法治建设、法治举措

"十二五"期间，广州市社会福利政策经历了较明显的政策转变，各项保障制度得以进一步发展与完善，民生保障政策领域进行了不少的创新，在残疾人经济保障、医疗、康复、托养、教育、就业等社会保障与社会服务工作方面实现了长足发展。总体特征是与残疾人社会保障和福利相关的政策法规体系得到完善，相应的社会福利内容进一步丰富，受益对象从特殊困难残

疾群体向普通残疾群体扩展，社会融合的观念受到重视。

近五年来，为进一步完善广州市残疾人权益法治保障体系，广州市制定实施的惠残政策涵盖了残疾人经济保障（养老保险、经济救助和其他以金钱体现的津贴项目）、医疗保障、专项康复、生活照顾与托养、住房保障、教育保障、就业支持、无障碍与出行便利、法律援助等多个方面。

在无障碍与出行便利方面，市客运交通管理处出台《关于做好三、四级残疾人优惠乘车工作的通知》（穗客管〔2010〕452号）、《关于延长我市残疾人凭〈残疾人证〉优惠乘车过渡期的通知》（穗客管〔2012〕22号），市残联出台的《广州市三级、四级残疾人优惠乘坐市内公共交通工具实施方案》（2010）规定三级、四级残疾人可优惠乘车。

为加强对本市残疾人机动轮椅车的管理，净化道路交通环境，维护道路交通秩序，2012年5月14日广州市政府出台实施《广州市残疾人专用机动车管理办法》（根据2012年7月30日广州市人民政府令第78号修正），规定残疾人驾驶专用机动车必须经过公安机关交通管理部门检验合格，领取号牌、行驶证，方准上路行驶。号牌应当安装在车辆正后方明显处。驾驶残疾人专用机动车辆，应当是具有本市户籍、年满16周岁、上肢功能正常，并符合驾驶条件的下肢残疾人。非下肢残疾人不得使用专用机动车。2016年6月16日市政府出台《广州市人民政府关于加强摩托车和残疾人机动轮椅车管理的通告》（穗府规〔2016〕4号），明确规定：本市残疾人机动轮椅车由市残疾人联合会统一核发，由公安机关交通管理部门统一注册登记并核发牌证。符合《广州市残疾人专用机动车管理办法》规定条件的残疾人，每人只能申领并注册登记1辆残疾人机动轮椅车。不符合《广州市残疾人专用机动车管理办法》规定车型的残疾人机动轮椅车，公安机关交通管理部门不予办理注册登记，不核发牌证，并禁止上道路行驶。严厉查处摩托车及残疾人机动轮椅车非法营运，非法上道路行驶及扰乱交通、治安秩序的违法行为。对非法生产、销售或者擅自拼改装摩托车及残疾人机动轮椅车的违法行为，由工商行政管理部门、质量技术监督部门、公安机关交通管理部门依法予以处罚。

2015 年，为贯彻落实《国务院关于加快发展养老服务业的若干意见》
（国发〔2013〕35 号）提出的"推动和扶持老年人家庭无障碍设施改造，
加快推进坡道、电梯等老年人日常生活密切相关的公共设施改造"的工作
任务，完善以居家为基础、以社区为依托、以机构为支撑的社会养老服务体
系，市住建委、市民政局、市财政局、市残联、市老工委联合制定《广州
市住房和城乡建设委员会等五部门转发〈省住房和城乡建设厅等部门关于
加强老年人家庭及居住区公共设施无障碍改造工作的通知〉》（穗建公共
〔2015〕694 号），推进残障老年人家庭无障碍改造工作，并将改造情况纳入
老年人家庭无障碍改造统计范围，要求建立督查机制，通报改造情况。2015
年经市政府常务会议审议通过，印发的《广州市残联、人社局、财政局、
民政局关于资助残疾人参加基本养老保障有关问题的通知》（穗残联
〔2015〕151 号）规定：提高残疾人参加城乡养老保险的资助标准，资助无
法达到社保规定年限、参与城镇职工养老保险的残疾人进行延缴、趸缴。实
施后预计有 5.48 万残疾人受惠，实现残疾人养老保险全覆盖。

为完善残疾人社会保障，安置残疾人就业，优化残疾人康复综合服务，
2013 年修订完善或制定实施的政策文件有：①《广州市人民政府办公厅关
于扶持社会福利企业发展　促进集中安置残疾人就业的意见》（穗府办
〔2013〕11 号）；②市残联、民政局、财政局、国税局、地税局《关于印发
〈广州市扶持社会福利企业发展　促进集中安置残疾人就业实施办法〉的通
知》（穗民〔2013〕204 号）；③市残联、市财政局联合出台《关于提高我
市残疾人康复资助项目补贴标准的通知》（穗残联〔2013〕55 号），规定康
复资助标准上浮 20% 执行；④市残联和市财政局联合出台《广州市推进残
疾人居家康复训练工作实施意见》，对广州市开展残疾人居家康复项目进行
规范和保障。

基础设施发展方面，为完善康园工疗服务中心、残疾人托养机构等定点
机构的规范化管理，促进机构专业化发展，在反复论证和征求社会意见的基
础上，2013 年拟定了《广州市残疾人托养机构建设及服务规范（试行）》
《印发〈广州市残疾人康复资助定点机构（康复训练类）服务质量监察评估

办法〉的通知（征求意见稿）》。为突出服务队伍建设，提升服务能力，制定了《市残联直属事业单位绩效考核方案和奖励性绩效工资分配办法》，完善奖励性绩效工资分配办法。针对残疾人康复资助工作，广州市专门出台了相关政策并积极探索和开展地方立法工作。2014 年出台《广州市残联关于加快推进广州市社区精神康复综合服务中心建设工作进度的通知》，推进社区精神康复综合服务中心建设工作。出台《广州市残疾人康复资助定点机构管理办法》《广州市残疾人康复资助定点机构准入标准》，加强和规范康复资助定点机构的管理。2016 年广州市残疾人联合会、广州市财政局联合发布《关于印发〈广州市残疾人康复资助工作管理办法〉的通知》（穗残联〔2016〕11 号），对《广州市残疾人康复资助工作管理办法》作了进一步修订和完善，出台配套定点机构服务质量监察评估办法。出台《广州市社区精神康复综合服务中心建设方案》及配套服务质量监察评估办法，建成 12 个服务中心为 2400 名精神病康复者提供服务。同时针对涉及残疾人康复资助工作的市级财政经费投入问题，发布了《关于印发广州市医疗康复项目纳入残疾人康复资助保障范围的通知》（穗残联〔2016〕129 号），使得残疾人康复资助工作有了更加切实的资金支持和物质保障。

2017 年，国务院印发《"十三五"推进基本公共服务均等化规划》，将残疾人基本公共服务作为专门一章予以强调，提出了"十三五"时期残疾人基本公共服务的重点任务和保障措施，为提升残疾人基本公共服务水平，帮助残疾人脱贫解困，提供了重要遵循和有力保障。其中在无障碍环境方面，要求加快推进政府机关、学校、社区、旅游景区、社会福利、公共交通等公共场所和设施的无障碍改造，深入开展信息交流无障碍建设。在交通、教育、金融、旅游、食品药品、信息网络、紧急避险和应急疏散等行业和领域出台一系列无障碍环境建设的政策、标准，促进基本公共服务均等化。在残疾人服务体系建设方面强调：到 2020 年，逐步形成特色鲜明、布局合理、方便可及的残疾人服务体系。推动县级残疾人康复设施、托养服务设施、综合服务设施三者有其一，实现县级残疾人服务设施基本覆盖。

2017 年，广州市重点推进康复资助规范工作。一是对广州市残疾人康复资助业务网上审批系统的业务规范进行网上巡视，对不符合要求的定点机构发出整改通知。二是根据省残联要求，对市级公开招标确定的 24 家残疾人康复资助定点机构开展安全隐患排查整治工作和重大传染疾病防控检查工作。三是印发通知加强康复资助定点机构从业人员职业道德建设、规范残疾人康复训练服务。四是引入第三方开展广州市残疾人康复资助工作全过程监控工作，对 53 家定点机构进行服务满意度的抽样调查和实地业务核查。

此外，广州市建成区级残疾人法律援助工作站 11 个，为残疾人提供法律咨询 2500 余人次，承办残疾人法律援助案件 890 余件，市残联经办的"残疾人王某与被执行人黄某交通事故赔偿纠纷执行案"法援案件被中国残联评选为残疾人法律服务优秀案例。成功解决残疾车主何某脑血管瘤破裂引发集体上访隐患、自闭症儿童嘉嘉死亡事件、聋人卷入非法集资案、李某因残疾人机动轮椅车问题以及广州市"五类车"整治引发残疾人机动车车主群访事件。配合公安部门打击冒用盗用残疾人乘车卡行为，成功捣毁了广东五姐弟伪造、复制、倒卖残疾人乘车卡的黑色链条。配合公安交警查处违法残疾人车 32 次，完成全市 7300 多名残疾人车主情况核查，排除不符合注册条件的残疾人车 410 辆。制定和出台了残疾人机动轮椅车申购、重购和违章教育过程中增设体检环节的规范，有效遏止了非下肢残疾人、健全人骗购残疾人机动轮椅车问题。

三　广州市残疾人基础设施和无障碍设施建设中存在的问题及对策建议

过去五年，在市委、市政府的正确领导下，广州市领导和团结全市残联组织、残疾人及其亲属和残疾人工作者，自强不息，砥砺奋进，全面完成《广州市残疾人事业"十二五"计划纲要》各项目标任务，残疾人基础设施和无障碍设施建设和发展成效显著，各项事业发展取得长足进步，在全国大中城市中保持了领先地位、发挥了示范作用。依托日益完善的基础设施和无障碍设施建设平台，广州市残疾人康保能力明显增强，特殊教育创新推进，就业培训更趋完备，修法维权卓有成效，综合服务不断优化，组织建设坚强有力，为广州市残疾人的身心健康和全面发展创造了良好的无障碍环境。但是回顾五年来的工作，基础设施和无障碍设施发展过程中仍然存在一些不足，也面临一些困难和挑战，需要明确和重视并加以解决。

（一）农村残疾人口比例高，残障人士老龄化形势严峻，对残疾人基础设施和无障碍设施建设提出新要求

2007 年国家统计局、第二次全国残疾人抽样调查领导小组开展的第二次全国残疾人抽样调查报告显示，截至 2006 年 5 月 31 日，全国各类残疾人的总数为 8296 万人，占全国总人口的比例为 6.34%。残疾等级为一、二级的重度残疾人为 2457 万人，占 29.62%；残疾等级为三、四级的中度和轻度残疾人为 5839 万人，占 70.38%。城镇残疾人口为 2071 万人，占 24.96%；农村残疾人口为 6225 万人，占 75.04%。0～14 岁的残疾人口为 387 万人，占 4.66%；15～59 岁的残疾人口为 3493 万人，占 42.10%；60 岁及以上的残疾人口为 4416 万人，占 53.24%（65 岁及以上的残疾人口为 3755 万人，占 45.26%）。这是全国的一个基本情况。

根据此次调查，广东省残疾人口约为 539.9 万人，占本省人口总数的 5.9%。在大陆 31 个省、自治区、直辖市的残疾人口分布中，广东省残疾人口总数位居全国第三，仅次于四川省和山东省。[1] 根据广州市残疾人联合会的数据，截至 2016 年 6 月，在广州市户籍人口中，有残疾人口 18 万人左右，约占户籍人口（2015 年末户籍人口 854.19 万人）的 2.1%；其中持第二代残疾人证的人口是 14.48 万人，其中男性约 8.32 万人，女性约 6.16 万人。在持证残疾人口中，60 岁以上残疾人士约 5.4 万人，即约 37.29% 的持证残疾人是老龄人口。经统计，目前广州市有持证残疾人口 134319 人，持证残疾人中处于就业年龄阶段的约 7.8 万人，未就业的约 4.5 万人，其中智

---

① 《第二次全国残疾人抽样调查主要数据公报》，国家统计局网站，http://www.stats.gov.cn/tjsj/ndsj/shehui%20/2006/html/fu3.htm，2007 年 5 月 28 日。

力残疾人、精神残疾人和重度肢体残疾人就业最困难。

从全国和广东残疾人口的调查数据统计来看，全国范围内残疾人口城镇分布不均衡，农村残疾人口数量高于城市残疾人口；老龄残疾人口比重大，残疾人老龄化现象严重。但从当前的发展情况来看，尽管广州市的基础设施和无障碍设施发展水平在全国范围内居于领先地位，但其主要铺设、建设和改造的范围仍局限于城区范围，如城区公交路线全覆盖的公交导盲系统，为广州市城市残疾人口提供便利性的社会公共服务。同时，鉴于老龄残疾人数量高，近年来重点推进的家庭无障碍改造项目有待进一步加强，为老龄残疾人口提供更具有针对性的便利性的家居无障碍环境。因此，一方面要求进一步加强城市残疾人基础设施和无障碍设施建设，拓宽铺设范围，为郊区和农村地区残疾人口提供便利性的公共服务设施；另一方面也对老年残疾人家居无障碍环境建设提出了新要求新挑战。

（二）残疾人专用机动车辆管理难、无障碍公共交通工具数量少，无障碍与出行便利设施建设有待进一步加强

目前，广州全市现有持证照残疾人机动轮椅车 6900 多辆。2012 年，广州市出台实施《广州市残疾人专用机动车管理办法》，对残疾人驾驶专用机动车辆主体资格、号牌安装、上路行驶等条件作出规定，2016 年又出台《广州市人民政府关于加强摩托车和残疾人机动轮椅车管理的通告》（穗府规〔2016〕4 号），对残疾人机动轮椅车的申请、登记、管理以及非法营运查处等方面作出规定，有效地促进了残疾人专用机动车辆管理的规范化。但目前残疾人专用机动车辆管理难仍然是一个大问题。在车辆管理方面，据调查，6900 多辆机动车辆中，约有 2000 多辆参加非法营运，其中健全人、假残疾人、外地残疾人开套牌（假牌）车从事非法营运现象尤其严重。一方面，对"三证"齐全的残疾人车从事非法营运面临处置无法律依据的问题，而针对其他非法营运行为也面临占比大、打击成本高的问题。另一方面，还存在粗暴执法、停车场管理不规范等问题。在车辆置换方面，目前大部分机动轮椅车车龄超过 15 年，需要置换。但很多残疾人对"车速不超过 20 公

里""单人代步"等意见不一，很多人持反对态度，置换难度大。同时还存在驾驶员整体安置难度大、其他类型残疾人难平衡等问题。

此外，残疾人士由于存在不同程度和不同类型的残疾，包括肢体残疾、视力残疾、听力残疾、多重残疾等，在无障碍出行上也因此具有不同的需求。除以机动轮椅车出行的肢体残疾人和能够使用公共交通工具出行的其他残疾人士外，很多残疾人存在使用公共交通工具困难的情况，在公共交通出行方面仍然面临种种不便与困难。调查访谈中，有很多以轮椅代步的残疾人士反映公共交通工具数量太少、单独出门难上交通车、出租车司机经常拒载、电召不太便利、地铁升降梯难以寻找、标示不清等问题。47%的受访视力残疾人表示：搭车时问路人，路人不帮忙；公交车牌难看清，地铁方向难辨别，转乘路线很麻烦；乘车出示残疾人证不方便或持证却享受不了相关优惠；盲道设施不齐全，红绿灯语音不够普及；没有导盲犬，即便有了也担心导盲犬不被允许进出公共交通。

因此，应当完善相应的法律法规，进一步加强残疾人专用机动车辆规范化管理。同时加强基础设施建设，提高综合服务能力。在城区公交线路全覆盖的公交导盲系统之外，增加无障碍公共交通工具的数量，增加助残器械、显示牌、信号指示灯等标示，进一步完善公共区域无障碍设施建设，为不同类型和不同程度的残疾人士提供功能性更强更全面的无障碍服务。

（三）残疾人服务社会组织发展面临瓶颈，专业服务人才培养有待加强

基础设施和无障碍设施的建设和发展，离不开人的发展。建设一支致力于为残疾人士提供全面优质服务的公共服务人员队伍，是实现残疾人基础设施和无障碍设施充分有效服务于残疾人需求的重要前提。这不仅要求公共服务机构及其服务人员具有一定的与提供残疾服务相关的专业知识、充分了解残疾人士的发展特点和生理心理及精神康复等方面的需求，熟悉残疾人基础设施和无障碍设施的应用与管理，同时还要不断拓宽资金来源渠道、进一步完善基础设施和无障碍设施的建设和维护。因此，残疾人服务社会组织建设

是基础设施和无障碍设施建设与发展中不可或缺的重要环节。

广州市残疾人服务组织起步早、较为活跃，积极参与残疾人公共服务，有效拓展了公共服务的能力和容量。但从调研的情况来看，目前这些残疾人服务社会组织普遍存在承接项目资助标准低、没有助残社会组织孵化基地、场地租金高、服务人员队伍不稳定等情况，在一定程度上制约了其公共服务能力的发展。另外，尽管广州市在完善基础服务设施过程中注意加强人员队伍的建设和管理，并出台规章制度完善服务人员的绩效工资管理，适当提高服务人员的待遇，但是目前残疾人服务机构的在职人员特别是一线服务人员，岗位艰苦，普遍仍待遇偏低，流失率高，影响单位稳定和服务质量，一线残疾人服务工作队伍亟待稳定。同时，目前广州市除残联、民政、教育、卫生系统的残疾人公共服务机构有少量残疾人专业服务人才外，民间残疾人服务机构的专业人才仍然十分缺乏。因此，需进一步加强公共服务人才培养，制订残疾人社会保障、社会服务人才培养规划，疏通在职专业技术人员职称晋升渠道，并充分考虑残疾人服务的特殊性、艰苦性，参照特殊教育的做法，适当提高残疾人服务机构合同制人员的经费定额，稳定一线护工队伍。

（四）残疾人康复机构设施和托养服务缺口大，仍需加大公共财政投入，拓展民间托养服务市场

截至 2016 年 12 月 14 日，广州市共有 119 家残疾人康复资助定点机构（包括市、区两级以及在广州的省一级康复机构），其中由市残联确定的定点机构有 107 家，由各区级残联招标确定的定点机构有 12 家。根据《广州市残疾人联合会　广州市财政局关于印发〈广州市残疾人康复资助工作管理办法〉的通知》（穗残联〔2016〕11 号）文件精神，残疾人康复资助资金主要来源于市、区财政安排的康复经费，市、区康复资助经费实行市、区两级财政按专项资金配套比例分级负担，纳入市、区财政年度预算。2017年，市、区两级共投入 9716 万元，有 13044 名残疾人获得医疗康复资助；有 3711 名残疾人获得机构康复训练资助；有 381 名残疾人获得医疗康复训

练资助；为 7922 名残疾人适配各类辅助器具 23649 件，有 3695 名残疾人获得残疾评定资助。

广州市已初步形成较为完整的残疾人托养体系，但残疾人托养服务的缺口依然较大。目前，广州市残疾人托养主要是寄宿式托养、日托服务、居家托养三种形式。其中，公立寄宿托养服务机构的服务承载能力已近极限，按现行政策新建公办服务机构可能性不大，需要发动、扶持更多社会机构开展寄宿和日间照料等服务，由公共财政给予资助，并规范社会民办机构的服务行为，形成服务规程，配套服务评估。但是目前广州正在探索的向民办机构购买托养服务已被叫停。因此，有必要重新审视政府购买托养服务的相关政策，重点考量服务标准、服务质量等因素；保障康园工疗机构安全、健康、稳定地发展；统筹考虑残疾人托养机构的用地需求和布局；落实托养工作人员编制，提高托养工作人员待遇、建立健全监管机制；选择合适的过渡托养机构。此外，目前残疾人事业主要依赖于公共财政，而公共财政支出则主要靠残疾人就业保障金、福彩金。根据相关规定，残疾人就业保障金只能用于残疾人就业，这造成资金使用渠道不畅通。建议根据当前残疾人事业发展的形势，完善残疾人就业保障金的使用方式，进一步改革公共财政支出方式，拓宽公共财政购买服务的资金渠道。

B.9
广州残疾人文体事业发展的新篇章

袁兵喜*

摘　要：　从某种意义上说，残疾人文体事业的发展反映了一个国家的
社会文明程度、经济发展水平及国民综合素质的高低。广州
残疾人事业发展处于全国领先地位。广州市各级政府在残疾
人文体事业发展方面投入了大量的人力、财力、物力等，其
中基础设施硬件建设、公共文体服务体系建设以及文化法制
环境建设取得不俗成绩。由于各方面因素影响，残疾人文体
事业发展也遇到一些困难。树立发展目标，保障发展重点，
制定相关保障措施，是广州市各级政府在新时代发展残疾人
文体事业所必须全盘考虑的问题。

关键词：　残疾人　文体事业　残疾人服务

　　党的十七大报告提出"文化大发展大繁荣""发展残疾人事业""关心
特殊教育"的要求。党的十八大报告又进一步提出"权利公平""健全残疾
人社会保障和服务体系，切实保障残疾人权益"。党的十九大报告明确提
出："发展残疾人事业，加强残疾康复服务"。这些都是中央对残疾人事业
发展的重要指导精神。广州作为珠江三角洲的枢纽，是我国改革开放的最前
沿，经济水平和社会发展都处于全国领先地位。广州残疾人事业发展也处于

＊　袁兵喜，法学博士，国家人权研究与教育重点基地广州大学人权研究院教授，主要研究方向
为人权法学、法学理论。

全国领先地位。特别是 1992 年广州市成功举办的第三届全国残疾人运动会，对国内残疾人文体事业产生了深远而积极的社会影响。2004 年获得了"全国残疾人工作示范城市"和"全国无障碍设施建设示范城市"光荣称号。广州市成功举办了 2010 年亚残运会，极大地展示了广东省、广州市现代化建设成就，彰显了我国人权保障和社会文明进步成果，也让世界更好地了解广州，对构建和谐社会、推动残疾人事业发展都具有积极意义。从某种意义上说，残疾人文体事业的发展反映了一个国家的社会文明程度、经济发展水平及综合国民素质的高低。近年来，广州市各级政府在残疾人文体事业发展方面作出了很大成绩，残疾人文体事业发展迅速。

一 广州残疾人文体事业的基础状况

（一）残疾人文体事业现状

1. 残疾人公共文体基础设施

广州市残疾人体育运动场地建设成绩显著，2006 年 5 月，残疾人体育训练中心顺利落成，用地面积 4.4 万平方米，建筑面积 3 万多平方米。落成后的中心将为残疾人体育训练与残疾人就业提供一个新的平台，将极大地促进广州市残疾人运动员竞技训练水平和成绩的提高，更好地满足广大残疾人日益增长的体育、文化生活需要。另建成有广州国际残障人文化交流中心。该交流中心用地面积约 20 亩，6 层楼里包括了 3000 多平方米的展示厅、1000 多平方米的学术报告厅，还有供残障人士举办各种活动的文化交流室、舞蹈排练室及歌唱厅等。集文化交流、展览参观、办公管理及综合配套四大功能于一体。广州国际残障人文化交流中心的落成，为残疾人文化的国际交流提供现代化无障碍的场所，促进了残疾人的国际文化交流，标志着广州为残疾人提供文化服务能力的跨越性发展。完善了 12 个"全民助残健身工程"示范点，在全市 80 个社区开展"残疾人文化进社区"活动。

2. 残疾人公共文体服务体系

一般认为，残疾人公共文体服务体系是以满足残障人士文体需求和保障其文体权益为目的，在政府引导下全社会共同参与的各种公益性文体机构和服务的总和。残疾人公共文体服务体系的基本特征有四点①。①公共性。构建残疾人公共文体服务体系的目的是要保障残疾人平等的文体参与权、提高残疾人的健康水平、丰富残疾人的精神生活、为残疾人健身康复提供稳定的制度性保障。国家通过公共权力，利用公共资源为残疾人提供的公共服务是以公共利益为最终出发点和归宿，也就是说提供公共服务的政府及公共部门通过灵活多样的机制和方式为残疾人提供基本的、无差别的、具有公益性的服务内容，从而满足残疾人特殊化、多样化、类别化的文体需求。因此，公共性成为残疾人文体服务体系的最基本的特征之一。②均等性。实现残疾人公共文体服务的均等化是残疾人公共文体服务体系建设的重要目标，让残疾人均等地享受公共文体服务是公共服务均等化的重要内容，为残疾人提供均等的公共服务是服务型政府的职责要求。残疾人在公共文体服务方面，均等地拥有自由选择权，任何人不能以任何形式对之予以歧视。③福利性。由于公共服务是要满足全社会每一个公民最基本的生存需求，是为公民提供最基本的社会保障，所以公共服务具有显著的公益性和社会福利性。残疾人的文体公共服务更加具有福利性，因为这一群体本身就处于弱势地位，国家、社会以及其他组织和个人应该给予其更多的帮助和关怀，为他们提供各种形式的便利。④系统性。残疾人公共服务体系不仅是指公共文体服务项目组成的内容，而且包含了贯穿公共文体服务供给、需求、保障、反馈等子系统之间相互联系、相互作用完成公共服务功能的综合体。在系统内部，各子系统与组织要素之间为不断满足残疾人的文体需求，按照国家政策规划分阶段分层次有序推进、有机衔接、互为支撑构成一个彼此相关联的有机整体，从而完善和提高残疾人公共服务体系。

---

① 金梅、马勇：《我国残疾人公共体育服务体系研究框架构建》，《南京体育学院学报》2017年第3期。

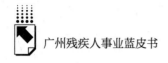
广州市政府和残联在创建残疾人文体服务体系中紧扣省政府文件精神，加大组织和领导力度，拓宽建设资金来源，基本完善了残疾人公共文体服务体系。

（1）广州残疾人公共文体服务以政府购买形式实现

根据《广州市残联残疾人基本公共服务目录》（2017年版）的内容来看，残疾人文化宣传服务予以购买的项目有：残疾人事业社区宣传活动服务；残疾人事业公益广告播出服务；全国助残日系列活动服务；爱心满花城助残服务周系列活动服务；残疾人书画展服务；世界孤独症关爱日系列宣传活动服务。

（2）专门机构扶残与全社会助残互补

广州市残联紧扣加快推进残疾人小康进程的实施意见的工作要点，拓展文化扶残的着力点。宣传法规，明确公民助残责任，提高全社会维护残疾人基本权益的意识。紧密结合社会主义价值观建设，强化尊重、理解、关心、帮助残疾人的主流文化。各级残联及残疾人协会通过举办残疾人文艺演出、携手媒体宣传"平等·参与·共享"的现代残疾人观，加大残疾人的社会关注度，促进残健交流与理解。

3. 残疾人文化与体育活动

2012年3月，中宣部等部门为落实《中共中央国务院关于促进残疾人事业发展的意见》（中发〔2008〕7号）的要求，专门下发了《关于加强残疾人文化建设的意见》，各地残联都根据自身情况出台了具体的落实措施，广州市各级残联组织纷纷开展了丰富多彩的活动。

（1）广州市残联开展的活动（2013～2018年）

①2013年广州市残联文体活动开展情况。

促进残疾人群众体育发展，与市体育局共同组织培训基层残疾人体育骨干110余名。广州市残疾人体育运动中心荣获中国残联授予的"自强健身示范点"称号（广州市、广东省唯一一家）。参加国际、全国、全省各类残疾人竞技体育比赛均取得较好成绩。完成国家硬地滚球队、国家聋人游泳队的集训保障任务，承办2013年全国残疾人羽毛球锦标赛赛事，承办 2013 年广州市残疾人游泳锦标赛和 2013 年广州市残疾人乒乓球、羽毛球锦标赛。参加"广东省第八届残疾人文艺汇演""广东省残疾人艺术作品大赛"，获较好成绩。组织开展了对全市残疾人文化、体育进社区情况专项调研。组织开展了广州市第二十三次全国助残日暨第三届残疾人文化节活动。精心准备第三届广州市爱心满花城助残服务周相关工作，制定了实施方案。在市文广新局、民政局支持下，建成残疾人文化进社区示范点 48 个。2013 年各新闻媒体报道残疾人事业的专题、新闻、信息 280 余篇。

②2014 年广州市残联文体活动开展情况。

开展了第二十四次全国助残日活动。落实经费 400 万元推进全市 80 个社区建设实施"残疾人文化进社区"项目。举办第四届广州市残疾人艺术节暨广州市残疾人书画展巡展，组织参加第三届广东省残疾人曲艺大赛。举办了全市第九届残疾人运动会。参加全国、全省各类残疾人竞技体育比赛均取得较好成绩。

③2015 年广州市残联文体活动开展情况。

开展群众体育走进社区系列活动，引导残疾人融入社会。全年先后在 8 个区开展轮椅太极、轮椅广播操推广培训，举办广州市特奥日活动，在助残服务周举办残健共融趣味运动会，并举办了盲人中国象棋比赛、残疾人轮椅太极、轮椅广播操比赛，聋人飞镖锦标赛等群众体育比赛，举办了 10 余场科学健身讲座和心理咨询活动，累计参加人数约 5000 人次，为参加体育运动项目、场次、人次最多的一年，轮椅太极、轮椅广播操代表队在我市全民健身日主会场做现场展示。

市残疾人体育运动中心（广州国际残障人文化交流中心）每周面向全市残疾人免费组织开展合唱、舞蹈、书法等潜能开发项目，累计开展培训 313 课时 2353 人次参加。广州市追梦天使艺术团等 9 个单位或团体开展残疾人文化进社区活动，免费开展残疾人舞蹈、肢体律动、乐器指导、曲艺指导、小乐队排练、中国手语艺术、轮椅舞蹈和轮椅国标等培训课程，累计开展培训 280 课时 2248 人次参加。

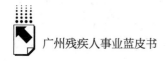

④2016 年广州市残联文体活动开展情况。

报送刊出残疾人新闻 150 篇次。累计开办 1016 课时各类文化艺术培训班，培训 5894 人次。约 4160 名残疾人参加了 9 场群众体育活动。推进全民助残健身工程示范点创建工作，黄埔区投入 50 万元建设残疾人专用示范点。2016 年巴西里约残奥会，广州市 9 人入选中国残奥代表团，获得金牌 2 枚、银牌 1 枚的好成绩，实现了广州市残疾人体育在残疾人奥运会上的历史性突破。

⑤2017 年广州市残联文体活动开展情况。

开展潜能开发培训项目，市残疾人文化交流中心和市文化馆累计培训 724 课时，约 3810 人次参加；在全市 9 个协议文艺共建点累计培训 580 课时，约 2856 人次参加。完成中国残联 2017 年首期康复体育、健身体育指导训练营培训任务，共计培训 300 多人次。组建并推广市残疾人合唱团，累计开展 90 次合唱排练指导，受惠约 3304 人次。举办第七届残疾人文化节暨第六届残疾人书画展，参加人数约 1.2 万人次，举办广州市特殊学校书画大赛，作品共 200 余幅。

2017 年广州市积极组队参加国内外各项比赛，截至 10 月 27 日，广州市运动员共获得国际赛事第一名 1 人次、第二名 2 人次、第三名 4 人次，全国第一名 21 人次、第二名 14 人次、第三名 10 人次。推广残疾人群体体育项目，全市累计开展 29 次群众体育活动，约 5000 人次参加；举办体育运动普及班 20 期，累计 1500 人次参加；开展广州市残疾人群众体育活动季活动，约 990 人次参加。为超过 10 个国家、省、市有关残疾人运动队集训提供保障服务。

2017 年 5 月 25 日，由广州市残联主办，市残疾人体育运动中心（广州国际残障人文化交流中心）承办，广州图书馆协办的"托起残疾人的艺术梦想——广州市第七届残疾人文化节暨第六届残疾人书画展"在广州图书馆负一楼展厅隆重开幕。2017 年 6 月 23 日，在广州市残联的支持下，由市残疾人体育运动中心、白云区文化广电新闻出版局共同主办的 2017 年"大爱无间"关爱残障人士文艺演出活动在白云区文化馆顺利举办。

以上各项活动，广州市在网上公开发布了残疾人文化体育活动方案（见表1），包括具体时间、地址、组织机构、行动路线，等等，非常具体。

表1　2017年广州市残疾人文化体育活动方案

序号	活动名称		活动时间	活动地点	面向单位/人员
1	广州市残疾人文化艺术培训班		3月至12月	残体中心	全市残疾人
2	广州市残疾人合唱团		4月10日至5月12日	广州市文化馆海珠分馆	全市残疾人
3	广州市残疾人轮椅舞蹈推广		4月至9月	各区培训点	全市残疾人
4	广州市残疾人群众体育活动季	残疾人钓鱼、钓虾活动	6月28日	赣粤农庄	各区残联
5		第十一次"全国特奥日"活动	7月19日	残体中心	智力残疾人
6		残疾人轮椅太极剑活动	7月19日	残体中心	各区残联
7		残疾人棋牌活动	7月26日	残体中心	各区残联
8		残疾人飞镖活动	7月26日	残体中心	各区残联
9	残疾人乒乓球锦标赛		8月11日	荔湾区体育馆	各区残联
10	残疾人羽毛球锦标赛		8月11日	荔湾区体育馆	各区残联
11	残疾人游泳锦标赛		8月15日	番禺区英东游泳场	各区残联
12	残疾人田径锦标赛		8月16日	番禺区少年儿童业余体校	各区残联
13	广州市特殊舞蹈教师培训班		9月20~22日	残体中心	各区残联、特教学校
14	残健共融趣味运动会		12月13日	残体中心	各区残联、专门协会
15	第二届广州市残疾人合唱节活动		12月15日	残体中心	各区残联

⑥2018年广州市残联文体活动开展情况。

广州国际残障人文化交流中心开展2018年残疾人艺术家挥春送福活动。为迎接新春佳节的来临，传承中华民族优秀传统文化，2018年2月9日上午，由广州国际残障人文化交流中心主办、越秀区光塔街协办的"2018年残疾人艺术家挥春送福"活动在伦文叙纪念广场举行。活动邀请了广州国际残障人文化交流中心书法班的残疾人艺术家们为市民即席挥毫，赠送春联和福字。本次活动累计为市民送出春联40多副、横批60多副、福字200多个，将美好的新年祝福送给广大市民。

2018 年，广州市残联拟在全市范围内开展多种形式的残疾人文化体育活动，并制定了具体的实施方案（见表2）。

表2　2018 年广州市残疾人文化体育活动方案

序号	活动名称		活动时间	活动地点	面向单位/人员
1	残疾人钓鱼、钓虾活动		6 月 6 日	广州壹加壹钓鱼钓虾场	全市残疾人
2	市残疾人群众体育普及推广培训		3 月至 8 月	荔湾体育馆、沙面羽毛球场、黄埔育辉乒乓球馆、市肢残人士联谊会会址等	全市残疾人
3	市残疾人体育运动中心联合广州市聋人协会开展"南沙湿地公园摄影采风"活动		3 月 31 日	南沙湿地公园	聋人协会残疾人50 名
4	市残疾人体育运动中心联合广州市肢残协会开展"流溪河森林公园健步行"活动		3 月 30 日	从化流溪河森林公园	肢残协会残疾人50 名
5	市残疾人群众体育活动走进校园活动		4 月 14 日	广东工贸职业技术学院（白云校区）	全市残疾人代表
6	广州市残疾人群众体育活动季	盲人跳绳活动	6 月 13 日	市残疾人体育运动中心	各区残联
7		残疾人棋牌活动	7 月 4 日	广州市残疾人体育运动中心	各区残联
8		第十二次"全国特奥日"活动	7 月 20 日	残体中心	各区残联
9		全民健身日轮椅健身项目展演活动	8 月 8 日	残体中心	各区残联
10	"爱心满花城"助残服务周——残健共融趣味运动会		12 月 13 日	残体中心	各区残联
11	市残疾人文化艺术培训班		3 月至 12 月	广州国际残障人文化交流中心及各区残联	全市残疾人
12	市特殊舞蹈教师培训班		9 月 19 ~ 21 日	广州国际残障人文化交流中心	各区残联舞蹈（音乐）负责人、特教学校的舞蹈（音乐）教师
13	组织参加广东省残疾人声乐器乐大赛		报名截止到 4 月 6 日	市残联	各区残联
14	第三届广州残疾人合唱节活动		10 月（具体时间另行通知）	广州国际残障人文化交流中心	各区残联

（2）各区残联的代表性活动

①越秀区残联。

越秀区残联"十二五"期间在残疾人文体活动方面取得了不俗的成绩。以群众喜闻乐见、广泛参与的文体活动为先导，培养和教育残疾人树立自立自强精神，电视、报纸、网站等媒体配合宣传，营造社会助残氛围。残疾人作品在市残联残疾人书画作品征集活动中获奖数量居全市之首。在区残联指导下，各专门协会和街道残联利用助残日、盲人节、老人节等活动日纷纷组织文体活动。18个街道残联、区5个残疾人专门协会联合举行文艺表演，年均上演近100个节目，残疾人及家属1000多人次参加。

2016年11月30日，越秀区"爱心汇聚，向阳花开"残障人士文艺汇演在蓓蕾剧院举行。市残联及越秀区残联等嘉宾和志愿者、学员家属共700多人参加并观看。2017年11月19日下午，由越秀区精神残疾人及亲友协会组织的"书画家与越秀区精协面对面爱心交流活动"在广州三元里皮具城儒雅斋举行，越秀区下属18条街道的精神残疾人亲友及精神残疾人36人，第三届委员7人，新一届委员5人，邀请书画家等7人共55人参加了活动。

在越秀区残联的大力支持下，越秀区智力残疾人及亲友协会于2017年11月18日组织20个智力残疾人家庭约40人到荔枝湾举办以"领略西关文化，实现美好中国梦"为主题的亲子活动。通过活动，拓宽了智力残疾人及亲友的视野，领略西关文化的同时，不断丰富精神文化生活，培养热爱生活、感恩社会的情怀。通过活动增强协会凝聚力，不断促进社会和谐。

越秀区"爱回家"精神康复者过渡性宿舍项目第三季度生日会于10月19日晚上如期举行，舍友满怀喜悦相聚爱心家园多功能室，宽敞明亮的活动室立刻充满了欢声笑语。各位舍友大展歌喉，歌声缭绕在中心大楼的每一处。越秀区"爱回家"精神康复者过渡性宿舍每个季度都会为舍友举办一次生日会，让在舍的舍友能够感受到宿舍服务对他们的关怀，也让舍友们加强彼此间的交流，营造大家庭的氛围。

②白云区残联。

白云区残联在全国助残日、爱耳日、世界精神卫生日等主题日中开展了很多宣传活动，通过广场宣传、慰问困难残疾人、康园工疗站组织残疾人开展一日游、为残疾人免费适配辅助用具等方式，丰富残疾人的精神文化生活，同时呼吁社会各界关心关爱残疾人，营造扶残助残的社会氛围。

2013年7月14日，白云区第六届运动会暨第五届残疾人运动会隆重开幕。本届残运会共有358人次残疾人运动员参加田径、游泳等八大项的比赛。白云区残疾人运动会是全市唯一一个四年一届，与区运会联合同步举办的区级残运会。

2014年，区残联组织52名残疾人运动员进行为期15天的集中训练，组建代表团参加广州市第九届残运会，经过运动员的赛场拼搏，白云区代表团以团体总分386分的成绩获得市第九届残运会团体第四名和组织奖。

2015年，组织残疾人运动员30人次参加市残疾人乒乓球、羽毛球、游泳、田径等专项锦标赛中的58个小项比赛，获得羽毛球团体第二名、田径游泳比赛团体第四名，个人项目10个第一名、4个第四名、7个第三名的优良成绩。

③黄埔区残联。

黄埔区残联在过去几年里，在残疾人文体活动方面取得了不俗的成绩。2015年，黄埔区残联在全市范围内率先成立了首个康园工疗机构书画协会。它的成立是康园工作"黄埔模式"的一项新举措，同时也是打造残疾人文化体育强区的重要内容。2017年黄埔区康园工疗机构书画协会作品展隆重开幕。

如何让区内残疾人共享经济社会文化发展成果，尤其是在区划调整后，黄埔区残联提出从残疾人文化体育大区向强区迈进的目标，并酝酿组建一支真正属于残疾人自己的合唱队伍。组织起一群喜爱唱歌、能唱好歌的残疾人，并不是一件容易的事。经多方筹措和准备，2016年6月黄埔区残疾人合唱团正式宣告成立。成员由当初的30人发展到现在的60人，真正成为全国首支区县级清一色由残疾人组成的合唱团。继2016年斩获市首届残疾人合唱比赛三等奖后，在2017年9月"喜迎十九大——广州地区群众合唱百团展演"活动中，再次用歌声打动全场观众，令全场观众无不为之动容，以持久不息的掌声对他们拼搏进取、乐观向上的精神面貌给予肯定和祝福，演出获得了圆满成功。

④从化区残联。

从化区残联积极开展各类宣传活动，争取各界对残疾人工作的支持。一是在"全国助残日""全国爱耳日""世界精神卫生日"等活动日期间，组织举办各种康复宣传咨询服务活动；二是组织上门宣讲政策法规和慰问活动；三是印发宣传单张、小册子等宣传材料；四是充分发挥媒体的作用，及时把各种信息传递到社会，通过不断加大宣传，从化区残疾人工作赢得了社会各界的广泛支持。

从化区残联积极组织残疾人参加文体活动，在市体育局、市体校的支持配合下，派出了24名残疾人运动员参加广州市第九届残运会，获得3金4银2铜的好成绩。

2016年10月26～27日，从化区残疾人趣味运动会在区残疾人托养及技能培训基地举行，主题为"参与、健康、娱乐、和谐"，各镇街康园工疗站学员、康复中心儿童及家属共200多人参加本次运动会

⑤番禺区残联。

番禺区残联成立于1990年，历经撤县设市到撤市设区（1992年撤县设市，2001年撤市设区），克服种种困难，在残疾人康复、文化、教育、体育等方面取得显著成绩。番禺区新闻媒体以及各镇的电视广播站，在每年"助残日"期间，对助残活动进行大力宣传，报道该区残疾人事业发展情况，大力宣传残疾人自强不息、顽强拼搏的感人事迹。在过去的近十年，参加过多次广州市残疾人运动会，涉及足球、羽毛球、乒乓球、游泳等多个项目，均取得了优良成绩。在文化生活方面，组织残疾人参加电子商务培训班，参加市盲人诗歌散文朗诵比赛等活动。

2016年4月24日，番禺区残联、区教育局在荔园新天地联合举办2016年特殊家庭观影、陶艺作品义卖展。作品展共展出了153件家长和孩子们共同制作的花瓶、艺术摆设和茶杯等陶艺作品。此次义卖活动筹集的善款将用作番禺区特殊教育培训及活动所需开支。

番禺区康园工疗站服务中心与区桥城中学牵手，2017年10月23日在学校举办"了解助残服务社会组织"为主题的社区大课堂活动。本次社区教育面向中学生，将助残的理念带到学校，让学生对残疾人及残疾服务有正确的认识，有利于推进助残服务进社区，推进社区教育与学校教育紧密结合，促进社区文化教育的不断发展。

⑥天河区残联。

天河区残联于1989年9月成立。天河区残联除了有各街道残联外，还成立了专门协会，包括盲人协会、聋人协会、肢残人协会、精神残疾人及亲友协会以及智力残疾人及亲友协会。该残联经常以各协会为单位举办形式多样的文体活动。如为丰富广大视障人士的业余文化生活，鼓励盲人积极投入读书生活中来，以广州市残联举行盲人诗歌、散文朗诵比赛为契机，天河区视障人士协会在2014年4月19日举办了天河区视障人士诗歌散文朗诵培训班。2016年10月27日，天河区第四届残疾人趣味运动会在奥林匹克中心举行，邀请了从巴西里约残奥会载誉归来的天河籍运动员胡鑑文（田径）、林穗玲（轮椅篮球）、邓明珠（轮椅篮球）和广东省"自强创业之星"翁水丰到现场助力加油，社区残疾人、工疗站残疾人及家属共700余人参加。2017年11月30日上午，天河区聋协在区残疾人就业与康复综合服务中心举行了一次别开生面的飞镖和模拟冰壶项目体验推广活动。2018年2月13日上午，天河区盲协与肢协首次携手举办了"同游花市，喜迎新春"活动。本次活动在区残联领导的大力支持下，在广州冠宝上康科技有限公司组建的助残爱心人士的热心帮助和赞助下，组织了辖内20多名视力残疾人和肢体残疾人代表，结伴同游天河区花市，并参观了区残联和康园的义卖摊位。

⑦荔湾区残联。

荔湾区残联自成立以来，开展了诸多残疾人文体活动。比如2016年5月15日是第二十六次"全国助残日"，荔湾区残联以"助残日"为契机，在5月以"关爱残疾人　把爱洒满人间"为主题开展了多姿多彩的助残月系列活动。联合东漖街残联组织东漖辖区内的残疾人士及其家属举办"生命因运动而精彩，社区因共融而美丽"残疾人运动会，通过健康跑、投篮比赛、飞镖比赛等丰富的运动比赛形式，一方面让残疾人士展示自我风采，另一方面增加他们与社区居民接触交流的机会。联合逢源街残联开展"才艺展现，梦想飞翔"残疾人才艺展示活动，现场除了书画、剪纸、绣花等才艺表演，还有各种互动小游戏以及纪念品，并邀请各街道的残疾人、盲校代表以及第一人称艺术团进行文艺表演，活动气氛十分热烈。联合区聋人协会组织了30名聋哑残疾人朋友开展"爱心阳光之旅"新会名人故居一日游活动。在第二十七次全国助残日来临之际，为发扬残疾人"自尊、自强、自立"的精神，2017年5月19日，由区残联主办，致爱、康迪学校承办，荔湾区残疾人合唱团协办的"推进残疾预防，健康成就小康"——荔湾区第二十七次全国助残日文艺展演在致爱学校举行，约300名残疾人学生参加了活动。

⑧增城区残联。

在残疾人文体活动方面，增城区残联做了很多工作。2016年10月13日，正果镇残联组织20名残疾人参加在区残疾人康复中心举办的广州市残健共融趣味运动会。这次活动是希望通过举办趣味运动会鼓励广大残疾人走出家门接触社会，参与适合自己的体育活动，锻炼身体，增强参与社会活动的自信心。2017年4月2日是世界第十个自闭症日，为推动社会关注自闭症人群，当天下午，由自闭症儿童家长主办，MC音乐酒廊承办，鱼空间协办的"星语星音"——关爱自闭症儿童音乐会在MC音乐酒廊举办。2017年8月8日，广州市残疾人群众体育活动季暨全民健身日残疾人轮椅健身项目展示活动在广州市残疾人体育运动中心举行。增城区石滩工疗站的8名肢体残疾人成立的轮椅太极表演队参加了轮椅广播操和轮椅太极扇的展演，并在比赛中获得总分第一名的佳绩。

⑨南沙区残联。

南沙区残联在本级政府领导下，在市残联的指导下，开展了一系列丰富多彩的文体活动。2017年3月1日，南沙区残联组织30多名聋哑人、各专门协会主席在海珠湿地公园开展"走进大自然，相约百花间"的主题联谊活动。通过本次活动，极大提高了他们对大自然的认识，为聋人朋友提供了良好的沟通平台，并让他们了解到政府的各项扶助政策，感受党和政府的关爱。为提高各类残障人士对健康的认识，同时给社区残障人士提供掌握体育活动相关知识的学习交流机会，在全国助残日来临之际，南沙区残联于2017年5月19日在南沙区全民助残健身工程示范点开展以"共健共娱，全民健身"为主题的助残健身培训活动，聘请了广州市人人社会服务中心培训部主任及社区康复医生丁奇医生为残疾人及示范点相关工作人员进行培训。为增强学员体质，丰富学员的康复生活，南沙区万顷沙镇康园工疗站于2017年12月25日在站内篮球场举办冬季趣味运动会，全站30多名学员踊跃报名参与。2018年3月30日，南沙区康园工疗站服务中心组织全区工疗学员和工作人员共260多人到大岗镇十八罗汉山开展"十年同舟，共享春色"春游登山活动。此举丰富了工疗学员的文娱活动，开阔了学员的视野，促进了各镇（街）工疗站的交流与合作。

⑩海珠区残联。

海珠区残联在本级政府领导下，在市残联的指导下，开展了一系列丰富多彩的文体活动。2017年7月11日至15日，由中国残疾人联合会、中国残奥委员会、中国特奥委员会主办，云南省残疾人联合会、文山州人民政府、云南省残疾人体育协会承办，文山州残疾人联合会、文山州文化广电体育局、文山市人民政府、文山体育中心、文山州羽毛球协会协办的"体彩杯"2017年全国残疾人羽毛球锦标赛在云南省文山市举办。海珠区残疾人运动员杨健远在此次比赛中夺得了双打第一、单打第三的好成绩，充分展示了残疾人运动员自强不息、顽强拼搏的品质。2016年5月12日，海珠区残疾人书画摄影培训班在广州残疾者英语培训中心正式开班。本次培训班分为书法、绘画、摄影三个班，每个班有学员约30名。参加此次培训班的学员，将学习到书法的鉴赏艺术、字体类型及运笔方法，中国工笔画的绘画临摹技法，还有简单实用的手机摄影构图技巧。在生动有趣的课堂练习中能实时得到老师的指导示范，摄影班的同学还有外出写生亲近大自然的机会。这次培训班的开办，旨在提高区残疾人书画摄影创作水平，进一步丰富残疾人朋友的精神文化生活，为更多的残疾人走出家门、融入社会提供平台。2016年1月13日，由海珠区残疾人联合会、广州市十三行商会主办，海珠区启能学校承办的"情系启能天使，共创幸福未来"——2016 学年第一学期海珠区残联、广州市十三行商会爱心捐赠活动在海珠区启能学校举行，捐赠慰问物资、慰问金共计 5 万元。

⑪花都区残联。

近年来，花都区残联在本级政府领导下，在市残联的指导下，开展了一系列丰富多彩的文体活动。2017 年 5 月 21 日上午，区残疾人工作委员会成员单位共同举办了主题为"推进残疾预防，健康成就小康"的第二十七次全国助残日活动。本次活动紧扣主题，旨在践行友爱、互助、融合、共享理念，形成扶残助残的良好社会风尚，全场分为体验区、咨询区、展示区共 3 块区域，既有为残疾人排忧解难的"小贴士"，又有展示残疾人自强不息精神风貌的"舞台"，还有别开生面的残疾人居家体验，现场人潮涌动，热闹非凡。2016 年 5 月 18 日，花都区残联在锐锋羽毛球馆举办了 2016 年广州市残健共融趣味运动会进社区活动，区智能学校、新雅和花城两个街道的工疗站学生、学员在家长的陪同下参加了活动。活动现场设有趣味保龄球、醉射龙门、蒙眼敲锣等运动项目，运动员们在比赛中踊跃参与，每个项目既紧张又有趣，大家的掌声和欢笑声此起彼伏，充分展示了残疾人朋友"自尊、自信、自强、自立"的风采。残健共融趣味运动会不仅为残疾人提供了展示自我的机会，也向残疾人朋友们表达了区残联对他们源源不断的关爱，同时为今后开展各项残疾人工作打下了基础。在场的残疾人朋友及其家属都希望今后多开展此类趣味活动，丰富他们的业余生活，增强生活的自信心。2016 年 5 月，花都区举办了第二十六次全国助残日活动。活动现场，没有彩旗和横幅迎风招展，只有爱意融融，区残联居家康复服务队的康复治疗师们在细心地为躺在床上的孩子做理疗。

（二）存在的主要问题

1. 公共文体基础设施薄弱

第二次全国残疾人抽样调查数据显示，广州市残疾人比例为 5.26%，残疾人总人口为 521200 人。各类残疾类别构成比例分别为：视力残疾占

11.69%、听力残疾占21.65%、言语残疾占2.02%、肢体残疾占23.23%、智力残疾占4.91%、精神残疾占13.56%、多重残疾占22.94%，具体数据为：视力残疾有60927人、听力残疾有112839人、言语残疾有10529人、肢体残疾有121074人、智力残疾有25592人、精神残疾有70675人、多重残疾有119564人。[①]

以荔湾区为例，到目前为止，该区有文化艺术中心大楼一座，区文化馆、图书馆、博物馆各1家，195个社区基本建有文化室，已建成49家"农家书屋"（含29家"绿色网园"），全区共有文化广场68个。公共文化基础设施实现全覆盖，基本建成城市"10分钟文化圈"。应该说，在广州市的各区县，群众的公共文体基础设施基本齐备。但是，在这些公共文体基础设施当中，能够专门为残疾人所使用的究竟有多少呢？有学者对广州市社区残疾人公共设施进行了专门调查分析，认为广州市作为广东省的省会城市，残疾人公共设施的发展较省内其他城市均处于先进水平。其中，广州市体育馆内的无障碍设施曾被外媒评价达到了国际先进水平。然而，在旧城区内，残疾人公共设施的水平仍相对落后，即使是最为常见的盲道也已被严重磨损，发挥不了原有的作用。同时，在广州繁华地区如体育中心周边，残疾人公共设施的建设仅限于基础性的设施配置。无障碍设施还没有真正实现与社会环境友好融合在一起，提供良好的无障碍环境。那么，存在的问题主要有重建设、轻管理，规划不合理，设施使用频率低，等等[②]。

2. 公共文体服务体系建设巩固艰难

从全国范围来说，广州市属于经济比较发达的地区，文化也比较开放。其应当有条件建立比较完善的公共文体服务体系。但是，相对于常人来讲，社会对残疾人的政治权益、经济权益保障研究比较关注，而对残疾人基本文化权益的保障研究相对不足。尽管现在在政策法规、基础设施、人员配置以及社会支持方面都有了较大的进步和提高，但是现实中巩固起来难度不小。

---

① 参见广州市残疾人联合会网，www.gzdpf.org.cn/Article/index.html，2018年11月30日。
② 关慧敏等：《广州市社区残疾人公共设施优化配置的思考》，《中小企业管理与科技》2015年第6期。

首先，观念落后问题。从某种意义上说，没有残疾人这个群体的小康，就不是真正的全面小康。"小康"并不单单是一个单纯的经济概念，而是经济、政治、文化、社会全面发展的综合概念。残疾人"平等、参与、共享"的程度，不仅关系残疾人的切身利益，而且是事关建成全面小康社会的整体质量的大事。可见，要全面建成小康社会，就必须保障残疾人的基本文体权益，促进残疾人在基本文体领域的平等、参与、共享。观念不改变，服务一定跟不上去。因此，要在全社会形成对残疾人尊重、关爱和给予帮助的氛围和风气。其次，维持残疾人公共文体服务体系需要多方面协同努力。有学者以海珠区为例，专门研究了残疾人参与社区文化的发展模式，认为海珠区在残疾人参与社区文化方面有创新特色之处，表现为：①以人为本，个性服务；②残健融合、平等共享；③典型示范、以点带面。但是也认为这种社区文化模式存在较大的问题，如必须提高认识、健全机制，落实经费保障和相关制度的完善，特别是结合社区康复机构的建设活跃残疾人文体活动，等等[1]。海珠区残疾人参与社区文化的发展模式是一个很好的范例，但是，在目前看来，这种模式在广州市并没有全面地很好地推广和坚持，因此，像这种公共服务体系的建设还需要政府、企业及整个社会的共同努力。

3.残疾人文体事业发展的影响因素

（1）文体意识

残疾人的文体意识是残疾人群众文体运动成败与否的关键因素之一。很多残疾人对参与群众性健身活动的认识还比较肤浅，对健身与劳动还没有清楚的概念分辨。残疾人由于自身的身体障碍，严重影响了他们的正常生活和文体参与。再加上残疾人的受教育程度普遍比较低，思想观念比较落后，他们很少认识到文体锻炼对日常生活、自我保健、康复的重要性。另外，残疾人因为自身身体障碍的原因及自卑的心理而对文体活动兴趣不足，这样很容易陷入封闭孤独状态。

---

① 张强、臧晴：《华南地区残疾人社区文化发展模式探究——以广州市海珠区为例》，《企业导报》2016年第1期。

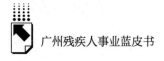
（2）政策法规

根据我国宪法和相关法律法规规定，残疾人的各项权利都要得到保护。《中华人民共和国残疾人保障法》第五章专门规定了残疾人的文化生活保护。1995年，国务院颁布了《全民健身计划纲要》，其中第15条规定："广泛开展残疾人体育健身活动，提高残疾人的身体素质和平等参与社会活动的能力。丰富残疾人体育健身方法，培养体育骨干，提高残疾人体育活动水平。"广州市政府制定了详细的实施残疾人事业"十五"计划和"创建全国残疾人工作示范城市"的实施方案，颁发了《广州市按比例安排残疾人就业办法》及其实施细则、《广州市无障碍设施建设管理规定》、《全市无障碍设施检查内容和要求》、市政协《关于建立广州市残疾儿童报告制度的建议》，等等。但是这些法律法规都很少关注残疾人的文体公共服务。由于各方面的原因，政府部门比较多关注残疾人竞技体育事业的成绩，而对残疾人的文体公共服务这一社会性质的事业却显得力不从心。

（3）社会环境

残疾人的问题是全社会应该关注的问题，残疾人文体活动的开展情况影响到和谐社会的构建。营造对残疾人理解、尊重和帮助的社会环境，媒体宣传是开展残疾人体育事业的推动力。体育锻炼是残疾人康复、健身和融入社会的有效手段。目前，社会对残疾人普遍存在偏见，对残疾人的文体事业宣传力度不够、重视不足、投入欠缺，还没有从真正意义上形成理解、尊重、关心、帮助残疾人的社会氛围。

（4）物质基础

经济发展的水平是保障残疾人文体事业发展的物质和社会基础。残疾人文体活动经费主要还是依赖于政府财政，经济收入不仅是衡量社会强弱势群体的标志，也是制约残疾人文体事业发展的关键因素。国家虽然出台了许多扶贫政策，但残疾人的收入仍然很低，调查资料表明："残疾人的家庭年均经济收入有65%的处于低收入水平，其中尚有许多残疾人还没有解决温饱问题，基本生活消费仍然占相当大的比例"。在基本生活没有保障的条件下，更高层次的需要也不现实，大多数残疾人的生活都非常困难，这严重阻碍了残疾人参与群众性文体健身活动。

（5）场地设置

体育场地和设施是组织体育活动、进行体育锻炼不可缺少的条件。残疾人参与体育活动的场地、设施和器材的缺乏已成为影响他们体育生活的一个重要因素。根据《广东省第六次全国体育场地普查数据公报》的数据，平均每万人拥有体育场地 13.78 个，人均体育场地面积 2.01 平方米。但是，很多公共场地设施都缺乏一些适合各类残疾人进行体育活动所用的器材，从而严重影响了残疾人参与体育锻炼的积极性。广州市很多地区缺少专门为残疾人修建的体育锻炼的场所和配备专用的体育设施。综合性的体育场馆缺少无障碍通道，或者即便有也是被占用乃至损坏。几乎全部的公共体育设施，都是与健全人共用，使得残疾人的体育锻炼无法得到有效的保障。

（6）健身宣传指导

据调查，有半数以上的残疾人想参加体育锻炼但不知道正确的锻炼方法。残疾人身体受限，没有科学的健身知识做指导，是阻碍残疾人参加健身运动的重要原因。在当前有关社会体育指导员的培训中，增强对残疾人体育健身指导的培训，培养指导残疾人体育健身专门人才，使大批社会体育指导员掌握残疾人体育健身技能。从国外发展残疾人健身体育的经验来看，要进一步开展全民健身运动，必须在宣传上下功夫。媒体要广泛宣传残疾人自尊、自信、自强、自立的精神，鼓励他们实现平等、参与和共享的理想，而不是残疾人竞技体育比赛的成绩和奖牌。政府和有关部门应充分利用报纸、广播、电视、网络等大众传媒，使全民健身活动同文化娱乐融为一体，与卫生保健日益结合，使残疾人意识到体育健身的重要性，同时也形成一种社会支持力量。

加强健身指导，可以建立各种健身组织。目前残疾人参加体育活动多以个体活动为主，其中一个原因是很多残疾人由于自身的生理缺陷，难以或不愿意参加集体或群体性活动。另一个原因是，当地体育主管部门很少组织群体性残疾人体育活动，因为他们很少关注残疾人，即使有，也以竞技性为主，所以以个体活动为主的残疾人体育活动的形式直接或间接反映了当地政

府、体育主管部门对残疾人不够重视的现实，这也是目前我国残疾人体育不普及的重要原因。可以充分利用各级残联组织，分社区成立各级健身组织，帮助残疾人积极融入群众娱乐活动中，特别是可以发动各界热心人士和企业，适当筹集经费，广泛宣传各种文体活动，积极动员，形成良好的文体氛围，这些对残障人士有积极的正面引导作用。

二　发展设想

（一）指导思想

高举中国特色社会主义伟大旗帜，全面贯彻党的十九大全会精神，以邓小平理论、"三个代表"重要思想、科学发展观、习近平新时代中国特色社会主义思想为指导，认真落实党中央、国务院决策部署，特别是落实国务院《"十三五"加快残疾人小康进程规划纲要》《国务院关于加快推进残疾人小康进程的意见》《广东省残疾人事业发展"十三五"规划》《广东省人民政府关于加快推进残疾人小康进程的实施意见》《广州市国民经济和社会发展第十三个五年规划纲要（2016～2020年)》，围绕"四个全面"战略布局，牢固树立和贯彻创新、协调、绿色、开放、共享的发展理念，把加快推进残疾人小康进程作为全面建成小康社会决胜阶段的重点任务，聚焦农村、贫困地区和贫困、重度残疾人，健全残疾人权益保障制度和扶残助残服务体系，增加残疾人公共产品和公共服务供给，让改革发展成果更多、更公平、更实在地惠及广大残疾人，使残疾人收入水平明显提高、生活质量明显改善、融合发展持续推进，让广大残疾人安居乐业、衣食无忧，生活得更加殷实、更有尊严。

（二）目标与原则

随着社会环境的不断优化，残疾人事业的不断发展，残疾人素质的不断提高，残疾人参与社会的意识不断增强，参与社会的范围不断扩大，追求文化体育等精神生活的愿望越来越强烈，各级要与时俱进，主动调整工作思路，切实把残疾人对美好生活的向往作为工作目标，进一步加强残疾人文化体育工作，满足残疾人的精神需求。要主动加强与文化部门的沟通交流，将残疾人文化体育工作纳入建设文化强市文化强区的规划之中，各类公共文化活动要鼓励、吸纳残疾人参加。广泛开展残疾人群众性文化体育活动，丰富残疾人生活；要重视发展残疾人特殊艺术和竞技体育，实施精品和金牌战略，不断提高艺术和运动水平，以满足更高水平的需求。要充分发挥残疾人特殊艺术委员会和体育协会的作用，加强文体人才的培训，完善优秀残疾人演员、运动员分级选拔、培训和奖励制度，经常性排练、训练制度以及注册登记制度。完善残疾人特殊艺术编导、体育教练员、裁判员、分级员注册登记制度。经常开展全市性的文艺汇演和体育比赛，推动一流精品和拔尖人才脱颖而出。

1. 主要目标

到2018年，残疾人文体权益保障制度基本健全，残疾人文体生活水平进程与全省小康进程相适应。到2020年，基本建成覆盖全市城乡、便捷高效、保基本、促公平的残疾人现代公共文化体育服务体系。残疾人公共文化体育设施网络全面覆盖、互联互通，公共文化体育服务的内容和手段更加丰富，服务质量显著提升，公共文化体育管理、运行和保障机制进一步完善，政府、市场、社会共同参与残疾人公共文化体育服务体系建设的格局逐步形成，残疾人文化体育权益得到更好保障，基本公共文化体育服务均等化水平稳步提高，残疾人文化体育市场体系健全。实施"全民助残健身"工程，各县（市、区）建成一批残疾人体育健身示范点，普及推广适合各类残疾人的体育健身项目。充分发挥公共文化机构、艺术团体作用，结合各地文化特色，组织开展适合残疾人特点、方便残疾人参与的文化艺术活动和群众性体育活动。

2. 基本原则

坚持政府主导与社会参与、市场推动相结合。既要突出政府责任，确保残疾人公平享有基本公共文体服务，依法维护好残疾人平等文体参与权益，

又要充分发挥社会力量、残疾人组织和市场机制作用,满足残疾人文体活动多层次、多样化的需求,为残疾人生活创造便利化条件和友好型环境。

坚持统筹兼顾与分类指导相结合。既要加强对农村和贫困、重度残疾人的重点扶持,统筹推进城乡区域和不同类别残疾人对文体活动的各种需求,又要充分考虑城乡和地区差异,使残疾人文体需求与当地全面小康进程相协调、相适应。

(三)发展重点

1. 落实省市重点工作任务

落实省政府关于加快推进残疾人小康进程任务的 30 项工作(广州市已完成 18 项,其他 12 项任务还未完成)。落实市委深化改革相关任务。配合完成推进"五类车"综合治理、按市政府部署择机启动残疾人轮椅车置换工作,尽量化解风险,把负面影响降到最低。落实残疾人两项补贴和资助残疾人参加基本养老保险、配合建立完善救助衔接机制、扩大惠残政策覆盖面等市政府重点工作任务。落实群团组织改革任务,推进群团组织转型发展,进一步发挥残联职能作用。

2. 建设互联网 + 残疾人服务平台,共享智慧城市资源

完善残疾人人口基础信息和残疾人基本服务需求信息数据管理系统,推广残疾人生命周期全过程服务系统的应用,实现社区网络化服务管理系统数据与市残联电子政务平台数据的互通共享,实现残疾人业务工作台账入网格达 100%。探索智慧城市各类资源的利用,提高信息化应用保障水平,继续开办残疾人电商、微商创业培训班,进一步加强官网、微信等新媒体在宣传、服务、维稳、筹款等方面的分量。

3. 增强服务能力,构建内涵丰富的残疾人服务网络

发挥枢纽性社会组织的作用,创办残疾人服务组织孵化基地,完善残疾人公共服务目录和政府购买残疾人公共服务制度,引导社会力量依法有序进入残疾人服务业,推动社会组织依法有序承接残疾人服务项目,促进残疾人社会组织、服务机构规范建设,在全国残联系统率先探索建立既符合国有资

产管理要求又适应残疾人组织发展的体制机制。办好中国残疾人辅助器具孵化基地，推进残疾人辅助器具向高科技、多样化发展，满足残疾人个性化需求。研究探索社会资本投入残疾人康复、托养设施建设的模式。加快培育发展社会助残组织，指导专门协会加强法人治理工作。加快基础设施建设。抓紧市政府已立项的星安居项目建设。编制完成基础设施的使用方案，确保建一宗，成一宗，发挥效益一宗。

4. 依法发展事业，保障残疾人合法权益

修订《广州市按比例安置残疾人就业办法实施细则》《广州市残疾人就业保障金征缴实施办法》《广州市无障碍设施建设管理规定》《广州市民办残疾人服务机构资助办法》。研究制定《广州市残疾人证管理办法》《广州市贯彻落实〈国家残疾预防行动计划（2016～2020年）〉工作方案》。对"十二五"期间惠残政策、福利情况等进行调查研究，为健全残疾人权益保障机制提供参考。梳理有关规范性文件的修订和执行情况，形成程序清晰、责任明确、廉洁高效的残疾人事业规范管理体系。加大各项优惠政策的宣传和实施力度，配合做好残疾人机动轮椅车的监管。

5. 创新发展各项业务，增强残疾人幸福感和获得感

协调政府职能部门，推进残疾人服务保障纳入全市大社保、大教育、大就业、大志愿、大预防体系。加强残疾预防工作，建立完善残疾预防工作体系和机制，建立出生缺陷儿童残疾预防和控制干预数据库、出生缺陷儿童确诊报告制度、出生缺陷儿童确诊资助制度和出生缺陷综合性控制干预服务平台。开展残疾人精准康复工作，按需求提供各项康复服务；多渠道促进残疾人就业工作，帮助不同类别和层次残疾人实现就业；加大残疾人教育扶助力度，保障残疾人接受教育的权利；完善残疾人社会救济和保障水平，协调两项补贴提标扩面，落实残疾人参加养老保险、医疗保险资助政策，出台残疾人综合津贴政策，制定困难成年重度残疾人单独立户施保落实措施；着重开展残疾人群众性体育和文化活动，推广社区无障碍微循环，发掘残疾人天赋潜能，使残疾人融入社会，增强幸福感和获得感。

6. 推进公共文体基础设施建设

残疾人综合服务设施建设是衡量残疾人事业发展水平的重要标志，也是展示残联形象、提升服务残疾人能力的重要载体，更是构建残疾人事业发展的战略支点。而公共文体基础设施建设又是综合服务设施建设的最重要环节，因此必须予以高度重视。根据国务院颁发的《"十三五"推进基本公共服务均等化规划》要求，"十三五"期间，残疾人文化体育要实现：能够收看到有字幕或手语的电视节目；在公共图书馆得到盲文和有声读物等阅读服务；为基层残疾人体育活动场所和残疾人综合服务设施配置适宜的器材器械。优化无障碍环境建设，今后在城市道路建设中切实落实无障碍建设标准，体现人性化设计，按"一条直线"要求把盲道规划好，按规范标准的宽度施工。在各区街道等建立盲人阅览室或阅览区，并且提供盲文图书和有声读物，等等。

7. 推进公共文化服务体系建设

第一，广州市各区应当有计划地兴建、改建、扩建残疾人文化、体育活动场所，鼓励帮助残疾人参加各种文化、体育、娱乐活动。第二，残疾人凭残疾人证可免费进入旅游景区、公园、动物园、植物园、纪念馆、科技馆、文化馆、图书馆、美术馆、展览馆、体育场馆等场所，举办商业性活动时除外。盲人、重度残疾人等需要陪护的，可以有 1 名陪护人员免费进入上述场所。第三，市区等公共文化体育设施应当对各级残疾人联合会组织的残疾人体育训练、比赛和文艺排练、演出减免费用。第四，各级人民政府和有关部门应当通过报刊、广播、影视、网络等多种形式，宣传残疾人事业，免费刊播相关公益广告。第五，市区等电视台应当创造条件开办手语节目并逐步加配字幕；公共媒体应当开设残疾人专栏、专题节目。第六，公共图书馆应当创造条件建立盲文及盲人有声读物阅览室，为盲人读者提供有声读物和盲文书籍。第七，鼓励文化、广播电影电视、新闻出版等部门和单位以无障碍模式为残疾人开发、提供文化产品和服务。第八，残疾人在集训、比赛和排练、演出期间，所在学校应当保留其学籍，所在单位应当保障其工资福利待遇不变。对无固定收入的残疾人，组织者应当给予适当补助。

8. 助力残疾人文体生活和文艺创作

对于残疾人而言，梦想可能就是通过触摸书本，感知缤纷的世界；可能就是一字一顿，想放声歌唱的欲望；也可能，仅仅是想努力地伸伸脚、动动腿而已。因此，针对残疾人的特殊状况，应该积极引导残疾人丰富文体生活，有意识地培养他们的文艺创作，优化他们的生存环境，让他们融入社会、幸福生活，实现"平等、参与、共享"的目标。具体可以出台《鼓励残疾人文化创作和发明创造的奖励措施》，以提高广大残疾人文化创作和发明创造的积极性，为残疾人文化创作和发明创造爱好者提供良好的创造环境，扶持残疾人文化艺术产品生产及残疾人题材文艺作品的创作、出版。可以成立专门的文体协会，有针对性地开展各种活动，从人力、物力、财力上予以保障。可以充分利用全国助残日、国际残疾人日、残疾人健身周等节日，开展系列活动等。

9. 推进残疾人文体管理运行机制的创新

随着社会经济的快速发展，广州市残联等相关部门应大胆创新，立足本市实际，大力推进残疾人事业发展。加大政府购买力度，加强部门协作，整合社会资源，开发社会和民间的力量，探索"政府主导、部门联动、社会协同、各方参与"的残疾人文体管理运行工作机制。逐步建立残疾人工作投资主体多元化、运行机制市场化、服务方式多样化的模式，使残疾人在参加文化和体育等各项活动时，能更接近于常人之方便。可以大力扶持民办残疾人服务机构的发展，强化部门联动机制，更好地促进公共服务资源共享。

三　保障措施

（一）加强组织领导，完善政策制度

广州市及各区组织要将加快推进残疾人小康进程纳入当地经济社会发展

总体规划和全面建成小康社会进程，纳入政府目标管理和绩效考核。各级残疾人工作委员会要进一步完善工作机制，切实发挥统筹协调和督促落实作用；各成员单位要各司其职，加强协作，形成齐抓共管、合力推进的工作局面；各级残联要进一步履行好"代表、服务、管理"职能，发挥"枢纽"作用，全面推进残疾人各项工作。特别是加强文体基础设施建设，保障残疾人有条件参与各项文体活动。

完善的法规体系和正确的政策是大众体育公共服务水平不断提高的保障。改革开放后，我国大众体育获得长足发展的根本原因是社会经济的迅速繁荣，但也离不开政府的政策支持，从《体育法》到《全民健身计划纲要》，再到《全民健身条例》，明显标示出政府对大众体育工作的重视程度以及公众体育权利逐步扩大的轨迹。但是，相对于残疾人这一弱势群体来说，相关的政策法规措施显得非常不足，仅有的一些条例措施往往由于各种原因没办法彻底落实。特别是有些政府部门在落实政策法规上随意性比较大，积极性不是很高。因此，要充分保障残疾人享有与正常人一样的文体权益，必须要制定相应的服务标准，明确服务内容，对相关政府工作人员制定合理的考核办法，这样更有利于保障残疾人文体权益的实现。

（二）明确政府责任，加强服务意识

完善残疾人公共文体服务制度，提高服务水平，各级政府仍需承担主要责任。通过相关的调查发现，残疾市民对文体场地设施、文体经费和社会文体指导员满意度是最低的，而要改善这些条件，必须由政府承担责任，因为与此相关的资源主要是由政府控制。这就要求政府在城市规划中必须考虑残疾人文体发展所需要的土地，财政预算也应该留有残疾人文体服务的专项经费，而且经费所占比例应该与当地经济发展速度相匹配。政府的责任不仅仅停留在提供土地和资金上，政府直接提供服务的量一定程度上决定服务水平的高低，但这并不一定是最好的提供方式。政府的责任还表现在改革创新的决心和行动上，具体说应该是表现在市场化改革的胆识上。大胆向企业开放，吸收社会资本，努力拓宽资金渠道，这都是各级政府必须尝试运作的事情。① 同时，政府各级部门提高服务水平，消除不应有的歧视，主动引导残疾人积极参加各种文体活动，这样才能真正促进残疾人文体事业的发展。

（三）完善保障机制，加强事业宣传

广州市各级财政要按照支出责任合理安排所需经费，有关政策、资金、项目要重点向郊区倾斜；要将基层残疾人服务网络纳入以社区为基础的城乡基层社会管理和公共服务平台，改善服务条件，提高服务能力。

大力宣传党和政府在残疾人领域的新政策、新举措，广泛报道残疾人文体事业的新发展、新成效，深入反映残疾人的新生活、新面貌。大力弘扬人道主义思想和残疾人"平等、参与、共享"的现代文明理念，营造理解、尊重、关心、帮助残疾人的良好社会氛围，广泛动员广大企业、社会志愿者参与帮助残疾人，为残疾人参加文体事业提供必要的人力、物力和财力。各种宣传机构和媒体也应大力报道这些志愿者活动，鼓励更多的人参与到帮助残疾人的活动中来。

（四）引进市场竞争机制，实现服务提供方式多样化

在政府起主导作用的前提下，引进市场竞争机制，可以提高残疾人文体公共服务的水平和效率。市场竞争机制不仅可以在政府内部实行，也可以在政府与企业之间、企业与企业之间进行，关键是打破政府垄断、不计成本、不求效果的传统。市场化肯定离不开经济效益，在实行市场化改革的过程中，必须密切关注经济效益与公益性之间的平衡问题，防止为追求市场化和效益而损害体育公益性的现象出现。毕竟残疾人的文体活动局限较大，很大程度上以公益为主，因此，要正确处理公益与营利的关系。

---

① 范冬云：《广州市大众体育公共服务研究》，博士学位论文，上海体育学院，2011。

（五）加强队伍建设、强化监管服务

目前，广州市有关保障残疾人事业发展的机构设置比较齐全，先后成立了广州市残疾人福利基金会、广州市康宁农场、广州市残疾人康复中心、广州康复实验学校、广州市残疾人就业培训服务中心、广州市康纳学校、广州市残疾人安养院。加强残疾人工作者队伍建设，强化教育培训，提升职业素养，增强服务意识，更好地服务残疾人。

作为文体公共服务的客体，残疾人有信息知情权，有权了解自己的文体权益、政府提供的文体公共服务内容和服务承诺，有权了解文体公共服务资金的用途，有权对政府及工作人员的服务水平、服务质量进行监督和批评。要保证公众信息知情权，要求政府有信息披露制度和正规的信息披露渠道，建立专门的网站，定时公布各种信息，接受公众的咨询和质疑。

附录：残疾人文化体育工作"十三五"实施方案

颁发单位：中国残联、文化部、国家新闻出版广电总局、国家体育总局

颁布时间：2016 年 9 月 21 日

残疾人文化体育工作"十三五"配套实施方案

一 背景

"十二五"期间，残疾人事业文化体育工作得到进一步加强。残疾人文化活动进一步丰富，特殊艺术进一步发展，残疾人体育健身、体育康复活动日趋活跃。但是，残疾人均等享有公共文化体育服务的程度还较低，尤其是农村残疾人文化体育建设严重滞后，权益保障有待加强；基层残疾人文化体育活动匮乏、经常参与文化体育活动的参与率不高，群众性冰雪运动处于

起步阶段；残疾人特殊文化艺术人才短缺、文化创意产业尚需扶持等问题还比较突出，加强基层残疾人文化体育建设刻不容缓，必须采取切实有力、行之有效的措施。

为适应全面加快小康进程的需要，满足广大残疾人日益增长的文化体育服务需求，保障残疾人平等享有文化体育公共服务的权益，依据《加快残疾人小康进程规划纲要（2016~2020年)》，制定本实施方案。

二　任务目标

——大力弘扬人道主义精神，积极倡导"平等·参与·共享"理念，大力培育和践行社会主义核心价值观，树立残疾人事业良好形象，为加快推进残疾人小康进程营造良好的社会环境。

——全面实施残疾人文化服务建设工程，进一步建立公共文化服务网络，城镇残疾人普遍参与文化生活，残疾人特殊艺术发展整体水平明显提升。

——促进残疾人康复体育、健身体育、竞技体育协调发展，提高残疾人体育锻炼的参与率与覆盖面，实现残疾人冬季体育项目振兴，全面提高残疾人竞技体育水平，为国争光。

三　主要措施

（一）以先进文化为引领，积极倡导"平等·参与·共享"理念

1. 进一步加大人道主义思想宣传力度，广泛传播"平等·参与·共享"这一残疾人事业发展的核心价值理念。动员各级各类媒体，把握正确的舆论导向，统筹做好加快推进残疾人小康进程中的重要政策、重点工作、重大活动的宣传报道工作，为经济社会发展创造良好的舆论文化环境，不断提高全民思想道德和文明素质。

2. 大力加强先进文化建设，重点推出一批残疾人自强模范和助残先进的典型报道，激发广大残疾人勇敢迎接命运挑战的信心、决心，倡导志愿助残理念，褒扬公益助残行为，为建成小康社会提供强有力的思想保证、舆论

支持和精神动力。

3. 组织开展"全国助残日"、"国际残疾人日"、"爱耳日"、"爱眼日"等残疾人节日的主题宣传文化活动，动员社会更加关心关爱残疾人，关注支持残疾人事业。

4. 充分发挥已有的残疾人服务、活动场所的作用，通过举办展览展示、组织实地采访等方式开展社会宣传活动，生动展示残疾人事业发展成果、展示广大残疾人积极向上的精神风貌。

5. 办好中央人民广播电台和各级人民广播电台、电视台已有的残疾人专题节目和手语栏目。继续推动各级人民广播电台、电视台的残疾人专题节目、手语新闻栏目的开设工作，对部分省市的开设工作进行扶持。继续推进影视作品和电视作品加配字幕的工作。

6. 加强各级残疾人事业新闻宣传促进会的组织建设，充分发挥新促会的社会工作属性，组织开展形式多样的社会宣传和文化活动。组织每两年一次的残疾人事业好新闻评选和各地人民广播电台残疾人专题节目展播活动。

（二）整合宣传力量，树立残疾人事业基本形象

1. 积极开展对外宣传。加大与外宣媒体、港澳和海外华文媒体的合作力度，通过组织刊登专版、专刊、专稿，编印外宣画册、折页等形式，讲好中国残疾人的故事，传播好中国残疾人事业的声音，树立中国政府保护残疾人合法权益、发展残疾人事业的良好国际形象。

2. 加强新媒体建设。完善网上网下互动衔接的服务平台和工作机制，加强与残疾人群体的沟通交流。各级残联可开设微信公众号、官方微博和政务客户端并切实发挥其作用，主动引导、主动发声，提升信息服务水平。

3. 打造系列文化宣传精品。开展残疾人事业宣传理论研究，出版中国残疾人事业系列蓝皮书，拍摄制作高水平的残疾人事业专题片和公益广告，制作反映残疾人事业发展的文化宣传品。

4. 加大舆论引导力度。加强网络宣传阵地建设，有条件的县市残联逐步开设本级网站，及时宣传本地残疾人事业发展成果。完善各级残联新闻发言人制度，建立舆情应对机制，成立残疾人事业百名网评员、百名宣传骨

干、百名专家的舆论发声队伍。

（三）加强残疾人公共文化体育服务，纳入国家公共文化体育服务体系

1. 公共图书馆、文化馆（站）、博物馆（纪念馆）、美术馆、非遗展示馆和文物建筑及遗址类博物馆、公园、体育场馆、社区健身路径等公共文化体育设施要有为残疾人提供服务的场地和内容，要免费或优惠向残疾人开放，并提供无障碍服务。

2. 国家重大文化体育惠民工程项目，如文化信息资源共享、农村电影放映、农家书屋、农民体育健身工程等，要针对残疾人的实际困难和特殊需求，提供必要的服务内容和参与条件。

3. 省地级公共图书馆及有能力的县级公共图书馆全部建立盲人图书室，配备盲文图书及有关阅读设备，做好盲人阅读服务。扶持全国 200 个地市级公共图书馆、2000 个县级公共图书馆的盲人图书室建设。

4. 扶持出版一批为残疾人服务、反映残疾人事业的图书、音像制品和残疾人作者写作的图书，并择优进行翻译出版，向国外发行。

5. 按照《全民健身条例》的总体要求，落实各级政府的主体责任，积极开展残健融合体育主题活动，带动残疾人康复健身、融入社会。提高彩票金投入比例，继续开展"全民健身助残工程"，加强残疾人体育基本公共服务。

6. 创编推广适合残疾学生的运动项目，各类特殊教育学校要组织残疾学生开展适合其特点的日常体育活动，开展残疾学生课外体育锻炼和校园融合活动。举办训练营、选拔赛，鼓励残疾青少年参与"青少年体育活动促进计划"，参加"青少年阳光体育大会"等青少年体育示范活动，保障残疾学生体育健身的权利。

（四）丰富基层残疾人文化生活，就近就便提供文化服务

1. 广泛开展"全国残疾人文化周"活动，不断深化文化周活动内容和形式，在残疾人日常活动范围内，搭建残疾人半小时或更短时间内参与文化活动的平台，使文化活动有组织领导、有活动计划、有固定阵地、有无障碍环境、有特色品牌，提高文化服务覆盖率和残疾人参与率。

2. 实施残疾人文化进社区、残疾人文化进家庭"五个一"基层残疾人群众性文化项目。充分整合和利用现有资源和设施，为社区残疾人活动场所和残疾人家庭配置必要的文化艺术用品、视听阅读设备和图书音像资料，帮助中西部和农村地区 10 万户贫困、重度残疾人家庭每年读一本书、看一次电影、游一次园、参观一次展览、参加一次文化活动。

3. 发挥各级残疾人阅读指导委员会作用，积极发布推荐书目，指导广大残疾人多读书、读好书。扎实开展主题公益文化活动，采取举办名家讲坛、读书演讲、组织参观、指导艺术鉴赏和捐助图书等活动，丰富残疾人精神文化生活，提高自身素质和生活品质。

4. 在全国扶持建立 175 个残疾人文化服务实验区，探索有效推进残疾人文化工作的经验和方法。

（五）发展残疾人特殊艺术，打造残疾人文化艺术品牌

1. 定点扶持 200 家以特殊教育学校为主的残疾人特殊艺术人才培养基地建设，开展 140 种残疾人特殊艺术项目的挖掘和培育工作。

2. 扶持各类残疾人文化艺术团体建设，支持并指导中国残疾人文联及 7 个专业协会开展活动。围绕"仁美"残疾人系列文化活动，着力打造残疾人文化品牌。

3. 举办第九届全国残疾人艺术汇演。着眼促进基层残疾人文化活动的广泛开展，展示残疾人特殊艺术才华，推动特殊艺术发展，进一步发现和培养人才、促进文化繁荣、创建艺术精品。

4. 开展残疾人文化艺术国际交流。支持残疾人文化艺术国际交流，促进各国残疾人相互了解，开阔眼界，增进友谊，维护世界和平。

（六）鼓励残疾人文化创意产业发展，推进残疾人共奔小康

1. 扶持残疾人文化创意产业基地，制定残疾人文化创意产业基地的规范标准，培训和指导从业残疾人，建设残疾人文化艺术网络销售平台，推进残疾人文化创意产业建设。

2. 实施残疾人文化艺术挖掘与推介项目，从全国范围内筛选一批具有地方和民族特色、有一定发展潜力、属于非物质遗产保护传承、吸纳一定数

量残疾人从事的特殊文化艺术项目进行扶持，推动残疾人文化创意产业发展。

3. 举办首届全国残疾人文化艺术博览会，展示残疾人特殊艺术及文化创意产业成果。

（七）丰富残疾人体育活动，满足残疾人康复健身需求

1. 继续实施"自强健身工程"和"康复体育关爱工程"。推进社区残疾人健身体育和居家重度残疾人康复体育服务，建设 1 万个社区残疾人健身示范点，为 10 万户重度残疾人提供康复体育器材、方法和指导进家庭服务。每年创编推广 1～2 项残疾人康复体育、健身体育项目和方法，研发推广康复体育、健身体育器材，不断丰富残疾人体育服务产品。在全国培养 10 万名在残疾人健身康复体育方面具有咨询指导、项目拓展和活动组织能力的社会体育指导员。

2. 在全国助残日、残疾人健身周、全国特奥日、国际残疾人日等残疾人节日和时间节点，因地制宜组织开展残疾人喜爱的体育活动，动员有能力参与体育活动的残疾人每年至少参加 1 次活动，省、市、县等各级组织的活动每年不少于 4 项次。

3. 在高等院校和中小学鼓励大中小学生参与特奥人学计划和融合活动等项目，在医疗机构动员医务工作者参与体育康复、运动员分级、特奥运动员健康计划等活动，在体育系统组织体育工作者参与残疾人体育健身、竞赛训练等专业工作，为残疾人体育提供志愿服务。

4. 鼓励基层社区选推原创性残疾人体育康复健身活动项目，每年组织 1 次评选活动，对优秀作品给予奖励并在全国推广。支持社会组织通过政府购买服务方式，为基层、社区、不同类别残疾人提供各种体育健身和竞赛服务。

5. 通过互联网＋残疾人体育服务平台，采取传统媒体与新媒体相结合、重大活动和典型人物相结合、政策法规和知识普及相结合的方式，激发残疾人参与体育康复健身的积极性，普及康复健身体育知识，指导开展体育健身活动。

（八）发展残疾人冰雪运动，实施《冬季残奥项目振兴计划》

1. 以东北地区为依托，华北地区为重点，西北地区为突破，南方省市为拓展，发展残疾人冰雪运动。每年组织开展残疾人冰雪嘉年华和残健融合大众冰雪健身特色活动，促进残疾人融入"三亿人参与冰雪运动"的行列，不断提高残疾人参与冰雪活动的覆盖面和参与率。

2. 在 7 个以上的省（区、市）开展雪上项目，10 个以上的省（区、市）开展冰上项目。将越野滑雪、高山滑雪、单板滑雪、冬季两项、冰橇冰球、轮椅冰壶等项目列为全国残疾人运动会竞赛项目。通过每年组织开展冬季残奥项目全国单项比赛、青少年比赛，承办国际赛事等，提升冬季残奥项目竞技水平。

3. 加快中国残疾人体育运动管理中心国家残疾人冰上运动设施建设，挂牌设立 15 个国家残疾人冰雪训练基地。

（九）展示残疾人体育精神，残健融合共奔小康

1. 设立 40 个国家级残疾人体育训练基地，为高水平运动员培养和项目发展，在竞赛、训练、活动、培训、科研等方面提供科学系统的保障与服务，同时在开展日常性残疾人体育活动方面发挥示范指导作用。

2. 培养培训 1 万名高水平残奥、听障运动员，10 万名特奥融合运动员。完善县级发现选送、市级培养提高、省级集训参赛和国家重点培养四级联动的残疾人运动员业余训练体系，举办青少年选拔赛、训练营，加强后备人才培养。进一步加强运动员文化教育和职业技能培训，出台措施，扩大优秀运动员免试进入高校试点工作。加强残疾人体育道德思想作风建设，加强赛风赛纪和反兴奋剂工作。

3. 培养 6000 名残疾人体育教练员，2000 名裁判员、200 名分级员，实施领队、教练员运动周期内聘任制，培养业务精、外语能力强、沟通能力好的管理人员、裁判员、分级员，推荐更多官员和技术人员参与国际残疾人体育事务，加强国际残疾人体育话语权。

4. 创新国内残疾人体育竞赛模式和制度，办好 2019 年天津全国第十届残运会暨第七届特奥会。各地每年举办省级单项残疾人体育赛事不少于 6

次，地市级不少于 4 次，县级不少于 2 项。

5. 全力做好 2016 年、2020 年残奥会，2018 年冬残奥会、2017 年夏季、2019 年冬季听障奥运会，2017 年冬季、2019 年夏季世界特奥会等重大国际残疾人体育综合赛事的组团参赛工作，实现运动成绩与精神文明双丰收，展示我国全面建成小康社会进程中残疾人事业发展与社会文明进步的丰硕成果。

四 组织督导

1. 加强对残疾人宣传文化体育工作的领导，加强对各地残疾人宣传文化体育工作的指导和督导力度。地方各级政府、主管部门和残联要把发展残疾人文化体育事业纳入经济社会发展规划，完善工作机制，制订实施具体发展规划，明确任务目标、具体措施、职责分工和实施步骤。

2. 各省、自治区、直辖市要进行年度检查，保证方案落实。国务院残工委组织对规划的中期检查和终期评估验收。

3. 各地要按照中国残疾人事业统计制度要求，上报统计数据。

权威报告·一手数据·特色资源

皮书数据库
ANNUAL REPORT(YEARBOOK)
DATABASE

当代中国经济与社会发展高端智库平台

所获荣誉

- 2016年，入选"'十三五'国家重点电子出版物出版规划骨干工程"
- 2015年，荣获"搜索中国正能量 点赞2015""创新中国科技创新奖"
- 2013年，荣获"中国出版政府奖·网络出版物奖"提名奖
- 连续多年荣获中国数字出版博览会"数字出版·优秀品牌"奖

成为会员

通过网址www.pishu.com.cn访问皮书数据库网站或下载皮书数据库APP，进行手机号码验证或邮箱验证即可成为皮书数据库会员。

会员福利

- 使用手机号码首次注册的会员，账号自动充值100元体验金，可直接购买和查看数据库内容（仅限PC端）。
- 已注册用户购书后可免费获赠100元皮书数据库充值卡。刮开充值卡涂层获取充值密码，登录并进入"会员中心"—"在线充值"—"充值卡充值"，充值成功后即可购买和查看数据库内容（仅限PC端）。
- 会员福利最终解释权归社会科学文献出版社所有。

社会科学文献出版社 皮书系列
SOCIAL SCIENCES ACADEMIC PRESS (CHINA)

卡号：317796437255
密码：

数据库服务热线：400-008-6695
数据库服务QQ：2475522410
数据库服务邮箱：database@ssap.cn
图书销售热线：010-59367070/7028
图书服务QQ：1265056568
图书服务邮箱：duzhe@ssap.cn

基本子库
SUB DATABASE

中国社会发展数据库（下设 12 个子库）

全面整合国内外中国社会发展研究成果，汇聚独家统计数据、深度分析报告，涉及社会、人口、政治、教育、法律等 12 个领域，为了解中国社会发展动态、跟踪社会核心热点、分析社会发展趋势提供一站式资源搜索和数据分析与挖掘服务。

中国经济发展数据库（下设 12 个子库）

基于"皮书系列"中涉及中国经济发展的研究资料构建，内容涵盖宏观经济、农业经济、工业经济、产业经济等 12 个重点经济领域，为实时掌控经济运行态势、把握经济发展规律、洞察经济形势、进行经济决策提供参考和依据。

中国行业发展数据库（下设 17 个子库）

以中国国民经济行业分类为依据，覆盖金融业、旅游、医疗卫生、交通运输、能源矿产等 100 多个行业，跟踪分析国民经济相关行业市场运行状况和政策导向，汇集行业发展前沿资讯，为投资、从业及各种经济决策提供理论基础和实践指导。

中国区域发展数据库（下设 6 个子库）

对中国特定区域内的经济、社会、文化等领域现状与发展情况进行深度分析和预测，研究层级至县及县以下行政区，涉及地区、区域经济体、城市、农村等不同维度。为地方经济社会宏观态势研究、发展经验研究、案例分析提供数据服务。

中国文化传媒数据库（下设 18 个子库）

汇聚文化传媒领域专家观点、热点资讯，梳理国内外中国文化发展相关学术研究成果、一手统计数据，涵盖文化产业、新闻传播、电影娱乐、文学艺术、群众文化等 18 个重点研究领域。为文化传媒研究提供相关数据、研究报告和综合分析服务。

世界经济与国际关系数据库（下设 6 个子库）

立足"皮书系列"世界经济、国际关系相关学术资源，整合世界经济、国际政治、世界文化与科技、全球性问题、国际组织与国际法、区域研究 6 大领域研究成果，为世界经济与国际关系研究提供全方位数据分析，为决策和形势研判提供参考。

法律声明